SCHACH-BIBLIOTHEK

Werner Golz · Paul Keres

Die Hohe Schule der

Schach-

Kombination

Kurt Richters Beitrag zur Entwicklung und Popularisierung des Schachs

Die Geschichte des Schachspiels hat viele überragende Meister hervorgebracht — großgeworden durch verschiedene Begabungen und Fähigkeiten. Es gibt darunter Spieler, die sich durch ihre beständigen sportlichen Erfolge auszeichneten, ebenso gehören dazu aber auch Spieler, die im Ganzen vielleicht weniger erfolgreich waren, dafür aber durch ihre schöpferische und interessante Spielführung allgemein beliebt wurden. Zu dieser zweiten Gruppe gehört auch der Internationale Meister Kurt Richter.

Es gibt wohl kaum einen Schachfreund, der den Namen Kurt Richter nicht kennt. In den Schachzeitungen verschiedener Länder fanden sich Proben seiner Kunst der Angriffsführung, die sehr oft mit versteckten, überraschenden Wendungen verbunden sind. Aber noch bekannter wurde Kurt Richter als ausgezeichneter Schachschriftsteller. Seine Rubriken in verschiedenen Schachzeitungen, seine zahlreichen Bücher über verschiedene Gebiete des Schachspiels sind von Tausenden von Schachfreunden mit gespanntem Interesse verfolgt worden. Keiner hat es so wie Kurt Richter verstanden, das meistens trockene Schachmaterial in lebendiger, witziger und unterhaltender Weise zu erläutern. Und das ist gerade die Art und Weise, wie man unserem geliebten Schachspiel neue Anhänger gewinnen kann.

Seit dem 29. Dezember 1969 gibt es diesen Schachenthusiasten nicht mehr unter uns. Unerbittlich, wie die Gesetze des Schachspiels, hat der Tod Kurt Richter mitten aus seiner schöpferischen Tätigkeit gerissen. Es ist nahezu unfaßbar, daß wir keine neuen blendenden Richterschen Kombinationen mehr sehen werden, daß seinen humorvollen und beliebten Aufsätzen keine weiteren folgen werden. Für diejenigen, die das Glück hatten, den stets liebenswürdigen und hilfsbereiten bescheidenen Meister persönlich gekannt zu haben, ist es besonders schwer, sich mit seinem Hinscheiden abzufinden.

Meine Bekanntschaft mit Kurt Richter geht bis zum Jahr 1936 zurück, auf das Länderturnier in München, wo wir einander zum ersten Male am Schachbrett gegenübersaßen. Wenn

5

wir auch in späteren Jahren nur noch einmal unsere Kräfte messen konnten, so verbanden mich doch seitdem mit diesem stets liebenswürdigen Meister freundschaftliche Beziehungen. Die Rubriken Kurt Richters in verschiedenen Schachzeitungen, vor allem in den »Deutschen Schachblättern« und in »Schach«, las ich stets mit großem Interesse und wunderte mich über die Art und Weise, wie er auch das schwierigste Schachmaterial auf witzige und unterhaltende Weise jedem zugänglich machte. Kurt Richter hat es wie kein anderer verstanden, die komplizierten Probleme des Schachspiels in leicht verständlicher Form zu erläutern; und damit hat er zweifellos für die Popularisierung unserer Schachkunst mehr getan als mancher Großmeister durch tiefgründige, aber trockene Analysen.

Wenn mich nun der Sportverlag gebeten hat, für ein Richter-Buch einen die Verdienste des Meisters würdigenden Beitrag zu schreiben, so komme ich diesem Wunsche sehr gern nach. Bei der Vielseitigkeit des Richterschen Schaffens ist nicht leicht zu entscheiden, was man besonders hervorheben soll, denn auf allen Gebieten des Schachs hat er uns wertvolles Material hinterlassen.

Kurt Richter war einer der interessantesten Meister im deutschen und internationalen Schachleben. Dies nicht wegen seiner Spielstärke, denn hier gab es erfolgreichere Spieler als ihn, sondern wegen seiner Einstellung zum Schach. Für ihn war eine Schachpartie vor allem ein unerbittlicher Kampf, der Kampf zweier Persönlichkeiten bis zur Erschöpfung der letzten Mittel. Ihm ging es nicht darum, unter allen Umständen den halben oder ganzen Punkt in der Turniertabelle angeschrieben zu bekommen, sondern um die Freude am spannenden Kampf, hart und kompromißlos.

Kurt Richter schrieb einmal: »Wie bei anderen Sportarten spricht man manchmal auch bei einem Schachmeister von einem Rekord; gemeint sind natürlich seine rein zahlenmäßigen Erfolge in einem längeren Zeitraum. Mir erschien dies immer nicht so wichtig, mich interessieren stets vor allem die schachlichen Leistungen.« Wie erfrischend wirken diese Worte heute, wo der errungene Punkt das A und O ist und als alleiniger Maßstab für den Platz eines Schachmeisters in der Schachwelt gilt!

Es ist verständlich, daß Kurt Richter bei einer derartigen

Einstellung zum Schach und zur Schachpartie ein erbitterter Feind kampfloser Remispartien war. Für ihn galt es zu kämpfen, solange noch Material auf dem Schachbrett vorhanden war, und erst nach Ausschöpfung aller Möglichkeiten konnte Friede geschlossen werden. Zu dieser Frage äußerte sich Kurt Richter 1932 in der »Wiener Schachzeitung« wie folgt: »Es geht nicht an, die Remisen samt und sonders zu verdammen ... Zu verurteilen sind lediglich die Partien, die schon nach wenigen Zügen Remischarakter annehmen, oder diejenigen, die noch gar nicht ausgespielt, schon zu diesem Ergebnis führen.« Solchen Tendenzen sollte schärfster Kampf angesagt werden. Allerdings nicht formell wie zum Beispiel vor mehreren Jahren durch die »30-Züge-Regel«, sondern das Übel muß bei der Wurzel gepackt werden. Dazu schrieb Kurt Richter an derselben Stelle: »Die logische Folgerung für den Turnierveranstalter wäre also nicht eine Bestrafung der Remispartie an sich, sondern eine Bestrafung der Meister, die sich ihren Verpflichtungen dem Veranstalter und der Schachwelt gegenüber so wenig bewußt sind.« Und schließlich folgt dann noch eine Mahnung an die »hohen« Vertreter der Schachkunst: »Der Titel eines Schachmeisters verpflichtet. Seine Taten sollen der aufstrebenden Schachjugend zum Vorbild dienen.« Auch für diese Worte können wir kaum einen passenderen Zeitpunkt finden als heute, wo es leider wiederum so viele inhaltslose Salonremisen gibt und viele Großmeister in ihrem Streben, halbe und ganze Punkte zu sammeln, bisweilen den Inhalt der Schachpartie vernachlässigen.

Daß diese Aussprüche für Richter nicht nur leere Worte waren, beweisen am besten seine eigenen Leistungen am Schachbrett. Als Kämpfer erinnert er mich an seine berühmten Vorgänger des vorigen Jahrhunderts, vor allem an Adolph Anderssen. Auch Richter hat es verstanden, aus scheinbar inhaltslosen Stellungen überraschende Kombinationen hervorzuzaubern bzw. die Voraussetzungen dafür zu schaffen.

Kurt Richter war ein Schachpraktiker, der es für richtig hielt, die Überlegenheit eines Spielers dem anderen gegenüber im offenen Kampf zu beweisen. Aus diesem Grund verhielt er sich einer häuslichen eröffnungstheoretischen Vorbereitung gegenüber recht skeptisch. Für ihn war die Eröffnung eine ebenso vollwertige Phase des Kampfes wie das Mittel- und Endspiel, und es tat ihm leid, durch lange und ausführlich ausgearbeitete Variantenkomplexe dieser Partiephase das richtige Kampfmoment zu nehmen. Wir wissen ja, daß die sogenannte »Theorie« vor allem eine Sammlung praktischer Erfahrungen ist und daß manche langen theoretischen Varianten von beiden Seiten in dem guten Glauben »heruntergeleiert« werden, sie würden damit das Beste spielen. Und wir wissen ebensogut, daß dies durchaus nicht immer der Fall ist.

Dieser Einstellung entsprechen auch die Eröffnungen, die Kurt Richter gewöhnlich in seinen Partien wählte. Für ihn war es weniger wichtig, ob die gespielte Variante von den Theoretikern anerkannt wurde oder nicht; Hauptsache, sie führte zu dynamischen Stellungen, aus denen heraus schließlich der bessere Spieler die Oberhand gewinnen konnte. Wir treffen in seinen Partien öfter Varianten, die von der Theorie nicht gutgeheißen werden. Kurt Richter wandte sie teilweise sogar regelmäßig an und gab damit seinen Gegnern die Möglichkeit, sich gründlich darauf vorzubereiten, und dennoch gewann er damit gegen international erfolgreiche Gegner. Nicht das Buch, sondern der Spieler ist der entscheidende Faktor im Schach! Wenn wir diese Einstellung in Betracht ziehen, so wundert es nicht, daß Kurt Richter keine langen, gründlich ausanalysierten eröffnungstheoretischen Variantenkomplexe veröffentlicht hat. Er blieb meistens seinem Grundsatz treu, weniger erforschte Systeme zu wählen, die aber zu kämpferischen Stellungen führten und somit den Gegner schon von den ersten Zügen an zum selbständigen Denken zwangen. Im folgenden will ich versuchen, einige der wichtigsten Eröffnungssysteme Richters zu erläutern.

Wohl die meisten Erfolge gegen die Französische Verteidigung hat Richter mit seiner Spezialvariante 1.e4 e6 2.d4 d5 3.♘c3 ♘f6 4.♗g5 ♗e7 5.♗:f6 ♗:f6 6.e5 ♗e7 7.♕g4 errungen. Laut »Theorie« ein harmloser Ausfall, wonach Schwarz mehrere Wege haben soll, eine gute Stellung zu erlangen. Vielleicht ist es auch so, aber eines haben alle diese Wege sicher gemeinsam: Sie führen zu kompromißlosen scharfen Stellungen, in denen die Erfindungskraft eines jeden Spielers den Ausschlag gibt. Nach 7. ... 0–0 8.♗d3 (heutzutage hält man die Zugfolge 8.0–0–0 f5 9.♕h3 c5 10.d:c5 für genauer) 8. ... f5 9.♕h3 c5 10.d:c5 entsteht eine für diese Variante typische Stellung.

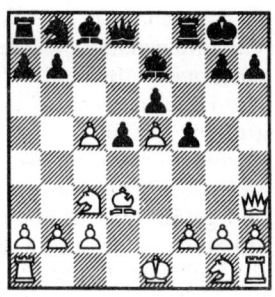

Diese Stellung ist in Richters Partien wohl gegen fünfzigmal vorgekommen, und noch immer läßt sie sich ganz gut spielen. Man hat hier verschiedene Systeme für Schwarz versucht, vor allem 10. . . . . ♘c6 11.f4 b6 (für stärker wird 11. . . . ♛a5 12.0—0—0 d4 gehalten, weshalb statt 8.♗d3 der Zug 8.0—0—0 für genauer gilt) 12.0—0—0 b:c5 oder 10. . . . ♘d7 11.f4 ♘:c5 12.0—0—0 b5! usw. Ich will hier keine theoretischen Untersuchungen anstellen, sondern nur bemerken, daß in allen diesen Varianten sehr scharfe Stellungen entstehen, mit Angriff auf verschiedenen Flügeln, wo schließlich das bessere Können über Sieg und Niederlage entscheidet. Spielweisen wie diese waren für Richter Wasser auf die Mühle, er fühlte sich in derartigen Stellungen wohl wie kein anderer.

Die Sizilianische Verteidigung hat Richter mit mehreren neuen Ideen bereichert, am bekanntesten ist zweifellos die Spielweise 1.e4 c5 2.♘f3 ♘c6 3.d4 c:d4 4.♘:d4 ♘f6 5.♘c3 d6 6.♗g5, was nach 6. . . . e6 zu der folgenden Stellung führt.

In der Schachtheorie wird diese Spielweise Richter-Rauser-Variante genannt. Während Rauser die weiße Stellung durch positionelle Behandlung verstärken wollte, indem er mit 7.♕d2 nebst eventuell 0—0—0 den Druck auf der d-Linie vergrößerte, bemühte sich Richter, das Stellungsproblem auf kombinatorische Weise zu lösen. Er setzte mit 7.♘:c6 b:c6 8.e5 d:e5 9.♕f3 fort und strebte nach schneller Entwicklung und gefährlicher Initiative, sofern der Gegner den Mehrbauern zu behalten suchte. Heute wissen wir, daß Schwarz unter Rückgabe des Bauern (9. ... ♗e7 oder auch 8. ... ♕a5) gutes Spiel erlangt, und das hat auch Richter seinerzeit erkannt und diese Spielweise später seltener angewandt. Die Spanische Partie ist eine Eröffnung, wo Richter ausgezeichnete Möglichkeiten fand, Initiative zu entfalten. Bemerkenswert ist seine Behandlung der offenen Variante 1.e4 e5 2.♘f3 ♘c6 3.♗b5 a6 4.♗a4 ♘f6 5.0—0 ♘:e4 6.d4 b5 mit 7.d5!? b:a4 8.d:c6 d6 9.♖e1, die von Schwarz große Vorsicht erheischt, um dem weißen Druck standhalten zu können. Die Variante 1.e4 e5 2.♘f3 ♘c6 3.♗b5 a6 4.♗a4 d6 5.♗:c6+ b:c6 6.d4 hat Richter mit besonderer Vorliebe gespielt und hierin für Weiß gefährliche Wege zur Entfaltung der Initiative ausgearbeitet. Aber auch die positionelle Variante 1.e4 e5 2.♘f3 ♘c6 3.♗b5 a6 4.♗a4 ♘f6 5.0—0 ♗e7 6.d4 wurde von Richter mehrmals angewandt, wobei er versuchte, die spätere Bauernmajorität am Königsflügel im Endspiel zu verwerten. Eine besondere Vorliebe hatte Richter für die Behandlung der Damenbauerneröffnung mit 1.d4 ♘f6 2.♘c3 d5 3.♗g5, wo er eine Reihe neuartiger Systeme ausarbeitete und erfolgreich praktisch anwandte. Auch in der Skandinavischen Partie und im Budapester Gambit 1.d4 ♘f6 2.c4 e5 3.d:e5 ♘e4 hat er viele neue Ideen eingeführt, die bis heute ihre praktischen Erprobungen bestanden haben.

Wie schon erwähnt, war die Eröffnung nicht der Teil der Partie, auf den Richter seine Hauptaufmerksamkeit legte. Das Mittelspiel war es, wo wir die schöpferischen Möglichkeiten des Meisters am besten zu Gesicht bekamen. Ich will mich im folgenden nur mit einigen charakteristischen Beispielen aus Richters Praxis begnügen.

Man merkt sofort, daß die Stellung aus Richters Lieblingsvariante der Französischen Verteidigung entstanden ist. Wie gewöhnlich greifen beide Seiten auf verschiedenen Flügeln kompromißlos an. Schwarz (Kipke) könnte dem Gegner mit 25. ... a3! lästige Probleme stellen. Da ihm aber scheinbar direkt nichts drohte, glaubte er Zeit zu 25. ... ♘b3+ 26.a:b3 a:b3 zu haben. Tatsächlich sieht es jetzt düster aus für Weiß, es droht vernichtend 27. ... ♖a1+, und 27.♔d2 wird mit 27. ... ♖:g7 beantwortet.

In dieser Stellung, wo der Gegner wohl schon dem Sieg nahe zu sein glaubte, fand Richter den höchst überraschenden Problemzug 27.♗a6!! Nun droht furchtbar 28.♘f6, und ♖:a6 wird durch 28.♖:h7+! widerlegt; nach 27. ... 27. ... ♖:g7 28.♖:g7 hat Schwarz aber gegen die Drohung 29.♖:h7+! keine vernünftige Parade. Kipke entschloß sich zu 27. ... ♗:a6, aber nun ist die wichtige a-Linie geschlossen, und Weiß hat Zeit zu 28.♕g3!, wonach der Gegner wegen der verschiedenen Drohungen aufgab. So war eben Richter: Zwischen Sieg und Verlust schwebend, fühlte er sich wohl und blieb wegen seiner Erfindungskraft meistens erfolgreich.

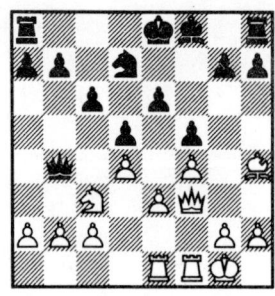

Die obige Diagrammstellung entstand in der Partie Richter—Baratz auf der Schacholympiade in Prag 1931. Auf den ersten Blick sieht die schwarze Stellung recht vertrauenerweckend aus. Die Stellung ist geschlossen, und wenn Schwarz noch zu ♗e7 nebst 0—0 kommt, kann er vollauf zufrieden sein. Völlig überraschend für den Gegner beginnt Richter hier aber eine Kombination, die praktisch in einigen Zügen zum Sieg führt.

Es folgte 14.e4!! — Ein Blitz aus heiterem Himmel! Schwarz hat keine Wahl, er muß das Opfer annehmen, da sonst das Zentrum geöffnet wird. 14. ... d:e4 15.♘:e4! f:e4 (15. ... ♛:d4+ 16.♗f2 f:e4 ging nicht wegen 17.♛h5+ g6 18.♗:d4 nebst 19.♗:h8 usw.) 16.♛:e4. Jetzt droht Matt durch 17.♛:e6+, und 16. ... ♗e7 17.♛:e6 ♘f6 18.c3 verliert die Dame, doch 16. ... ♛d6 scheint das Schlimmste abzuwehren.

Jetzt kommt aber der nächste Keulenschlag: 17.♛f5!, und das hielt Schwarz nicht mehr aus. Statt dem Gegner mit 17. ... e5 noch einige praktische Probleme zu stellen, setzte er mit 17. ... ♛:d4+ 18.♔h1 ♗e7 fort und mußte nach 19.♛:e6 0—0—0 20.♗:e7 ♖he8 (20. ... ♖de8 21.♖d1!) 21.♛h3 ♛b2 22.♗:d8 die Waffen strecken.

Was ist denn so Besonderes an dieser Kombination, könnte mancher fragen. Sicher, außer Richter hätten noch viele die Kombination berechnen können. Das Besondere liegt aber darin, daß man so etwas sehen muß!

Hier eine verhältnismäßig ruhige Stellung aus der Partie Richter—Brinckmann, Aachen 1935. Mit seinem letzten Zug 11. ... h6 wollte Schwarz den gegnerischen Springer zum Rückzug zwingen, um danach mit 12. ... 0—0 eine durchaus befriedigende Stellung zu bekommen. Richter fand aber einen interessanten Weg, die Initiative festzuhalten, und spielte 12.d5! Schwarz hat jetzt lästige Probleme zu lösen. Das Endspiel 12. ... ♛:g5 13.♛:g5 h:g5 14.d:e6 gefiel ihm nicht, ebenso wie die Aufgabe der Rochade mit 12. ... e:d5 13.♖he1+ ♔f8, und auch 12. ... ♝:d5 13.c4 kann nicht ganz befriedigen. Häufig ist es aber so: Wenn man zwischen mehreren wenig gefallenden Fortsetzungen zu wählen hat, so entschließt man sich zuletzt für eine ganz schlechte. So auch hier; nach 12. ... e5? 13.♘e6! f:e6 14.d:e6 0—0 15e♛:d7 ♛g5+ (auch 15. ... ♛:d7 16.♝:d7 ist nicht besser) 16.♔b1 ♖ae8 17.♛:c7 ♖e7 18.♖d7 ♛:g2 19.♖c1 ♖c8 20.♖d8+ mußte Schwarz aufgeben. Man könnte natürlich noch viel mehr Beispiele anführen, ich glaube aber, die gebrachten genügen vollauf, um ein Bild von Richters Stil zu geben. Die Parole »Kampf« zieht sich wie ein roter Faden durch sein Schaffen.

Das Endspiel mit seinen meist technischen Problemen lag dem schöpferischen Geist Richters weniger, doch hat er auch hier beachtliche Leistungen vollbracht. Besonders dann, wenn es sich weniger um reine Technik als um witzige Lösungen handelte. Ein gutes Beispiel ist der Partieschluß Richter—Stoltz, Zoppot 1935.

Weiß steht auf Verlust, und so mancher hätte die Partie bereits aufgegeben. Richter findet aber noch einen schlauen Witz, den sein erfahrener Gegner merkwürdigerweise nicht sofort durchschaut.

Da hier 1.d4 wegen 1. ... ♘e7+ 2.♔g5 ♔f7 3.♔f4 ♔:g7
4.♔e5 ♔f7 hoffnungslos wäre, setzte Richter mit 1.♔g5! fort.
Nun gewann ebenfalls 1. ... ♘e7 2.♔f4 ♔f6 usw., aber Stoltz
glaubte anscheinend, gewinnen zu können wie er will. Es
folgte 1. ... ♔f7? 2.♔f5!, und jetzt scheint die Stellung überraschenderweise nicht mehr zu gewinnen zu sein. Auf 2. ...
♘e7+ 3.♔e5 ♔:g7 folgt 4.♔e6 ♔f8 5.d4! ♔e8 6.♔d6 ♔f7
7.♔e5!, und Schwarz kommt nicht weiter; auch 2. ... ♘f6
3.g8♕+! ♘:g8 4.♔e5 scheint nicht auszureichen, z. B. 4. ...
♘e7 5.d4 und weiter wie oben, oder 4. ... ♘f6 5.♔d6 ♔g6
6.♔e6!, und es entsteht eine Remisstellung wie in der Partie.

Stoltz setzte mit 2. ... ♔:g7 fort, und nach 3.♔e6! ♘f6
4.♔e7 einigten sich die Gegner auf Remis. Königszüge (z. B.
4. ... ♔g6 5.♔e6 ♔g5 6.♔e5) bringen Schwarz nicht weiter,
und auf 4. ... ♘e4 oder 4. ... ♘g4 folgt 5.♔e6 ♘c3 (e3)
6.♔e5 nebst 7.♔d4 mit Remis. Eine überraschende Rettung!

Eine Würdigung Kurt Richters wäre sehr unvollständig,
wenn man keine Beispiele seiner unübertrefflichen literarischen Tätigkeit anführen würde. Nach seiner Mitarbeit an verschiedenen Schachzeitungen übernahm Kurt Richter im Jahre
1953 die Rubrik »Wir lehren Schach — Hohe Schule der Kombination« der Zeitschrift des Deutschen Schachverbandes der
DDR, wo er bis zu seinem Tode die Schachfreunde in die Geheimnisse der Schachkunst einweihte.

Nachstehend folgen einige Beispiele für die Art und Weise,
wie Richter das trockene Schachmaterial den Lesern schmack-
haft zu machen wußte.

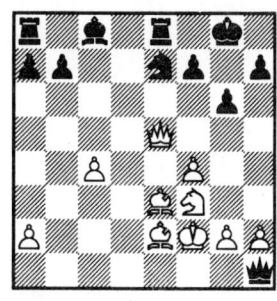

Die Überschrift zu dieser Stellung aus der Partie Silber—Suetin, Leningrad 1957, lautet: »Die rosige Zukunft ... und die harte Wirklichkeit!«, und es heißt weiter: »Weiß ist zwar im Augenblick materiell im Hintertreffen, aber er pochte 1. auf die Fesselung des Springers e7 und 2. auf die starke Drohung ♗e3—d4. Wie zieht Schwarz (am Zuge) den Kopf aus der Schlinge? Weiß wurde jedenfalls unsanft aus allen schönen Träumen gerissen'«

Nach so einer Einleitung gibt es wohl nur wenige, die sich die Stellung nicht näher anschauen und die richtige Fortsetzung suchen würden. Und dann kommt die Lösung, in demselben humorvollen unterhaltenden Stil: »Schwarz überraschte seinen Gegner mit 1. ... ♗h3! Jetzt ist der Springer e7 entfesselt. Aber was geschieht auf 2.♗d4? Darauf hatte sich Schwarz die folgende Kombination ausgedacht: 2. ... ♕:g2+ 3.♔e1 f6! 4.♕:f6 ♕:e2+ 5.♔:e2 ♘d5+ nebst Rückeroberung der Dame. Auf 2.g:h3 aber gewinnt Schwarz mit 2. ... ♘f5 nebst ♘:e3. Weiß streckte daher nach 1. ... ♗h3! die Waffen. Der prächtige Partieschluß illustriert treffend den Wert des Tempos in Angriff und Verteidigung.«

Oder nehmen wir die folgende Diagrammstellung aus der Partie Normann—Palme, Bad Elster 1941.

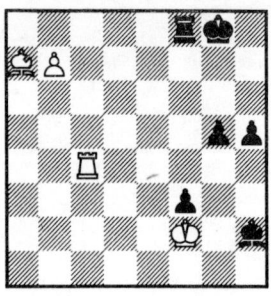

Dazu schrieb Kurt Richter: »In dieser spannenden Stellung zog Weiß 1.♖c8 mit einer giftigen Drohung, die Schwarz mit 1. ... g4? übersah (mit ♔f7! mußte er seinem Turm neue Stützpunkte auf e8 und g8 schaffen). Es folgte 2.♗c5!, was einen ganzen Turm eroberte. Mußte Schwarz nun nicht aufgeben? Doch bald ereignete sich, wie Sämisch damals sagte, einer der unglaublichsten Fehler, die er je erlebt hat: 2. ... g3+ 3.♔e3 g2 4.♖:f8+ ♔g7 5.♔d2??

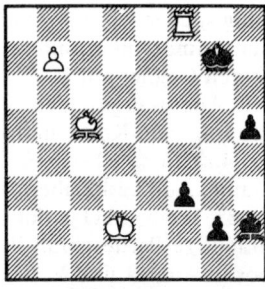

Weiß hat offenbar ganz vergessen, daß aus dem schwarzen Turm f8 ein weißer geworden, der Bauer f3 mithin nicht mehr geschützt ist. Nach 5.♔:f3 g1♛ 6.♗:g1 mußte Schwarz aufgeben! Ein besonders eigenartiger Fall von Schachblindheit. Nun renkt Schwarz alles wieder ein. 5. ... f2! 6.♖:f2 g1♛ 7.♖f7+ ♔:f7 8.♗:g1 remis. (Schwarz zieht am besten ♗b8.) Was in Caissas Reich so alles möglich ist!«

Derartige Beispiele könnte man fast unbegrenzt weiterführen, der Leser wird in diesem Buch noch sehr viele finden.

Kurt Richter hat es verstanden, den Schachgedanken in populärer Form an den Leser zu bringen.

Neben seiner Turnierpraxis und seiner literarischen Tätigkeit hat sich Richter auch mit der Schachkomposition beschäftigt. Einige Dutzend Probleme und Studien hat er selbst komponiert. Seine Schöpfungen unterliegen meistens nicht den strengen Regeln moderner Problemkunst, sie enthalten mehr den freien Witz eines Loyd. Richter ist deshalb von einigen Spezialisten kritisiert worden, er hat aber trotzdem nach dem Motto gehandelt: »Das Schachproblem näher dem einfachen Schachliebhaber.« Auf die Kritiken erwiderte Richter treffend: »Für mich ist eine Schachaufgabe in erster Linie ein Rätsel. Allerdings wurde mir, als ich diesen Standpunkt vertrat, von erzürnten Lesern ›mangelnde Sachkenntnis‹ und in meinen Problemveröffentlichungen ›geringes Niveau‹ vorgeworfen; doch eines steht ohne weiteres fest: mit dem Götzen ›Niveau‹ ist es den Problemtheoretikern bisher nicht gelungen, das Schachproblem populär zu machen.«

Ob Richter damit recht hatte, sollen die Problemfachleute entscheiden. Ich persönlich schätze im Schachproblem ebenfalls in erster Linie einen witzigen Gedanken. Diesen zu finden bereitet sicher viel mehr Genugtuung als manche der modernen Forderungen, die ein gewöhnlicher Schachspieler gar nicht erkennt und die ihm erst erklärt werden müssen. Auch in den Schachproblemen sollte die Technik nicht über die Kunst dominieren!

Mit Kurt Richter ist eine eigenwillige, schwer zu ersetzende Schachpersönlichkeit hingeschieden. Seine Partien und sein literarisches Schaffen werden aber noch vielen Schachfreunden Vergnügen bereiten und auch künftig dazu beitragen, unserer beliebten Schachkunst neue Anhänger zu gewinnen.

Paul Keres
Internationaler Großmeister

17

Kurt Richter
und seine Hohe Schule der Kombination

Mit dem Tod des bekannten Schachpublizisten Kurt Richter am 29. 12. 1969 hatte die Zeitschrift »Schach« des Deutschen Schachverbandes der DDR den Autor ihres umfangreichen, im In- und Ausland sehr geschätzten Lehrteils »Wir lehren Schach — Hohe Schule der Kombination« verloren. Diese Artikelserie wurde unter dem Titel »Jugend- und Schulschach« von dem langjährigen Redakteur der Zeitschrift Berthold Koch begründet (Heft 1/1952) und im darauffolgenden Jahr von Kurt Richter weitergeführt (Heft 5/1953). Seitdem erschienen von ihm in ununterbrochener Folge 309 Lehrteile mit etwa 3600 Diagrammen, der letzte in Heft 1/1970. Die Erfahrungen als Autor zahlreicher Lehrbücher und Redakteur bzw. Mitarbeiter an mehreren Schachzeitschriften befähigten ihn, dieser auf dem Gebiet des Schachjournalismus an Umfang und Gestaltung einzigartigen Artikelserie Fundament und Dauerhaftigkeit zu verleihen.

Der Grundsatz, die Serie mit aktuellem Partienmaterial zu gestalten, ließ in Kurt Richter den Lehrer, der er im herkömmlichen Sinn niemals war, zugunsten des Journalisten etwas zurücktreten. Je eingehender er sich mit dieser Arbeit befaßte, um so deutlicher zeichnete sich seine besondere Befähigung in der Auswahl der Positionen, in der scharfsinnigen Analyse und in der originellen, meisterlichen sprachlichen Formulierung ab. So setzte Kurt Richter der schachjournalistischen Gestaltungskunst hohe Maßstäbe.

Die in diesem Buch gebotene Auswahl aus Richters in der Zeitschrift »Schach« veröffentlichten Lehrteilen vermittelt einen Querschnitt durch sein fruchtbares schöpferisches Schaffen in den Jahren 1953 bis 1969 und soll seine bedeutenden Fähigkeiten als Schachjournalist und -lehrer würdigen.

Als zweite Hauptaufgabe soll durch die Auswahl seiner gelungensten Beiträge und einer entsprechenden Gliederung des Materials ein unterhaltsames und belehrendes Buch über Kombinationen entstehen — ganz im Sinne Kurt Richters unauffällig, lehrreich, anregend, nachdenklich, knifflig, kurios, ergötzlich.

Ganz im Sinne Kurt Richters — das heißt auch, seine Abneigung gegenüber Wissenschaftlichkeit und Systematik verstehen, was methodischen Lehrprogrammen zuwiderläuft und mehrfach Anlaß zu kritischen Bemerkungen gab. 1960 schrieb Kurt Richter:

Kann man solche Ideen lehrmäßig erfassen? Kaum, denn die Phantasie läßt sich nicht kommandieren, sondern nur anregen und fördern.

Und 1964 beantwortete er eine diesbezügliche Leserzuschrift:

Ein englischer Leser meinte, wir sollten einmal eine methodische Darstellung der Kombinationen geben und nicht ein ungarisches Gulasch nach dem Rezept: Hier ein Stück Fleisch, dort ein Scheibchen Kartoffel, hier ein Stückchen Gurke, da ein bißchen Paprika — wenn das Ganze auch eine gute Mischung wäre. Oder, wie Wilhelm Busch poetisch sagt: Hier Romane, dort Gedichte, Malzextrakt und Kurzberichte . . . .

Aber wie wir schon oft betont haben: Die Kombinationen entziehen sich einer systematischen Darstellung durch ihre Vielfalt und ihre »Regellosigkeit«. Deshalb muß ein Kombinationslehrgang sich damit begnügen, die Phantasie des Schachfreundes anzuregen und in bestimmte Bahnen zu lenken. Denken jedoch muß jeder selber!

Kurt Richter erfaßte die Kombination emotionell. Dabei gingen seine ästhetischen Leitbilder auf die romantische Epoche (Anderssen, Morphy) zurück. Er entwickelte sie eigenwillig weiter und gab sich mit der Glorifizierung der Kombination eine Waffe in die Hand, die er als Praktiker und Publizist schonungslos gegen die in den 20er und 30er Jahren allmächtig auftretende Überbetonung der Positionsgesetze einsetzte. Das hatte jedoch zur Folge, daß sich in Kurt Richters Schachauffassungen die Taktik immer stärker von der Strategie isolierte.

Erst durch den weltweiten Siegeszug der sowjetischen Schachschule, durch die ständige Berührung mit der modernen Meisterpraxis, nun schon vorwiegend als Journalist, schleiften sich die extremen Ansichten ab. So bekannte Kurt Richter 1952:

Auch ich war einst ein unbedingter Anhänger des Angriffsspiels und ließ mich leicht von einer schönen Kombination blenden. Wohl liebe ich noch immer den Angriff im Schach, aber viele schmerzliche Erfahrungen in der Praxis und in der Analyse haben mich doch zu der Überzeugung gebracht, daß nicht alles

Gold ist, was glänzt, und daß sehr viele Kombinationen (die im ersten Augenblick selbstverständlich erscheinen) einer gründlichen Nachprüfung nicht standhalten.

Wenn die Veröffentlichungen in der »Hohen Schule der Kombination« zu den reifsten Arbeiten Kurt Richters zu zählen sind, so blieb dennoch seine Konzeption unverändert, wie er sie 1955 charakterisierte:

Von allen »etwas« — für jeden »etwas«, und »etwas« bleibt im schachlichen Unterbewußtsein haften, für später und für die eigene Praxis.

Kurt Richter durchstreifte das weite Reich der Kombinationen bis in die fernsten Winkel. Es gab jedoch Gebiete, die er besonders gern aufsuchte, z. B. das Matt, den Zwischenzug, die Entfesselung, die Demaskierung, das Patt. Diese Lieblingsthemen bilden die Hauptabschnitte der ersten drei Kapitel dieses Buches, wobei die ausgewählten Beispiele recht locker nebeneinanderstehen und nur dort, wo es sich einrichten ließ, eine textliche Verbindung haben. Ansonsten weisen lediglich Überschriften und gelegentlich ein Aphorismus, ein Zitat aus der Feder des Meisters auf die Thematik hin; denn eigentlich ist jedes Beispiel eine *Kurzgeschichte* für sich. In dieser fragmentarischen Form sind alle fünf Kapitel gehalten, was der Absicht gerecht wird, die Sprache und Analysen Kurt Richters ungestört auf den Leser wirken zu lassen.

Natürlich war es unumgänglich, kleinere Streichungen, Zusammenziehungen, Korrekturen oder Ergänzungen vorzunehmen, da die meisten Beispiele aus größeren Zusammenhängen herausgenommen wurden und das Buchformat auch nicht alle optischen Effekte, die z. B. durch das Diagrammpaar erreicht werden, wiedergeben kann. Für die Zugtexte ist die in unseren Schachbüchern übliche Notation verwendet worden. Um die zahlreichen Klammerbemerkungen zu vermeiden, sind die hervorgehobenen Züge *kursiv* gesetzt.

Die Einteilung in die Kapitel 1, 2 und 3 geht auf den folgenden Ausspruch Kurt Richters zurück und ist vielleicht der glücklichste Versuch, die unübersehbare Vielfalt zu erfassen:

Von dem Gegensatz zwischen Sehen und Nichtsehen mit seinen zahlreichen dazwischenliegenden Nuancen lebt das Schachspiel und bezieht seine Impulse. Die Optik ist wichtiger als die Technik, und die Theorie bedeutet wenig, ist sie nicht mit der Phantasie gepaart (1955).

20

Das erste Kapitel *Vom Sehen* enthält glanzvolle Kombinationen, die durch ihre Schönheit ganz für sich wirken. Den kurzen Schlußphasen schließen sich mehrzügige Mattangriffe und eine kleine Auswahl von Kurzpartien an.

Das zweite Kapitel *Zwischen Sehen und Nichtsehen* behandelt Kombinationsthemen, die den Fehler heraufbeschwören (Fallen) oder für die Widerlegung gegnerischer Absichten charakteristisch sind, z. B. Zwischenzüge, Entfesselungen, Entwurzelungen.

Das dritte Kapitel *Vom Nichtsehen* befaßt sich mit nicht erkannten Kombinationen, verpaßten Gelegenheiten sowie Fällen von einseitiger und beiderseitiger »Schachblindheit«.

Das vierte Kapitel *Analogien und Kontraste* umfaßt die Gleichnisse. Dieses Genre entstand 1962 und wurde bis zum Schluß beibehalten. Kennzeichnend hierfür ist das Diagrammpaar, das miteinander in irgendeine Beziehung gesetzt ist, die oft durch ein Zitat ihren äußeren Ausdruck erhält. Inhaltlich behandelt es die schon genannten Themen, bildet aber in Form und Darstellung eine besondere Schöpfung Kurt Richters, durch die er auch in seiner sprachlichen Gestaltungskraft einen Höhepunkt erreichte.

Das fünfte Kapitel ist dem *Schachfeuilleton* gewidmet, an dessen Weiterentwicklung Kurt Richter maßgeblichen Anteil hatte. Hier werden hauptsächlich einige »Kurzgeschichten« und die von ihm erdachte Gestalt Dr. Zabel gewürdigt.

Entsprechend der Vorliebe Kurt Richters für das Rätselhafte und seinen unermüdlichen Aufforderungen, zu sehen, zu erkennen, zu prüfen, ist der überwiegende Teil der Beispiele mit einer Aufgabe verbunden. Dem Leser wird empfohlen, zunächst seinen kombinatorischen Scharfsinn zu erproben und dann seine Überlegungen anhand der jeweiligen Diagrammnummer mit den Texten des Lösungsverzeichnisses zu vergleichen.

Nun aber ist es Zeit, Ihnen Spaß beim Knobeln, Erfolg beim Studieren und Genuß beim Lesen zu wünschen und Sie mit Kurt Richter allein zu lassen.

Erstes Kapitel

Vom Sehen

Ja, das ist mit dem »Sehen« im Schach so eine Sache! Freilich, wenn wir die Augen des Argus hätten! Jener hundertäugige Riese, der die in eine Kuh verwandelte Jo zu bewachen hatte, erlag allerdings doch einem Trick des Zeus, der ihn mit einem Zauberstabe betäuben und töten ließ. Vielleicht hätten Sie lieber den Zauberstab, um den Gegner einschläfern zu können? Auf alle Fälle: Seien Sie im Schach nicht leichtgläubig, unterschätzen Sie den Gegner nicht, betrachten Sie objektiv die Lage — kurz, prüfen Sie alles mit einem gesunden Argwohn! Es braucht ja nicht gleich so schlimm zu kommen, wie Wilhelm Busch es befürchtet:

Wer durch des Argwohns Brille schaut
Sieht Raupen selbst im Sauerkraut!

Mattbilder wollen wir als oberste Stufe der Kombinationskunst betrachten.

MATTBILD-ZAUBEREIEN

Der Mattangriff

Polugajewski—Szilágyi
Moskau 1960   1

Ein Abtausch würde Weiß (am Zuge) nicht viel nützen. Wie aber kann er statt dessen den schwarzen König in Mattnot bringen?

Ein einfaches Manöver — doch man muß es sehen! (Schon gesehen!? — Um so besser!)

Weiß setzte seinen Gegner matt: *1.☐g1+ ☗h6 2.♘f8+!* Ablenkung des Turmes! *2. ... ☐:f8 3.☐d3!* mit der unabwendbaren Drohung des Matts auf h3.

Aber gerade das Einfache ist im Schach mitunter so schwer zu sehen!

Mit alten Waffen zu neuem Schaffen!

Pointen einst und jetzt

Die im Schachspiel schlummernden Ideen sind zeitlos und veralten nicht. Aber nehmen wir einmal ein Theoriebuch von vor 50 Jahren zur Hand! Nicht viel von seinem Inhalt hat heute noch Gültigkeit. Nun greifen Sie zu Kombinationen aus der gleichen alten Zeit! Da hat sich gegenüber der Jetztzeit kaum etwas verändert.

Ein Mattbild à la Morphy

Wer kennt nicht die berühmte Partie Morphys gegen Graf Isouard und Herzog von Braunschweig, die mit einem klassischen Turm-Läufer-Matt auf d8 endet! An Nachfolgern hat es nicht gefehlt. Greifen wir wahllos einen heraus:

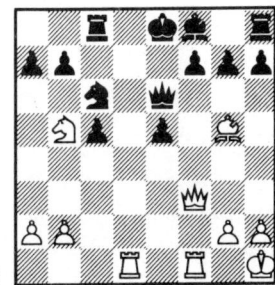

Onderka—N. N.
Wien 1958   2

Weiß am Zuge. Setzen Sie bitte wie Morphy auf d8 matt. (Aufgabe) Nun, das dürfte Ihnen wohl! kaum schwerfallen!

Aber warum wir diese alte Wendung ausgraben? Das zeigt das nächste Beispiel!

Ostropolski—Iwanowski
UdSSR 1949   3

Wir fanden nämlich diese interessante Position in der »Chess Review«. Weiß (am Zuge) erzwingt das gleiche Matt mit einer ganz eigenartigen Variation unseres Themas. (Aufgabe)

Man sieht hieran: Die Grundtendenzen des Schachspiels mögen begrenzt sein. Aber ihre Verknüpfung mit andersartigen Motiven in immer neuen Schattierungen bringt auch heute noch großen Reiz, selbst wenn das Schluß-Mattbild schon 100 Jahre alt (und wohl noch älter!) ist.

Todesschrägen

Drama in drei Aufzügen

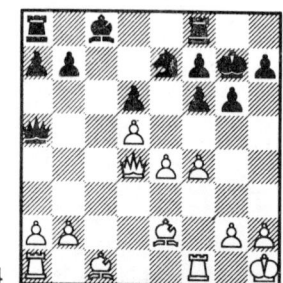

Vanka—Skala
Prag 1960   4

Weiß am Zuge. Sehen Sie sofort das sich entspinnende Kurzdrama? (Aufgabe)

Das verblüffende Matt

Wachtel—Musiol
Polen 1953   5

Bitte sehr: Wer denkt in einer solchen Stellung an Matt?
  So hatte Schwarz zuletzt wohl a7—a6 gezogen — und sah
sich nach *1 ♖e5!!* in einem fröhlichen Mattnetz, dem er nur
durch den sinnlosen Zug 1. ... ♖b5 entrinnen könnte.
  Sie glauben es nicht? Bitte überzeugen Sie sich selbst!

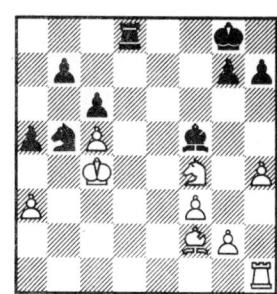

Mann—Papp
Budapest 1956   6

Schwarz am Zuge. Wie kann er die eingeklemmte Stellung des
weißen Königs am besten ausnutzen? (Aufgabe)

»Matt in zwei Zügen«

Kopylow—Karlson
Irkutsk 1961   7

Schwarz zieht und setzt in zwei Zügen matt. Sie glauben, wir wollen Sie zum besten halten!? Keineswegs! (Aufgabe)

Das »Matt der zwei Figuren« sollte eigentlich jeder sehen.

Ein Zweiläufermatt

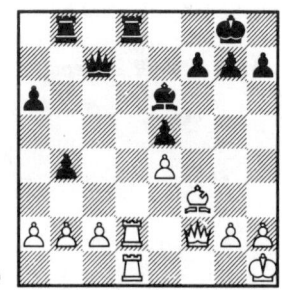

Kellermann–Friedl
Nürnberg 1955   8

Hier nutzte Schwarz den weißen Zug *1.🜚 he1?* (Weiß stand allerdings in jedem Falle schlecht) in richtiger und schöner Weise aus: *1. ... ♕f6+ 2.♘f3 (2.♘f5 ♘e3) 2. ... ♗e3+ 3.♔f1 ♕:f3+! 4.gf ♗h3* matt.

Abenteuer auf der ersten Reihe

Ein wesentliches Merkmal beim Mattangriff ist die Schwäche der ersten bzw. für Schwarz achten Reihe. Meist wird dabei das bekannte fehlende »Luftloch« die Hauptrolle spielen, aber nicht immer.

Die ohnmächtige Dame

Rowner–Kamyschew
Moskau 1947   9

Wäre hier die Dame c7 nicht . . ., und schon machen wir den Zug *1.♕a7!*, um die feindliche Dame abzulenken.

Jedoch *1. . . . ♕a5*, sie sträubt sich noch, und Weiß muß mit *2.♕:a6!* das neckische Spiel fortsetzen. Nach *2. . . . ♕c7 3.♕a7!* hat Schwarz nun keine Ausrede mehr.

Beachten wir noch, daß auf ♖:d2 jetzt oder früher Weiß unbesorgt die schwarze Dame nehmen kann; der Turm d1 ist durch den Läufer f3 gedeckt.

Der Führer der weißen Steine zeigte sich auf der Höhe der Situation.

»Andersson« wie »Anderssen«

Schwarz am Zuge. In der Tat hätte Adolph Anderssen an der nun folgenden prächtigen Kombination seines Fast-Namensvetters aus Schweden seine helle Freude gehabt. Diese sei auch Ihnen gegönnt.

Hägloff–B. Andersson
Fernpartie aus Schweden
1968/69   10

»Fern vom Alltag« (wie einmal ein kleines Büchlein hieß) spielten beide . . . (Aufgabe) Etwas für »Morphynisten«!

Mit Keulenschlägen warf er ihn zu Boden

Katalymow–Mnazakanjan
UdSSR 1959   11

Muß die eingedrungene weiße Armee umkehren? Das wäre doch schade, nicht wahr? Aber wie kann Weiß die augenblickliche Schwäche der achten Reihe ausnutzen? (Aufgabe)

Zwei Keulenschläge werfen den Gegner zu Boden.

Der Unglücksturm

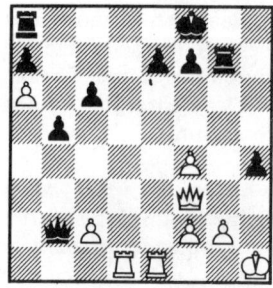

Flórián—Köberl
Budapest 1961   12

Der Turm g7 steht »unnatürlich«, so daß der schwarze König praktisch kein Fluchtfeld hat.

Wie nutzte Weiß (am Zuge) diese für ihn günstige Situation aus? (Aufgabe)

Freie Bahn den Mattfiguren

Driksna—Strauntinsch
Fernpartie aus der
Lettischen SSR 1968   13

Unter Qualitätsopfer hatte Schwarz (am Zuge) sich diese gewaltige Angriffsstellung aufgebaut. Wenn etwas bedenklich stimmen könnte, ist es die Fesselung des Springers d4. An 1. ... bc 2.cd hätte Schwarz natürlich keine Freude; um so mehr aber an dem Prachtschluß, der ihm statt dessen gelang. (Aufgabe)

Eine Mattkombination zerfällt im allgemeinen in drei Teile: in das Mattbild, das gesehen, den Mattweg, der gefunden, und in die Hindernisse, die erkannt und beseitigt werden müssen.

Ein Problemmatt

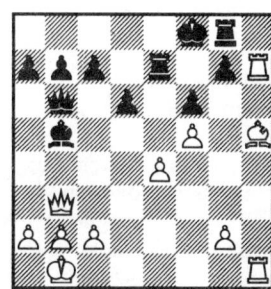

King—Bedjanian
Kalifornien 1962   14

Weiß (am Zuge) führte hier ein selten schönes Mattbild herbei, wie man es sonst nur in Schachproblemen zu sehen bekommt. Vielleicht ist Mister King ein verkappter Problemkomponist!?

Sind Sie es auch? (Aufgabe)

Ein Schulfall

Krylow—Tarassow
UdSSR 1961   15

Sehr eindrucksvoll wird hier der schwarze König in ein elementares Lehrbuchmatt gelockt.

Weiß am Zuge — löst man im Fluge! (Aufgabe)

Ein typisches Randlinien-Matt

Meo—Giustolisi
Reggio Emilia 1959   16

Schwarz am Zuge setzt in drei Zügen matt. (Aufgabe)
   Eine andere elementare Mattführung gelang dem Wiener
Altmeister und Schachschriftsteller Krejcik in dem nachstehenden Schlußspiel.

Polvin—Krejcik
Wien 1954   17

Mit seinem letzten Zug ♖b2—b3! gab Schwarz dem Angriff
den entscheidenden Auftrieb. Scheinbar droht er nur 1. ...
♖h3, und dies glaubte Weiß mit *1.♘e6* genügend pariert zu
haben. (Der Deckungszug 1.♕h4 kostet den Springer c7; also
gab es keine Rettung mehr!)
   Doch nun folgte sehr verblüffend *1. ... ♕:h2+ !! 2.♔:h2
♘g4+ 3.♔h1 ♖h3+ ! 4.gh ♖h2* matt.
   Es ist instruktiv, wie der Bauernschutz des weißen Königs
beiseite geräumt wird.

Abgelenkt

Molinari—Cabral
Uruguay 1943   18

Alles gedeckt — das hörten wir schon einmal, nicht wahr?
    Schwarz am Zuge bewies dem Gegner das Gegenteil. (Aufgabe)

»Epauletten«

Epauletten — militärische Achselstücke, Verzierung der Uniform von einst. Für den matt gesetzten König freilich sind es nun nicht gerade Verzierungen ... Beim reinen Epaulettenmatt können es nach Lage der Dinge nur die Türme sein (z. B. weiße Dame g6, schwarzer König g8, schwarze Türme f8 und h8). Bei anderen »Epauletten« rückt die matt gebende Figur dem König noch näher auf die Achselstücke, und das bedeutet, daß sie noch ein anderer Stein stützen muß.

Der Edelstein von Groningen
Der finnische Jugendmeister Turunen kam zwar in die Siegergruppe des Jugendturniers, endete dort aber an letzter Stelle. Dafür hat er die Genugtuung, in der Vorgruppe die schönste Partie des Turniers überhaupt gespielt zu haben.

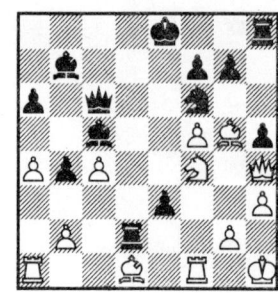

Vujačić–Turunen
Groningen 1969   19

Die glänzende Schlußphase begann mit *1. . . . ♛ :g2+ !!* Dieses prachtvolle Damenopfer lockt den weißen König in ein sehenswertes Epaulettenmatt! *2.♘ :g2 ♗ :g2+ 3.♔h2* (3.♔g1 e2+ !) *3. . . . ♗c6+ 4.♔g3 ♗d6+ 5.♛f4.* Verzögert das angedeutete Matt um einen Zug. Bei 5.♖f4 wäre es sofort fällig. *5. . . . h4+ !* Zwingt den weißen König, auch die zweite »Epaulette« anzulegen! Weiß gab auf (6.♗ :h4 ♖g2 matt!).

Für den jungen Mann aus Finnland hat sich die weite Reise schon wegen dieser einen Partie gelohnt!

O'Kellys Epauletten

Mitgeteilt von Großmeister
A. O'Kelly (wohl nach einer
praktischen Partie bearbeitet)   20

Weiß (am Zuge) setzt einmal dem Gegner Epauletten (nicht etwa Hörner!) auf und zum anderen: in vier Zügen matt! (Aufgabe)

Vom richtigen Schachbieten

Die alte Zweifelsfrage: Soll man ein Schach geben oder es lieber in Reserve halten? Die Experten sagen: Oft leistet ein stiller Zug mehr, während ein Schach zuviel sogar schaden kann. Auf der anderen Seite hat ein Schach zuwenig schon manchmal ein sonst sicheres Matt verpatzt.

Woran hält man sich also? Lasker gab die Antwort: an den gesunden Menschenverstand!

Ein falsches Schach —
ein richtiges Kontra

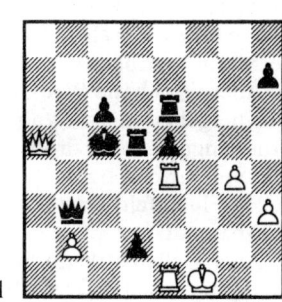

Bucher—Müller
Simultanspiel Buchers
Basel 1959   21

Schwarz hätte 1. ... ♚d6 ziehen und sich mit dem Dauerschach durch 2.♛d8+ abfinden sollen. Aber wer macht dies gern, wenn ein verlockender Damentausch mit siegverheißendem Endspiel winkt? Also *1. ... ♛b5+*.

Brachte dies die Entscheidung? Wie reagierte Weiß? (Aufgabe)

Damit Sie sich im stillen Kämmerlein an den prächtigen »Epauletten« erfreuen können!

Der »Pfahl im Fleische«

Auf der g-Linie ereignen sich die meisten Tragödien im Rochadekampf, sei es, daß der schützende g-Bauer gezwungen wurde, nach f6 oder h6 »hinüberzuwechseln«, sei es, daß er durch Opfer verschwand oder sonst irgendwie verlorenging.

Tschikowani—Aufman
UdSSR 1952   22

In diesem Falle kommt noch die einengende Wirkung des Bauern f6 hinzu, der als »Pfahl im Fleische« den schwarzen König in Mattnot bringt.

Allerdings hatte Weiß, um dies zu erreichen, eine leichte Figur hergeben müssen; aber nun erntet er den Lohn für seine Anstrengungen. Es droht einfach ♖:e6 nebst Damenmatt auf g7. Spielt Schwarz 1. ... ♖g8, so hat er seinem König das letzte Fluchtfeld verstellt, und Weiß setzt mit 2.♖:h7+ ♔:h7 3.♕h5 matt.

Aber vielleicht kann Schwarz noch 1. ... ♕d7 versuchen, weil dann nach 2.♖:e6? fe das Feld g7 gedeckt wäre!? Nein, denn Weiß hat noch mehr Pfeile im Köcher; er antwortet auf 1. ... ♕d7 einfach 2.♖e5! mit der Absicht, den h-Turm auf h7 zu opfern und mit dem anderen Turm auf h5 matt zu setzen — wieder ein Matt der schweren Figuren auf zwei offenen Linien.

In diesem Dilemma hatte Schwarz noch einen interessanten Einfall: *1. ... ♘g5!?* Damit sind alle drei weißen Figuren bedroht. Nach 2.♕:g5 ♖:e1+ 3.♔f2 ♕g8 sind alle weißen Mattgedanken gestört.

In dieser kritischen Lage ließ sich der jugendliche Führer der weißen Steine nicht von der Schrecksekunde überrumpeln, sondern behielt den klaren Kopf und fand das in der Stellung liegende Kolumbusei: *2.♖:h7+!*, was unzweideutig das Matt erzwingt. Der Springer g5 kann nicht gleichzeitig Brustwehr gegen g7 und Schutz für h7 sein. Schwarz gab auf; 2. ... ♔:h7 führt zu 3.♕h5+! ♔g8 4.♕:g5+ und 5.♕g7 matt.

Taktische Schlagfertigkeit

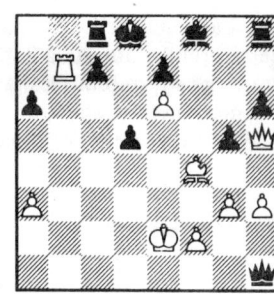

Winz—Videla
Mendoza 1955   23

Schwarz hatte den weißen Eckturm verspeist und wurde nun das Opfer eines Mattüberfalls. Was zog Weiß? (Aufgabe)

Der matt setzende Bauer

Starck—Bertholdt
Gera 1962   24

Der Hemmschuh auf e6 ist sehr bitter für Schwarz; er verheißt Weiß den Sieg. Aber wie ist dieser zu erzielen? Nicht mit 1.♕h5? wegen 1. ... ♕g3 + ! usw., sondern ... doch das sollen Sie bitte allein herausfinden. Das reizende Mattbild wird Sie mit etwaigen Anstrengungen versöhnen. (Aufgabe)

Durao—Catozzi
Dublin 1957   25

Die Lage von Schwarz mit dem eingeklemmten König ist äußerst prekär; auf etwa 1. ... ♔h5 2.♘h3 müßte er schon zu 2. ... g4+ greifen. Deshalb entschloß er sich, mit fliegenden Fahnen unterzugehen, und zog *1. ... bc.*

Was antwortete Weiß darauf? (Aufgabe)

Das erstickte Matt

Young—Kittsley
Wisconsin 1952   26

Der letzte Zug von Weiß war ♕h1—e4, nicht etwa, um die Damen zu tauschen, sondern um auf 1. ... ♕:e4 mit 2.♘f7 »erstickt« matt zu setzen.

Schwarz antwortete *1. ... ♕:h5,* kam damit aber vom Regen in die Traufe.

Gewiß hätte 1. ... ♖df8 die sofortige Katastrophe verhindert, aber Weiß kann dann, wenn ihm nichts Besseres einfällt, einfach mit 2.♕:g6 hg 3.♘:g7 ♖:g7 4.♗:g7+ ♔:g7 5.♘:e6+ nebst 6.♘:f8 und 7.♖:d6 zu einem gewonnenen Endspiel abwickeln. Auch das ist eine Kunst, die beherrscht werden muß: die Kunst, in verwickelten Stellungen im rechten Augenblick den Angriff zugunsten eines überlegenen Endspiels abzubrechen. »Das macht mir aber keinen Spaß«, wie mir kürzlich erst ein lernender Schachfreund sagte, ist natürlich kein Standpunkt für den, der eine Schachpartie gewinnen will.

Nach dieser kleinen Abschweifung wenden wir uns wieder der Partiestellung zu.

Weiß lenkte auf *1. ... ♕:h5* die schwarze Dame von der Bewachung des Feldes f7 ab und erzwang so doch das erstickte Matt: *2.♕:h7+ ♕:h7 3.♘f7* matt.

Solche Wendungen müßte eigentlich jeder Schachjünger beherrschen.

Im Stile Morphys! Für viele Schachspieler bedeutet dieser Ausspruch die höchste Anerkennung; manche wollen damit aber auch zum Ausdruck bringen, die Sache sei antik und ein Rückfall in mittelalterliche Gepflogenheiten.

Nach dem Rezept
von Anderssen und Morphy

Borik—Novak
ČSSR 1969   27

Weiß am Zuge. In einem Lettischen Gambit hatte Weiß im Stile der Anderssenzeit großzügig geopfert und stand nun vor der Frage, wie es weitergeht, ob sich die Investition von Turm und Läufer gelohnt hat.

Und in der Tat: Die Gelegenheit ist günstig! Aber ob sie jeder erkennt? (Aufgabe)

»Erstickte« Variation

Druganow—Pantelejew
Fernpartie aus der UdSSR
1955/56   28

Eine wildromantische Stellung.

Wegen des auf seiner Grundreihe drohenden Matts kann Schwarz (am Zuge) die weiße Dame auch nach etwa vorausgehendem Tausch auf e1 nicht schlagen.

Er erzwang aber statt dessen ein sehr elegantes Matt in drei Zügen. (Aufgabe)

»Halbersticktes« Matt

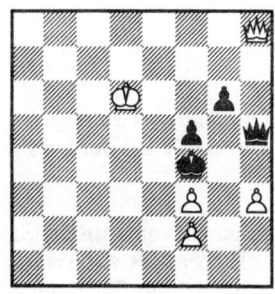

Eggenberger–Schumacher
Basel 1959   29

Welchen starken Zug macht Weiß, gestützt auf eine zweizügige Mattwendung? (Aufgabe)

Nur wer matt setzen kann, beherrscht das Schachspiel! Was nutzt das beste Positionsspiel, wenn ihm der krönende Abschluß fehlt? Der wirkungsvollste Plan im Schachspiel ist immer noch der Angriff und in der Verteidigung der Gegenangriff. Man muß den Gegner beunruhigen, verwirren und darf ihn nicht gewähren lassen. Nicht verhandeln ist das Gebot der Schachspieler, sondern handeln!

MATTÜBERFÄLLE

Verkappt

Position von Borgström
»Tidskrift för Schack« 1956   30

Weiß am Zuge. »Na, remis«, werden Sie sagen. »Zwar sind die weißen Bauern sehr anfällig, aber ein ewiges Schach werden wir schon herausdrechseln.«

Nun, dann versuchen Sie bitte einmal Ihr Heil. Doch lassen Sie sich nicht aufs Glatteis führen. (Aufgabe) Und werfen Sie nicht mit Steinen auf uns, wenn Sie die Tücken durchschaut und die Klippen vermieden haben .

Heftiges Matt-Gewitter
... wie zu Grecos Zeiten.

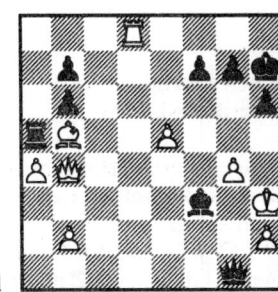

Forintos—Tomović
Budapest—Belgrad 1957   31

Weiß steht auf Matt, aber Schwarz wird matt! Weiß am Zuge. (Aufgabe)

DAS WERTVOLLE GEDÄCHTNIS

Das Schachgehirn wird wirkungsvoll durch das Gedächtnis unterstützt; denn ohne das Gedächtnis gäbe es keine guten Schachspieler, keine Großmeister.

»Ein Kopf ohne Gedächtniskraft ist eine Festung ohne Besatzung.« (Napoleon) Und »das Gedächtnis nimmt ab, wenn man es nicht übt!« (Cicero) — das Studium unserer Kombinationsstellungen ist eine gute Übung!

Das älteste Requisit des Kombinationsspielers

Zunächst wollen wir wieder einmal an das bekannte Läuferopfer auf h7 erinnern, doch nicht etwa in seiner abgedroschenen Form!

Die zweite Schwäche

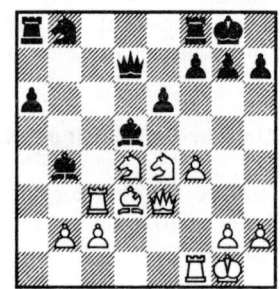

Koz—Riskin
Swerdlowsk 1963   32

h7 ist die eine Schwäche in der schwarzen Stellung, d7 eine andere. So kommt es, daß Schwarz die doppelte Deckung von h7 nichts nützt und Weiß trotzdem auf h7 opfern kann.

1.♗:h7+! ♔:h7. Bei 1. ... ♘:h7 entscheidet das Eindringen auf d7, z. B. 2.♖d7 ♛b8 3.♖:f7 ♘f6 4.♖:f6! nebst ♛g4+ bzw. 3. ... ♗f8 4.♛h5 nebst eventuellem ♖e3 usw. *2.♖d7!!* Ein aus vielen solcher Opferpartien bekanntes Motiv taucht auf: das Damenschach auf h5, gefolgt vom Eindringen auf f7. *2. ... ♘:d7.* Wenn jetzt 2. ... ♛b8, so wieder 3.♖:f7, z. B. 3. ... ♖c7 4.♛d3+ nebst ♛g6 usw. *3.♛h5+ ♔g8 4.♛:f7+ ♔h7 5.♘:d7.* Droht ♘f6+ nebst ♛h5 matt. *5. ... ♛:d7 6.♛:d7 ♖e7 7.♛d3+ ♔g8 8.b4.* Schwarz gab auf.

Wenn man solche Wendungen kennt, kommt man in eigenen Partien leichter auf die Opferidee. Doch ist fast jede Stellung in der Nuance anders; deshalb:

Das Gedächtnis gibt die Anregung, das Gehirn muß sie prüfen!

Das doppelte Opfer

Radovici—Neamtu
Rumänische Meisterschaft
1963   33

1.e4 c5 2.♘f3 e6 3.d4 cd 4.♘:d4 a6 5.♘c3 b5 6.♗d3 ♗b7 7.0-0

40

d6 8.a4 ba? 9.♖:a4. Dieser Turm tritt eine originelle Rundreise an! *9. ... ♘f6.* Besser *9. ... ♘d7. 10.♕e2 ♗e7 11.♗e3 0-0 12.f4 ♕c7 13.♖c4!*

Die Folge macht den Eindruck, als ob Schwarz den Gegner zu diesem Zuge verleiten wollte, um dann den Turm mit beiden Läufern zu jagen. Amüsant, wie dabei aus dem Jäger der Gejagte wird! *13. ... ♕d7 14.e5 ♘d5 15.ed ♗:d6 16.♘e4 ♘:e3 17.♕:e3 ♗d5? 18.♖c3 ♗b4?*

Nun dreht Weiß am Zuge in der auf dem Diagramm 33 abgebildeten Stellung den Spieß um.

Wie spielte er? (Aufgabe)

Dolchstöße

Möhring—Fiensch
DDR 1961   34

»Nur reden will ich Dolche, keine brauchen!« sagt Shakespeares Hamlet.

Hier finden wir eine blitzsaubere Dolchstoß-Kombination, die den Gegner sofort zu Boden wirft. Weiß am Zuge. (Aufgabe)

Der Worte sind genug gewechselt; laßt uns endlich »Dolche« sehn!

Umgarnte Könige

Rossetto—Cardoso
Portoroz 1958   35

Wohl der schönste Spielschluß aus Portoroz. Weiß zog *1.♗d5!* — mit welcher Pointe, falls 1. ... ed geschieht? (Aufgabe)

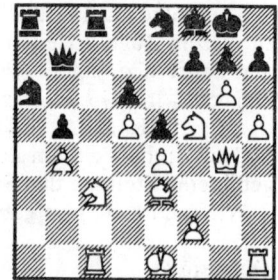

Kortschnoi—Bastrikow
Taschkent 1958   36

Schwarz, der mit Recht gf+ ♔:f7 (♕:f7 ♘h6+) ♘h6+!! fürchtete, zog *1. ... ♔h8.* Allein darauf hatte Weiß eine andere prächtige Fortsetzung des Angriffs.

Es folgte *2.h6 fg* — und nun!? (Aufgabe)

Das stille Manöver

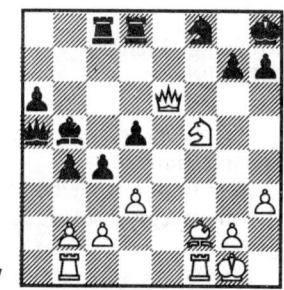

Blumenthal—McGunnigle
Fernpartie 1962   37

Die am Damenflügel ziemlich zwecklos versammelte schwarze »Mannschaft« fehlt am Königsflügel, so daß Weiß dort ein prächtiger Überfall gelingt: *1.♕h6!!* »Still«, aber stark! Auf 1. ... gh setzt 2.♗d4+ ♔g8 3.♘:h6 elegant (und elementar) matt.

Es folgte *1. ... ♖d7 2.♗d4 ♕c7,* und nun verstärkte Weiß seine Angriffsstellung durch Verdopplung der Türme: *3.♖f3 ♘g6 4.♖af1 ♔g8 5.♕:g7+!!* Glanzvolle Schlußpointe! *5. ... ♖:g7 6.♘h6+ ♔h8 7.♖f7!!* Die Krönung des Ganzen! *7. ... ♕:f7.* Falls 7. ... ♘e5, so 8.♖:c7 ♖g:c7 (8. ... ♖c:c7 9.♖f8+) 9.♗:e5+ ♖g7 10.♖f7, ähnlich wie in der Partie. Auf indifferente Züge geschieht natürlich ♗:g7 matt. *8.♖:f7 ♖g8 9.♖d7!!* Daß der Turm gerade dieses Feld wählt, ist von großer Bedeutung: Der Läufer b5 kann nun nicht von e8 aus das Feld f7 schützen. *9. ... ♗:d7 10.♘f7* matt.

Eine solche längere, mit stillen Zügen gespickte Kombination gelingt dem Schachspieler meist nur einmal in seinem Leben, bemerkt die »Chess Review« sehr richtig dazu.

Mattbild

Janošević—Udovčić
Jugoslawische Meisterschaft
1957   38

Nach der ungarischen Schachzeitschrift »Magyar Sakkélet« war der schwarze Turm mittels eines raffinierten Manövers zu retten: *1. ... ♗:g2+ 2.♔:g2 ♘c3+ 3.♔f3 ♘:d1 4.♗:b2 ♘:b2 5.♔e4 b5 6.cb* ab.

Aber Schwarz fand eine sehr interessante stärkere Fortsetzung: *1. ... h4!! 2.♗:b2 h3.* Deckt Weiß das auf g2 drohende Matt mit *3.♖g1*, so folgt *3. ... ♘:f4!* Also spielte er *3.♖d8+ ♔h7 4.♗c2+ f5 5. ♖d5.* Schweren Herzens! Aber etwas anderes ist nicht mehr zu sehen. *5. ... g6.* Schwarz hat Zeit. *6.♗e4.* Immerhin konnte Weiß *6.♗d1 ♘:f4 7.♗c1* versuchen, worauf Schwarz sich mit *7. ... hg+ 8.♔g1 ed!* 9.♗:f4 dc begnügen muß. *6. ... ed 7.cd fe 8.dc bc 9.gh ♘:f4,* und Schwarz gewann.

Wer es im Schach nicht versteht, sich die große Macht der Bauern nutzbar zu machen, wird es nie zur Meisterschaft bringen.

Freilegung der Königsstellung

David—Seitan
Rumänien 1956   39

Die doppelte Batterie von Weiß gestattet eine hübsche Lenkungskombination.

Weiß am Zuge leitet sie »still« ein. (Aufgabe)

Der zweimal gefoppte Gegner

Das war der unglückliche Portugiese Durao, den Fischer zweimal mit eleganten Mattwendungen überraschte.

Im Mittelspiel

Fischer—Durao
XVII. Schacholympiade
Havanna 1966   40

Weiß ist am Zuge. Schwarz hatte kurz zuvor seinen bereits rochierten König zur Mitte zurückgebracht und dem Läufer die Deckung des Bauern h6 übertragen, was er nach dem nächsten Zuge von Weiß bitter bereute.

Weshalb? (Aufgabe)

Im Endspiel

Dieselbe Partie   **41**

Wieder ist Fischer (Weiß) am Zuge und zieht den Schlußstrich
unter die Partie. (Aufgabe)
   Nicht leicht zu sehen, meinen Sie? Nur zu! Es wird Ihnen
auch gelingen!

Der Mattangriff war stärker

Christoffel—P. Müller
Zürich 1965   **42**

Weiß am Zuge könnte einfach auf g7 nehmen und damit genügend Endspielvorteil behaupten, um den Sieg sicherzustellen.
Doch wer weiß, was noch geschieht? Ein Mattangriff wäre auf
jeden Fall sicherer. Christoffel fand, wie die »Schweizerische
Schachzeitung« mitteilt, »nach langem Grübeln eine entzük-
kende Mattkombination«.
   Also grübeln Sie bitte auch!
   Zunächst wird der schwarze König mit *1.a5+!*♔*:a5* (1. . . .
♔b5 2.♖7c5+ nebst Matt) *2.♖b7!* eingekreist. Trotzdem
glaubte Schwarz an keine Gefahr, da nach 2. . . .*f4+* (ohne so
eine Art Racheschach geht es nun einmal nicht!) *3.♔e4* der
Zug 3. . . . ♘b5 die weißen Mattgelüste zu dämpfen schien.
Doch nun kam der Clou des Ganzen: *4.♖a3+!* Entzückend!

4. ... ♘:a3. Zähneknirschend! *5.b4+* ♔a4 *6.♘c5* matt! Wie in einem Problem!

Der König im Gefängnis

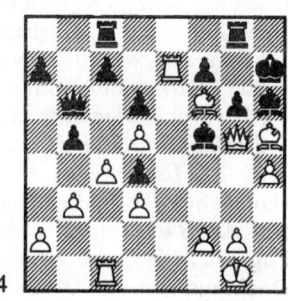

Brüchner—B. Koch
Berlin 1954   43

Schwarz steht überlegen, z. B. 1.♔f1 ♖f3 2.♘g1 ♖f5! (nicht 2. ... ♖:d3 wegen 3.♔e2) usw.

Weiß erleichterte ihm die Aufgabe, indem er *1.♔g3* zog. Er war sichtlich überrascht, als ihm Koch nun ein Matt in sechs Zügen ankündigte.

Wie kommt dies zustande? (Aufgabe)

AUFGESCHEUCHTE KÖNIGE

Oft wird der König mit oder ohne Opfer aus seinem Rochadeversteck herausgelockt und muß eine längere oder kürzere Reise antreten. Es leuchtet ohne weiteres ein, daß dies im Mittelspiel meist katastrophale Folgen haben wird, denn die Verteidigung des Reisekönigs ist fast unmöglich.

Die Königsjagd

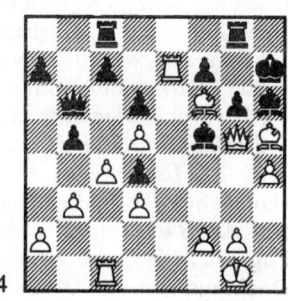

Teeriaho—Lundahl
Helsinki 1952   44

46

Weiß hatte soeben 1.♖e1–e7 gespielt, eine interessante Ausrede gegenüber den Bedrohungen von Dame g5 und Läufer h5. Die Idee ist, nach 1. ... ♗:g5, was auch wirklich kam, den König mit hübschen Mattwendungen zu Tode zu jagen.

Aber wenn Schwarz nun 1. ... ♖gf8 spielt, also f7 gedeckt hätte, wäre Weiß doch in einige Verlegenheit geraten, zumal Schwarz noch über den Abtauschzug ♖ce8 verfügt.

Wir wollen uns an einen alten Satz erinnern: Wer ein Opfer bringt, der prüfe zuerst, ob es zum erhofften Endziel führt. Dann aber überzeuge er sich, ob der Gegner nicht etwa in Vorteil kommt, wenn er das Opfer ablehnt.

In der Partie geschah *1. ... ♗:g5? 2.♖:f7+ ♔h6.* Danach wird der König zwangsläufig matt gesetzt. Doch auch der verzweifelte Versuch 2. ... ♖g7 3.♖:g7+ ♔h8 hätte nicht geholfen. Weiß antwortet 4.hg! und droht nun ein typisches Matt: 5.♖:g6+ ♔h7 6.♖h6+ ♔g8 7.♖h8 matt. Verteidigt sich Schwarz mit 4. ... gh, so ist er nach 5.♖g6+ ♔h7 6.♖h6+ ♔g8 7.♖e1 gegen den Angriff der Türme wehrlos. *3.hg+.* Die h-Linie ist hier der Träger des Mattangriffs. *3. ... ♔:h5 4.f3!* Mattdrohung auf h7. *4. ... ♖h8.* Falls 4. ... ♔h4, so wie im Text 5.♔f2. *5.♔f2!* Jetzt droht zur Abwechslung der andere Turm Matt — diesmal unabwendbar. *5. ... ♗h3 6.♖h1.* Schwarz gab auf.

Die abseits stehende schwarze Dame in der Rolle eines unbeteiligten Zuschauers!

Eine Perle der Kombinationskunst

Großmeister Keres bezeichnet die in dem nachfolgenden Schlußspiel entscheidende Kombination als eine Perle der Schachkunst.

Perez—Najdorf
Terremolinos 1961   45

Eine romantische Stellung. Weiß ist am Zuge und darf, wie leicht ersichtlich, den Gegner nicht zur Ruhe kommen lassen. Aber das ist leichter gesagt als getan.

Perez fand jedoch einen wahrhaften Problemzug, mit dem er den schwarzen König schließlich zur Strecke brachte. (Aufgabe)

Eine Delikatesse!

Die große Jagd

Stefanow—Andrejew
Bulgarien 1957   46

Schwarz am Zuge. »Hier vollend' ich's, die Gelegenheit ist günstig!« (Aufgabe)

Aber wie günstig sie ist, erfährt der staunende Schachfreund erst mit der Schlußpointe. Die problemartigen Wendungen werden jeden entzücken.

RUND UM DIE FESSELUNG

Ein Hauptmotiv — drei Variationen

Man opfert einen Turm, um die feindliche Dame in ein Springerschach zu lenken — ein alltägliches Geschehen. Und dennoch gibt es auch hier Feinheiten und Steigerungen.

Die Fesselung

Hörberg—Awerbach
Stockholm 1954   47

Der Läufer b1 verstellt den Turm a1 — das ist immer ein Nähr-
boden für Kombinationen ... des Gegners!

Also zog Schwarz *1. ... ☐c1!* 2.♛:c1 ♞e2+, denn die
weiße Dame ist ungedeckt und geht verloren. Weiß kann nach
3.☐:e2 ♛:c1+ 4.♔f2 ♝a6! nicht einmal Turm und Läufer dafür behalten und gab nach *5.♝d3 ♛:a1 6.♝:a6 ♛d1* den aussichtslosen Kampf auf.

Das Matt

Thiermann—Schmitt
Bad Kissingen 1954   48

Hier hatte Schwarz zuletzt den verständlichen Zug ♝d6—e7?
gemacht und fiel damit einer analogen Kombination zum Opfer, nur daß die Begründung diesmal in einem Mattbild liegt:
1.☐a6! ♛:a6 *2.♞c7+*, und *2. ... ☐:c7* darf wegen *3.♛d5*
matt nicht geschehen.

Der Rest ist einfach: *2. ... ♔f7 3.♛d5+ ♔f8 4.♞:a6 ☐d8
5.♛:b7 ☐:d1+ 6.♔f2 ☐d4 7.♞c7*, und Schwarz streckte die
Waffen.

Ein neues Stück im alten Bild.

In die Fesselung gelockt

Skotorenko—Wladimirow
UdSSR 1961   49

Weiß (am Zuge) kann durch geschicktes Herbeiführen und
Ausnutzen einer echten Fesselung sofort entscheiden.

Der Einschlag *1.♖:f7+ !* zwang den Läufer d5 in eine echte
Fesselung, so daß dem weißen Springer das Feld e6 zugänglich
wurde: *1. ... ♗:f7 2.♘e6+ !,* und Schwarz gab auf, da *2. ...
♔g8* zum Königsmatt durch *3.♕g7* und *2. ... ♔e8* zum »Damenmatt« durch *3.♘c7 +* führt.

Eine für den Begriff der Fesselung typische Wendung!

»Beschäftigungslenkung«

Sejandinow—Sachow
UdSSR 1960   50

Schwarz hatte, um diese Angriffsstellung zu erreichen, eine Figur geopfert. Nun suchte er nach einer wirkungsvollen An-
griffsmethode und fand eine originelle »Beschäftigungslenkung« des Gegners, die es ihm erlaubte, ohne Zeitverlust die
Türme in der e-Linie zu verdoppeln.

1. ... d3! erzwang *2.♕:d3,* so daß nun *2. ... ♖e3!* mit
Tempo geschehen konnte. *3.♕d1 ♖fe8 4.0—0 ♖:e2 5.♕b3
♗e3! 6.♘c2 ♗:f2 + .* Weiß gab auf.

Sicherlich gab es noch andere Angriffsmethoden, aber diese
hier war einleuchtend und zwingend.

Die Grundlage jeder Kombination ist das Erlernen bzw. Erkennen der Mattbilder, die zu allen Zeiten in ihren Grundformen die gleichen sind.

Ein bekanntes Mattbild

Beni–Soluch
Steyr 1953   51

Wieder einmal die mangelnde Verbindung der Türme bei Schwarz und der »hineingähnende« (Gutmayer) Läufer von Weiß.

Es folgte entsprechend *1.♕:a6! ♕a4* (1. ... ba 2.♖:b8 + usw.) *2.♕:a5!* Das Damenopfer beseitigt den das Feld c6 deckenden Springer. Die Pointe ist auch hier das Läufer-Turm-Mattbild auf d8: 2. ... ♕:a5 3.♗c6+! bc 4.♖:b8+ ♔d7 5.♖d8 matt; diesmal etwas anders als sonst! *2. ... ♕:c2+.* Resignation. *3.♔e3.* Schwarz gab auf.

Der rote Faden

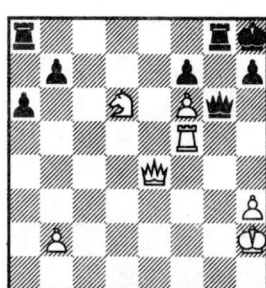

Suta–Sutey
Bukarest 1953   52

Die eingeklemmte Stellung des schwarzen Königs gab Weiß Gelegenheit zu einem glänzenden, für das erstickte Matt typischen Mattüberfall: *1.♖g5!! ♕:f6.* Falls 1. ... ♕:g5 oder 1. ... ♕:e4, so 2.♘:f7 matt. *2.♕d4!!* Nicht jedoch 2.♕e5?, denn dann könnte Schwarz mit Schach tauschen! *2. ... ♖g6 3.♖:g6!,* und Schwarz gab auf.

Der rote Faden in der Kombination war das Springermatt auf f7.

Der König als Blockeur?

W. Evans—Karaklajić
Bognor Regis 1962   53

... Das ist hier viel zu schwer!
Und eh' man sich's versieht:
Schwarz drückt und droht und zieht —
Nun, was wohl? (Aufgabe)
Ein Bauerngewinn-Manöver, gestützt auf ein Mattbild!

SCHWERE FIGUREN ELEGANT GEFÜHRT

Im Endkampf der schweren Figuren kommt es sehr auf die aktive Stellung an.

Übergang

Gislason—Boey
XII. Schacholympiade
Moskau 1956   54

Man sieht hier sofort die schlechte Position der weißen Geschütze. Aber wie kann Schwarz am Zuge dies ausnutzen?
(Aufgabe)

Wie ein Geigenvirtuose muß der Schachkünstler auf dem Instrument der 64 Felder zu spielen verstehen. Je mehr Feinheiten er hervorlockt, um so größer ist seine Meisterschaft.

Variationen auf der f-Linie

Tatarinzew–Zemzow
RSFSR 1966   55

Schwarz hat eine Figur mehr, was nur in die Augen fällt, wenn man anfängt zu zählen; denn seine Entwicklung ist so unvollständig, daß es fast scheint, als hätte er etwas zuwenig. Und dazu der eingedrungene weiße Turm und die verlorene Rochade! Kein Wunder, daß Weiß sogar mit Glanzzügen aufwarten kann: *1.♕f3!! ♗:b3.* Falls 1. ... ♗:f3, so setzt 2.♖:f7 matt! *2.♖:f7+!!* Die witzige Pointe des Ganzen! Der schwarze Läufer wird in eine Fesselung gelockt und damit das tödliche Springerschach auf e6 vorbereitet. *2. ... ♗:f7 3.♘e6+.* Schwarz gab auf.

»Figuren im Ruhestand« könnte man zu den schwarzen Steinen in der linken und rechten Brettecke sagen. Nur die Dame allein ist noch im Kampf zu sehen; aber nun ist es auch um diese geschehen!

»Exitus acta probat«

Der Ausgang rechtfertigt das Vollbrachte. Im Schach ein gefährlicher opportunistischer Standpunkt, der allerdings den Verfechtern des Kampfschachs gerade gelegen kommt. Der Logiker wird jedoch darauf bestehen, erst dann loszuschlagen, wenn im feindlichen Lager deutlich erkennbare Schwächen vorhanden sind.

Suttles—Fliegel
Santa Monica 1965   56

Abgesehen von dem Mehrbauern, hat Weiß deutliche Stellungsvorteile: Fesselung des Turmes f7, ungedeckte Lage des Turmes e8, offene h-Linie, starker Läufervorposten auf d6. Das ermöglicht elegante Wendungen.

Wie wurden diese eingeleitet (und fortgeführt)? (Aufgabe)

Die Ausnutzung der bei Schwarz bestehenden Bindungen durch Weiß ist sehr elegant und witzig.

Auf den Geraden ...

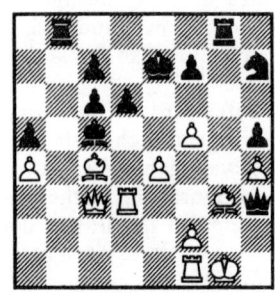

Gendel—Suschkewiz
UdSSR 1956   57

Dieses eindrucksvolle Beispiel zeigt sehr instruktiv eine Kreuzfesselung, verbunden mit einer Bauernfessel.

Schwarz ist am Zuge. Wie sicherte er den Gewinn? (Aufgabe)

... und diagonal

1.e4 e6 2.d4 d5 3.♘d2 ♘c6 4.♘gf3 ♘f6 5.e5 ♘d7 6.g3(?) Die Fianchettierungsidee bewährt sich nach der schwarzen Antwort nicht, weswegen sogleich ♗b5 den Vorzug verdiente.

6. ... b6! Nun kann sich der weiße Königsläufer wegen der Entgegnung ♗a6! schlecht seitwärts empfehlen. *7.♗b5 ♘cb8 8.♕e2 c5.* Nicht am besten. Nach *8. ... a5!* nebst ♗a6 hätte Weiß gar nichts gehabt. *9.c3 a6(?)* Immer noch kam 9. ... a5 stark in Betracht. *10.♗d3 ♘c6 11.a3 c4 12.♗c2 b5 13.♘f1 ♘b6 14.h4! ♗d7?* Es lag doch auf der Hand, daß der Gegner mit seinem letzten Zug ♘f3—g5 vorbereiten wollte. Dem konnte Schwarz mit h7—h6 entgegenwirken. *15.♘g5! g6.* Jetzt scheitert 15. ... h6 an 16.♕h5 ♕e7 17.♘:f7! usw. *16.h5.* Die Lawine schwillt an! *16. ... ♗e7.*

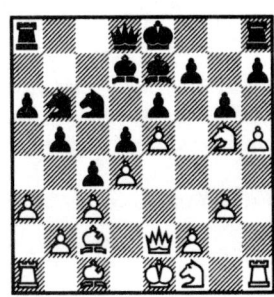

Barczay—Pytel
Lublin 1969   58

Schwarz, der dem weißen Angriffsaufbau etwas zu sorglos gegenübergetreten war, hoffte mit seinem letzten Zug *16. ... ♗e7* (mit Bedrohung des Springers g5) noch auf eine Atempause. Aber es war bereits zu spät. *17.hg!* Der Freibauer ist stärker als der Läufer! *17. ... ♗:g5 18.♖:h7 ♖:h7 19.gh ♗f6.* Ein Versöhnungsopfer, um nach 20.ef ♕:f6 den Freibauern noch stoppen zu können. *20.♗g5!!* Sehr schöner Abschluß; eine Art Kreuzfesselung, nach der Schwarz in jedem Falle materiell entscheidend im Nachteil bleibt. Er gab deshalb die Partie auf.

»Denke groß vom Gegenangriff!« Gewiß. Jedoch auch der Angriff ist mitunter nicht von Pappe ...

Die Maske muß mir köstlich stehn! (Mephistopheles), doch im Schach ist's schöner, wenn sie fällt!

WENN MASKEN FALLEN

Desperado

Graf—Wurm
Augsburg 1953   59

Weiß am Zuge. Der Springer e6 ist der Träger des Mattangriffs. Wie würden Sie mit Weiß fortsetzen? (Aufgabe) Es gibt
einen zwangsläufigen Gewinn!

Freie Bahn dem Läufer

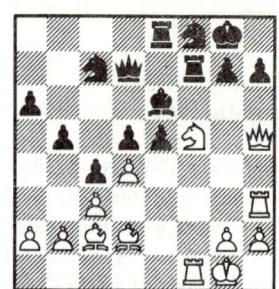

Plater—Piechota
Polnische Meisterschaft 1956   60

Weiß am Zuge erzwingt ein Matt in vier Zügen. Fast ein
Schema! Doch man muß es sehen. (Aufgabe)

*Matt-Symphonie
mit zwei Paukenschlägen*

R. Skuja—Rosenberg
Riga 1962   61

Weiß am Zuge. Der Läufer b3 ist eingekreist, aber — die Einkreisung des schwarzen Königs geht vor! Zwar glaubte Schwarz, seine Königsfestung genügend gesichert zu haben, jedoch Weiß bewies ihm sehr elegant das Gegenteil. Wie? (Aufgabe)

Auch eine gewonnene Partie muß erst gewonnen werden; nur selten schafft es der »Keulenschlag« allein. Darum gehören im Schach Taktik und Technik stets zusammen; eines ist ohne das andere schwer denkbar.

Der Keulenschlag

Mustonen—Olsson
Fernpartie 1953/54   62

Weiß am Zuge. Wie setzte er fort? (Aufgabe) Aber hören Sie bitte nicht mit dem ersten Keulenschlag auf; die Fortsetzung bedarf noch präziser Spielführung.

Problemartig

Anderson—Wilkinson
Englische Fernschach-
meisterschaft 1956/57   63

Mit *1. ... dc* war Schwarz entschieden zu sorglos. Nun überraschte ihn Weiß mit problemartigen Zügen.

Was folgte? (Aufgabe)·Der Witz erschöpft sich nicht mit dem ersten Zuge, sondern geht weiter. Viel Spaß!

Stiller Überfall

N. N.—Rossolimo
Paris 1957   64

Die offene h-Linie — so paradox es klingen mag — wird Weiß zum Verhängnis. Ein plötzlicher Überfall von Schwarz (am Zuge) ruiniert ihn. (Aufgabe)

Kurios

Zuckerman—Suttles
New York 1966   65

Es gilt für Weiß, den Läufer g2 zu demaskieren. Würde aber zu diesem Zwecke der Springer e5 beliebig wegziehen, könnte sich Schwarz noch mit ♔a7 der direkten Bedrohung entziehen. Diese Überlegung brachte Weiß auf den kuriosen Einfall 1.♘c6!! Damit droht dreierlei: einmal e4—e5 (weswegen der Springer auch tabu ist), dann ♕:c5 und schließlich auch ♘:a5+. Zudem ist dem schwarzen König das Feld a7 genommen.

In diesem Dilemma fand Schwarz nichts Besseres als 1. ... ♘b:a4 2.e5 ♔b6, doch kam er damit vom Regen in die Traufe: 3.♖d6 ♘b7 4.♖f6 b3. Er ist bereit, den Turm g8 zu geben, um nach 5.♘e7+ einmal wieder den Schlupfwinkel a7 für den König zu haben und weiterhin noch den b-Freibauern in die Waagschale werfen zu können. Aber Weiß hält den Griff eisern fest. 5.♕e6! b2 6.♕b3+! ♔c5 (6. ... ♗b5 vermied zwar das unmittelbare Matt, bot aber nach 7.♘d4 + ! usw. ebenfalls keine Aussichten auf Rettung mehr) *7.♘e4* matt.

Das war beileibe kein »Ritter von der traurigen Gestalt«, sondern ein wahres Teufelspferd!

Opferserien sind dem Auge wohlgefällig und erfreuen das Herz des Schachspielers.

Demaskierung in höchster Potenz

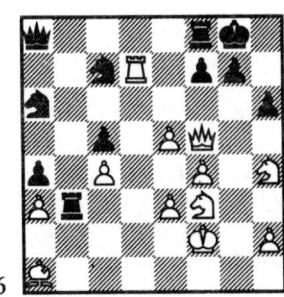

Grynszpan—Kaminski
Poznań 1961   66

Weiß (am Zuge) möchte natürlich den weithinzielenden Läufer a1 zur Geltung bringen. Naheliegend und nicht schlecht wäre 1.e6, worauf Schwarz jedoch mit 1. ... f6 (nicht 1. ... ♘:e6?? wegen 2.♕:e6!!) noch Widerstand leisten könnte. Deshalb nahm Weiß die Demaskierung viel kunstvoller vor, wobei er keinerlei Opfer scheute.

Wie ging er zu Werke? (Aufgabe) Die »schräge« Demaskierung wird erst »gerade« vorbereitet — eine höchst originelle Idee!

FREIBAUERN KÖNNEN VIEL

Der weit vorgerückte Freibauer ist in jeder Partiephase eine gefährliche Waffe und im Mittelspiel das Sprungbrett vieler Kombinationen.

Die Verwertung des Freibauern

Das hört sich etwas kommerziell an, ist aber ideell gemeint.

Die Abwicklung

Sabo—Nikitin
Fernpartie 1964
        67

Weiß (am Zuge) steht natürlich recht kräftig, und dies hauptsächlich dank dem »Pfahl im Fleische« auf f6.

   Wie indessen wickelt er sinnvoll ab und erzielt materiellen Vorteil? (Aufgabe)

Die Umwandlung

Patience—Tilson
England 1964
        68

Auch hier ist Weiß am Zuge und anscheinend nicht so gut dran wie im vorhergehenden Beispiel. »Der Schein ist gegen mich; doch darf ich hoffen, daß ich nicht nach dem Schein gerichtet werde!« (Schiller) Nein, ganz gewiß nicht!

   Wenn hier einer »gerichtet« wird, dann ist es Schwarz, und Weiß legte ihm bestimmt keine »Patience«, sondern spielte sofort den Joker aus. Tun Sie es bitte ihm nach! (Aufgabe)

   (Wenn Sie nur Skatspieler sind, kann es auch der Kreuz—Junge sein!)

Geboren im Mattangriff

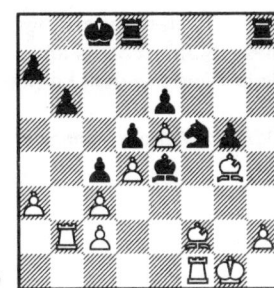

Vinagre–Durao
Ribeira 1956   69

Schwarz am Zuge siegte mit Hilfe eines Freibauern.
   Wieso? (Aufgabe)

Geknickte Hoffnung

Gligorić–Awerbach
Titovo Uzice 1966   70

Weiß am Zuge. Wie beurteilen Sie die Lage? — Das ist doch
keine Frage! Und mitleidig blicken Sie auf den verlaufenen
Turm h3 und den unhaltbaren weißen Freibauern d6.

   So wohl auch Awerbach, der kaum damit gerechnet haben
dürfte, diese Partie noch zu verlieren. Und doch tat grad' dieses ihm just passieren! (Aufgabe)

   Ein Kolumbusei! Nicht etwa, daß Weiß zwangsläufig gewinnt, sondern nur die Schwierigkeiten bannt und einen Freibauern behauptet.

»Wie am Schnürchen«

... laufen manche Kombinationen ab. Der Spieler freut sich,
der Kommentator hebt es lobend hervor, und der Nachspielende bewundert die anscheinend lückenlose Planung. Mitun-

ter stellt dann allerdings der unbequeme Analytiker fest, daß das »Schnürchen« an einem »seidenen Faden« hing und es leicht hätte anders kommen können.

Mit Freibauern »am Schnürchen«

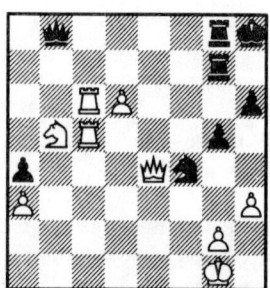

Hajtun—Ćirić
Budapest—Belgrad 1957   71

Die Kunst, eine solche Stellung mit Weiß zu gewinnen, besteht im wesentlichen darin, unter weitgehender Vereinfachung entscheidenden materiellen Vorteil zu erzielen. Und dabei leistet der Freibauer vortreffliche Dienste.

Es geschah *1.d7 ♘g6*. Finden Sie nun bitte die gewinnbringende Abwicklung! (Aufgabe)

Der Dolchstoß

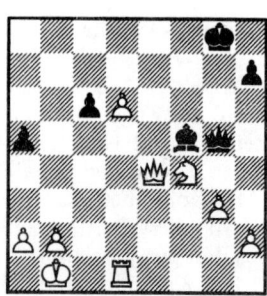

Schagiatmetow—Demin
Orenburg 1964   72

Mit seinem letzten Zug ♗d7—f5 glaubte Schwarz eine sehr günstige Gelegenheit wahrzunehmen, die er mit der Hergabe eines Turmes sogar eigens herbeigeführt hatte. Er rechnete etwa mit 1.♕:f5 ♕:f5+ 2.♔c1 (2.♔a1 ♕c2) ♕c5+ und Remis durch Zugwiederholung, womit er angesichts des starken weißen Freibauern sehr zufrieden gewesen wäre.

Indessen machte Weiß einen Strich durch diese Rechnung. Wie spielte er? (Aufgabe)

Erkannt — und doch nicht erkannt!

Paradox, nicht wahr? Aber tatsächlich erkannte Schwarz in dem nachstehenden tragikomischen Finale das über seinem Haupte schwebende Schwert, glaubte ihm aber aus dem Wege zu gehen und wurde doch getroffen!

Ein verstecktes »Schwert«

Neukirch—Malich
Gera 1962   73

Zunächst leitete ein hübscher Durchbruch die amüsante Schlußwendung ein: *1.f5! ef 2.e6!* Mit der Hauptdrohung 3.♛d4 — Doppelangriff auf g7 und c3! *2. ... d4.*

»Das wollen wir mal verhindern«, mag der Führer der schwarzen Steine gedacht haben. Da traf ihn das Schwert erst recht mit voller Schärfe! Was geschah? (Aufgabe) Mit einem Schwertstreich ist der Krieg beendet. Nun!?

Zugzwang

Gligorić—Szabó
Moskau 1963   74

Weiß am Zuge. Bei gleichen Bauern und ungleichen Läufern hat Schwarz natürlich große Remischancen. Indessen wird ihm seine unsichere Königsstellung zum Verhängnis.

Weiß macht nur einen Zug — und Schwarz gab auf, da er

63

den eigentümlichen Zugzwangcharakter der Position erkannte. Welches ist der entscheidende Zug? (Aufgabe)

Der Bauer mit dem Marschallstab

Freie Bahn dem Tüchtigen!

Hennings—Walter
Meisterschaft der NVA,
DDR 1964   75

Weiß hatte einen Bauern geopfert, um den g-Bauern nach g6 zu bringen. Angesichts der schwarzen Drohung f6—f5 scheint dies jedoch nicht ausreichend zu sein. Indessen hat Weiß noch eine versteckte Trumpfkarte in der Hand, mit der er den Bauerndurchbruch erfolgreich krönte.

Versuchen Sie sie bitte zu finden! (Aufgabe) Weiß am Zuge.

Ein schneidiger Zug verhindert die Blockade einer lebenswichtigen Linie.

Sardonisches Lachen

Hansen—Möller
Dänemark 1962   76

... wird Weiß wohl empfunden haben, als Schwarz seinen letzten Fehlzug h2—h3? mit einer humorvollen Schlußkombination beantwortete. Und wir?! Wir lächeln salomonisch — wenn wir Schwarz haben, und ziehen ... Nun, was wohl? (Aufgabe)

64

»Voll weiser Sprüch' und neuester Exempel« (Shake-speare) . . . ist die Zauberwelt des Endspiels!

Wenig aber viel

Wir meinen die Kunst, mit wenig Steinen viel zu sagen.

Das preisgekrönte Endspiel

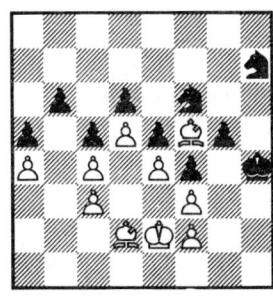

Dontschenko–Steinberg
Meisterschaft der UdSSR
1967   77

Zwei Läufer sind stärker als zwei Springer!? Im allgemeinen wohl; aber nicht immer in besonderen Fällen wie hier, wo z. B. der Läufer d2 sozusagen im Bauernkäfig tatenlos verharren muß. Außerdem ist der schwarze König weit vorgerückt. Das alles inspirierte Schwarz zu einem prächtigen Durchbruch; unter Aufopferung beider Springer wird ein Bauer zur Dame geführt!

1. . . . g4! 2.fg. Auch nach 2.♗:h7 ♘:h7 ist Schwarz mit dem guten Springer gegen den wenig aktiven Läufer klar im Vorteil. *2. . . . ♘g5!* Erste Pointe: Schwarz bedroht den Schlüsselpunkt e4, so daß Weiß f2–f3 ziehen und so dem schwarzen König Raum geben muß. *3.f3 ♔g3 4.♗e1+ ♔g2 5.♗h4.* So glaubte Weiß wohl f3 noch verteidigen zu können, da dieser nun doch befreite Läufer die beiden schwarzen Pferde an der Kandare hält. *5. . . . ♘:f3!* Ein feines Doppelopfer der beiden Springer schaltet die weißen Läufer vom Umwandlungsfeld des schwarzen f-Bauern aus und verhilft Schwarz de facto zu einer neuen Dame. *6.♗:f6 ♘g5!* Damit nicht ♗h4 geschehen kann! *7.♗:g5.* Er muß in den sauren Apfel beißen. Übrigens: Ist das eigentlich so schlimm? »Manche mögen's heiß« hieß früher mal ein Film. Und manche sauer! *7. . . . f3+ 8.♔d2 f2 9.♗e7 f1♕ 10.g5 ♔f3 11.g6 ♕g2+ 12.♔c1 ♔e3 13.♗:d6*

♗*d3.* Angesichts der unparierbaren Mattdrohung (z. B. 14.♔b1 ♔:c3 15.♗:e5 + ♔b3) gab Weiß die Partie auf.

Als beste Endspielleistung erhielt diese prachtvolle Gewinnführung einen Sonderpreis, den Meister Steinberg sich vollauf verdient hat.

... Wir müssen uns zur List bequemen, diese »teuflische« Empfehlung aus Goethes »Faust« paßt wie die Faust aufs Auge für uns Schachspieler.

Weniger ist mehr

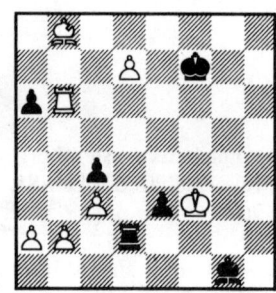

Donnelly—Lewis
Salisbury 1965   78

Eine kleine Merkwürdigkeit, da in den Varianten beide Spieler ihren Freibauern in einen Springer umwandeln müssen, um die besseren Chancen zu behaupten.

Das hätte sich freilich nicht ereignet, wenn Schwarz (am Zuge) 1. ... ♖:d7 gespielt hätte. Er sah jedoch eine Möglichkeit, den Gegner aufs Glatteis zu führen: *1. ... e2(!?),* um nach dem erwarteten Ablenkungsversuch 2.d8♕?? mit e1♘ + ! nebst ♖:d8 eine Mehrfigur aufs Brett zu zaubern.

Zu seiner Bestürzung kam ihm jedoch Weiß mit der Springerumwandlung zuvor: *2.d8♘ + !* Da nun 2. ... ♖:d8 3.♖b7 + und 4.♔:e2 für Schwarz nichts Gutes verhieß (bei seinen schwachen Bauern wäre das Vorhandensein der Türme ein großes Handikap), manövrierte er so, daß es zum Turmtausch kam: *2. ... ♗e7 3.♖e6 + ♔:d8 4.♖:e2 ♖:e2 5.♔:e2,* und es glückte ihm, dieses Endspiel remis zu machen, da seine Bauern von dem weißen Läufer nicht angegriffen werden können. Ein lehrreiches Exempel!

SCHACH-INSTINKT

Das, was letztlich den Schachmeister ausmacht, ist der Schach-Instinkt, das Gefühl für die in der Stellung liegenden Möglichkeiten und Chancen, die gefühlsmäßige Hinleitung auf den richtigen Plan. Dazu gehört auch im Unterbewußtsein die Warnung vor einer drohenden Stellungsverschlechterung, das Fingerspitzengefühl, wie weit man in einer gegebenen Position gehen darf, wann man eine Unternehmung als aussichtslos abbrechen und eventuell auf Remis spielen muß. Besonders diese letztere Eigenschaft fehlt vielen sonst guten Spielern und hindert sie daran, größere Erfolge zu erzielen. Am schwersten ist es im Schach, die eigenen Fehler zu erkennen, noch schwerer, sie zuzugeben und daraus die notwendigen Konsequenzen zu ziehen.

Prüfen Sie deshalb bitte anhand der folgenden Stellungen, ob Sie Ihr Schach-Instinkt richtig geleitet hat oder ob Sie erst mühsam suchen mußten. Im letzteren Falle liegt es vielleicht an der mangelnden Erfahrung; denn diese ist ein wesentlicher Teil des Instinkts.

Kaltblütige Reaktion

Besonders ausgeprägt muß der Schach-Instinkt sein, wenn ein unerwarteter Zug des Gegners Verwirrung in die eigenen Reihen trägt. Dann heißt es, klaren Kopf und kühles Blut bewahren — und »instinktiv« den richtigen Gegenzug zu finden!

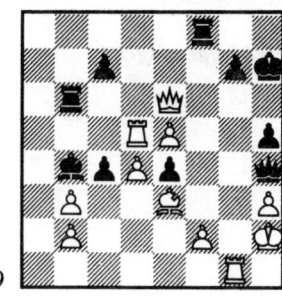

Schulz—Teschner
Westberlin 1955   79

Auf den letzten schwarzen Zug ♖b8—b6 erwiderte Weiß zur Überraschung des Gegners *1.♖d7!*
a Mit welcher Idee?
b) Welchen naheliegenden Zug darf Schwarz darauf nicht machen?
c) Wie aber rettete sich Schwarz?
(Aufgabe)

Die Klippen vermieden

Padewski—Kolarow
Bulgarische Meisterschaft
1955   80

Wie muß Schwarz auf *1.♘f5+* antworten? (Aufgabe) Vermeiden Sie bitte wie Kolarow die Klippen!

Kein Knockout-Schlag

Man darf im Schach die Ressourcen der schwachen Stellung nicht unterschätzen. Man glaubt mitunter den Gegner am Boden zu haben; plötzlich entschlüpft er aber durch eine verborgene Masche.

Der Gegenangriff

Lundholm—Aurell
Stockholm 1957   81

Wie ist die Lage nach *1.f6* ♖ *:g2+* *2.*♖ *:g2* ♗ *:c3!* zu beurteilen? (Aufgabe)

Kein Knockout-Schlag, wohlgemerkt!

Verdecktes Dauerschach

B. Koch–L. Herrmann
Leipzig 1953   82

Mit zwei Figuren gegen Turm und Bauer ist Schwarz etwas besser dran; aber seine offene Königsstellung mahnt zur Vorsicht. Deshalb versuchte Herrmann, mit *1. ... ♗c4(?)* den Schutz des Königs zu verstärken, gab damit aber seinem gewandten Gegner die Handhabe, auf hübsche Weise das Remis zu forcieren: *2.d5!* Macht mit Tempo das Feld d4 frei. *2. ... ♗:d5.* Untauglich wäre *2. ... ♛:d5??* wegen *3.♛f6+ ♔g8 4.♖e8+ ♖:e8 5.♖:e8 matt. 3.♖e8+ ♖:e8 4.♖:e8+ ♔g7 5.♛d4+ ♔h6 6.♛h4+.* Remis durch Dauerschach.

Eine witzige Geschichte.

Zweierlei Netze

Alexejew–Kirpiknikow
Riga 1964   83

Der eine spinnt ein Mattnetz, der andere ein Pattnetz. Weiß war es satt, den schwarzen a-Bauern ständig bewachen zu müssen, und so ergriff er die Gelegenheit, mit *1.♖:d7 a1♛ 2.♗:f5* ein Matt durch ♖h7 zu drohen. Da auch gelegentlich ♖d6+

69

stark ist und Schwarz, gibt er eine Dame gegen einen weißen Turm her, immer noch mit drei leichten weißen Figuren gegen seine verbleibende Dame rechnen muß, zog er es vor, das Remis zu forcieren: *2. ... ♛:g1+ 3.♔:g1 ♛a1+ 4.♔h2 ♜:g2+! 5.♔:g2.* Wenn *5.♘:g2* so *5. ... ♛e5+* nebst *♛:f5* usw. *5. ... ♛f1+!* Remis. Weiß muß einmal die schwarze Dame nehmen und damit den Gegner patt setzen.

Eine gewiß eigenartige Wendung, die man in der Ausgangsstellung nicht ohne weiteres vermutet.

Welches Endspiel soll man wählen?

»Alles ist nur ein Übergang!« Dieser lapidare Satz stand als sinnvolle Inschrift an einer — Brücke. Wir wollen weniger poetisch sein und Endspiele auf dem Schachbrett betrachten, deren Witz im Übergang (von einer Art in die andere) entsteht.

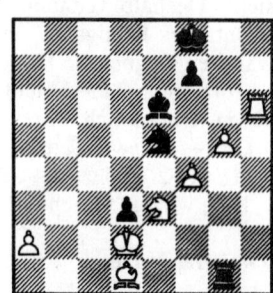

Taimanow—Geller
Kislowodsk 1966   84

Schwarz hat einen Bauern weniger, kann sich jedoch damit trösten, daß der weiße Mehrbauer nur ein Randbauer ist. Aber es droht ein weiterer Bauer verlorenzugehen, wenn der Springer e5 anders als nach c4 zieht. Das Turmendspiel, das nach *1. ... ♘c4+ 2.♘:c4 ♝:c4 3.♝b3 ♜g2+ 4.♔c3 ♝:b3 5.ab* entsteht, bot zwar zweifellos gute Remischancen; doch bei Turmendspielen ist man ja nie (seines Lebens) sicher.

Deshalb suchte Geller nach einer klareren Remischance und fand diese in dem verblüffenden Zug *1. ... ♝:a2!!*

Untersuchen Sie bitte selbst, was der Sinn dieses Figurenopfers ist. Sie kommen eins rauf in der Rangliste, wenn Sie das entdecken! Nach *1. ... ♝:a2!!* entsteht schließlich eine Stellung, in der Weiß trotz Figur und Bauer mehr nicht gewinnen kann. Ein Endspielkuriosum!

Hier kann man ins Schwitzen kommen. (Aufgabe)

Brüntrups Endspielstudie

Rittner—Brüntrup
Berliner Meisterschaft 1962   85

Brüntrup brillierte durch erfindungsreiches Ressourcenspiel in gefährdeter Stellung. Den größten Eindruck hinterließ sein Endspiel mit Rittner, das alle schon im Geiste für ihn aufgegeben hatten, während er es auf studienhafte Weise remis hielt.

Weiß zog selbstverständlich *1.e7,* denn wie soll der Bauer aufgehalten werden? *1. ... ☐g4!!* Ein Donnerschlag mit doppeltem Matt-Echo: Es droht ♝g2 matt, und auf *2.☐g3* folgt *2. ... ☐h4* matt. *2.☐a3+* Der Versöhnungs- und Betrugsversuch *2.☐c2* scheitert an *2. ... ☐h4+ 3.☗g3 f4+ 4.☗f2 ☐:h2+* usw.; der weiße König kann nicht entkommen, weil sonst der Turm auf c2 mit Schach genommen wird. *2. ...☗b4 3.☐a4+.* Zwingend, aber die eiserne Umklammerung des weißen Königs bleibt. Die erklärlicherweise aufgeregten Zuschauer meinten, daß *3.☐a2* einfach alle Gefahren gebannt und somit für Weiß gewonnen hätte. Sie übersahen eine weitere Tücke der schwarzen Spielführung: *3. ... ☐h4+ 4.☗g3 f4+ 5.☗f2 ☐:h2+* mit ewigem Schach. Das Ganze könnte aus einer Kunststudie stammen. *3. ... ☗:a4 4.e8♛+ ☗b3.* Die Dame kann in diesem Endspiel nicht viel ausrichten, da ständig die Mattdrohung beachtet werden muß. *5.♛b5+ ☗c3 6.♛c5+ ☗d3 7.♛d6+ ☗e3 8.♛c5+ ☗f3 9.♛c3+ ☗f2 10.♛d2+ ☗f3 11.♛d1+ ☗f4 12.♛d2+ ☗f3 13.♛e1.*

Der Abgabezug. Weiß sieht ein, daß er ohne Rückgabe der Dame nicht weiterkommt. Die häusliche Analyse ergab jedoch, daß das verbleibende Endspiel remis ist; weshalb die Partie nicht fortgesetzt wurde und also mit der Punktteilung

71

endete. Brüntrup weist darauf hin, daß nach 13. ... ♖h4+ 14.♕:h4 das Bauern-Zwischenschach auf g4 ein klareres Remis ergibt als das sofortige Nehmen der Dame.

Ein phantastisches Endspiel.

Duplizität der Ereignisse

Irgendwo lasen wir einmal das Wort vom »gelenkten Zufall«. Auf das Schach übertragen: Wäre es zum Beispiel nicht denkbar, daß alle Partien einer Runde die gleiche Eröffnung haben oder die gleiche Endspielart oder den gleichen Fehler aufweisen? Aber Caissa lenkt den Zufall und läßt solches nicht geschehen. Immerhin kommen wenigstens ähnliche Doppelfälle vor; so in Buenos Aires, wo zweimal Dauerschach nach einem Doppelopfer erzielt wurde.

Die beiden Springer

Byrne—Guimard
Buenos Aires 1964   86

Es ist zwar gleiches Material vorhanden, aber die starke Stellung von Weiß am Damenflügel veranlaßte Schwarz, sein Heil in einer überraschenden Remiskombination zu suchen: *1. ... ♘h4! 2.gh.* So gut wie erzwungen. Wenn etwa aggressiv 2.♘c7, so 2. ... ♘f3+ 3.♔f1 ♘g:h2+ 4.♔e2 ♗g4! usw. Mit 2.♗e2 ist der Punkt f3 nicht zu decken, weil 2. ... ♗:a6 folgt. *2. ... ♘:h2!* Wieder mit dem Zielpunkt f3! *3.♗:h2 ♕:h4+ 4.♔g1 ♕g4+ 5.♔h2(!)* Remis. Verfehlt wäre 5.♔f1? wegen 5. ... ♕f3!, und Schwarz gewinnt gar noch.

Nun wird man vielleicht einwenden, daß Schwarz noch gar nicht so verzweifelt stand, um auf so kunstvolle Weise das Remis aufzusuchen. Noch mehr kann man das freilich von dem folgenden Beispiel behaupten.

72

Läufer und Turm

Petrosjan—Rossetto
Buenos Aires 1964   87

Wer allerdings kann der Versuchung widerstehen, gegen den
Weltmeister eine sich bietende prächtige Remiskombination
abzulehnen? Rossetto jedenfalls war nicht stolz und opferte
mit *1. ... ♗:h4!* erst den Läufer und nach *2.gh ♕g4+ 3.♔f1
♕h3+ 4.♔e1* auch noch den Turm: *4. ... ♖:e3+! 5.fe.* Der
Versuch, mit *5.♖e2* dem Remis zu entgehen, wäre nach *5. ...
♘d3+!* höchst fragwürdig. *5. ... ♕h1+ 6.♔f2 ♕h2+.* Remis.

Philister sagen vielleicht, solche Partien bewiesen ebenso
mangelnden Kampfgeist wie die sogenannten Salonremisen.
Nun, es ist schon ein Körnchen Wahrheit daran; »ausgespielt« sind diese Stellungen nicht. Aber mit Schwarz dürften
viele Spieler froh sein, gegen einen Großmeister Remis zu erzielen — noch dazu auf so effektvolle Weise! Soll man sie deswegen etwa tadeln?

Solche Remispartien kann man sich wohl gefallen lassen
(trotz unserer gemachten Einwendungen!).

Denke groß vom Gegenangriff!

... sagte einmal der amerikanische Großmeister Marshall und
fügte hinzu: Er rettet oft noch verlorene Partien!

Belohnter Wagemut

Flohr–Aspström
Göteborg 1958   88

Statt sich von seinem großen Gegner langsam an die Wand
drücken zu lassen, startete der wenig bekannte Schwede wage-
mutig einen riskanten Gegenangriff: *1. ... ♗:h3!? 2.gh
♕g5+ 3.♔h1 ♖f3 4.♖c3 ♖bf8 5.♖:f3 ♖:f3 6.♗d7 ♕h4
7.♕e2 h5 8.♗e6 g5 9.♔g1?* Und siehe da: Er hat (wenn auch
nur halb) Erfolg! Gewonnen hätte nach »Tidskrift för Schack«
9.♖c1, z. B. *9. ... ♖:f2 10.♖c8+*, gefolgt von *11.♕c4. 9. ...
♕f4 10.♕c4 g4 11.♕c8+ ♔h7 12.♕g8+ ♔h6 13.hg ♖g3+!*
nebst Remis durch Dauerschach.

Aljechin pflegte in solchen Fällen zu dem Führer der
schwarzen Steine zu sagen: »Sie haben nur Remis gemacht,
weil Sie falsch gespielt haben. Hätten Sie richtig gespielt, wären Sie verloren gewesen!«

»... SACHE DER TECHNIK«

»Der Rest ist Sache der Technik« liest man oft in Partieglossie-
rungen. Dabei ist es gar nicht so leicht, den Begriff »Technik«
in bezug auf das Schachspiel zu definieren. Die Bezeichnun-
gen Technik, Kombination, bzw. Taktik, Strategie usw. gehen
in vielen Fällen ineinander über, und es gibt keine klare Grenz-
linie.

Begnügen wir uns daher mit dem lapidaren Satz: Technik ist
im Schach die Kunst des Erlernbaren.

74

Momo—MacGovan
XII. Schacholympiade
Moskau 1956   89

Weiß am Zuge erobert eine Figur. Wodurch? (Aufgabe)

Grenzfälle

... zwischen Technik und Kombination.

Uhlmann machte in der nachstehenden Position eine Kombination, zu der es (nach Schuster) »bisher kein Gegenstück geben dürfte«.

Die zweifache Gabel

Uhlmann—Safvat
XII. Schacholympiade
Moskau 1956   90

1.♘:e4! leitete eine interessante Springergabelkombination ein: *1. ... ♗:h6.* Schlägt Schwarz nicht, so steht Weiß auch weit überlegen. *2.♗:d7! ♛d8 3.♗:e8 ♛e7 4.♗c6.*

Weiß hat nun die Qualität mehr und siegt leicht. *4. ... ♘b4 5.♛a4 ♘:c6 6.dc ♗c8 7.c5 bc 8.♛c4+ ♔h8 9.♛:c5.* Schwarz gab auf.

Gewinnidee – desgleichen

Petrosjan–Simagin
Moskauer Meisterschaft 1956   91

Die Lage scheint im Gewinnsinne nicht einfach für Weiß; denn zieht er etwa 1.♘:f7?, so hat Schwarz mit 1. ... ♛d1+ usw. ewiges Schach, wovon man sich leicht überzeugen kann.

Aber nach *1.♛a8+ ♚g7* klärte ein prächtiger Einfall Petrosjans die Lage. Welcher? (Aufgabe)

Zerstörte Deckung

Cording–Cassens
Emden 1957   92

Die schwache Königsstellung ohne genügenden Bauernschutz ist nur mit Figuren schwer zu verteidigen. Hier bricht bereits die Katastrophe über Schwarz herein.

Was zog Weiß? (Aufgabe)

Die versteckte Chance genutzt

Polugajewski—Antoschin
XXIII. Meisterschaft
der UdSSR 1955   93

Wieder einmal wird Schwarz die ungedeckte Stellung einer Figur zum Verhängnis.
    Wie spielte Weiß? (Aufgabe)

**Die siebente Reihe —
nicht absolut!**

Schroeder—Golz
DDR-Meisterschaft
Aschersleben 1963   94

Es geschah 1. ⬜ f7. Darauf hatte sich Weiß wohl verlassen und geglaubt, Schwarz müsse nun entweder 1. ... g5 2.♛ :c6 oder 1. ... ♘e7 2.⬜ e1 zulassen. Aber da hat Golz einen höchst witzigen und amüsanten Einfall! *1. ... ⬜ a7!!* Nun kann der weiße Turm nur einige unschuldige Schachs geben, und dann steht Weiß vor den Trümmern seiner Stellung! *2.⬜ :h7+ ♔g8 3.⬜ g7+ ♔f8 4.⬜ f7+.* Wenn 4.⬜ f1+, so 4. ... ♗f5! 4. ... ♔e8 5.⬜ e1+ ♗e5 6.♛ :c6+.* Resignation. *6. ... ♔:f7 7.⬜ :e5 ♛d4+.* Weiß gab auf.
    Der Schluß ist nicht ohne Humor!

77

Figurengewinne

Kolarow—Franz
Erfurt 1955   95

Der schwarze König im Bannkreis der weißen Figuren! Was kam nach *1.罝 h4! 罝 bf8?* (Aufgabe)

Gumprich—Hodakowsky
Bad Neuenahr 1957   96

1.g4(?) gewann schließlich auch auf lehrreiche Weise: 1. ... 象:d5 2.包f4 象c4 3.h4 包c6 4.d5 包e5 5.象f5 c6 6.dc 包:c6 7.g5 包d4 8.象b1 包e2+ 9.包:e2 fe 10.含f2 d5 11.象f5 d4 12.g6 b4 13.含e1 b3 14.含d2 d3 15.h5 象d5 16.h7, und Schwarz gab auf.

Aber statt dessen hätte Weiß seinem Gegner eine Figur abnehmen und schneller gewinnen können. Wie müßte er spielen? (Aufgabe)

Der Mensch aber freut sich, der so etwas nachspielt. Und er geht hin und tut . . . desgleichen!

»KURZE LIEDLEN«

»Kurze Liedlen sind bald g'sungen!« (Tiroler Sprichwort) Mit den Minipartien im Schach ist es so ähnlich. Viel Spreu ist darunter, aber auch mancher Weizen. Nicht immer stimmt die Gleichung: je kürzer die Partie, desto gröber die Fehler. Ganz im Gegenteil kann man manchmal auch mit Goethe sagen: »Wie sie kurz angebunden war, das ist nun zum Entzücken gar!«

Mit Pauken und Trompeten

Man sieht den sowjetischen Großmeister Bronstein selten in eine so inferiore Lage geraten, die Portisch (Weiß) mit seinem 16. Zug elegant zum Absch(l)uß brachte.

1.d4 d5 2.c4 c5 3.cd ♘f6 5.e4(!) O'Kelly hält diese Fortsetzung für harmlos, doch spricht die Folge für sie. *4. ... ♘:e4 5.dc ♘:c5 6.♘f3!* Offenbar stärker als 6.♘c3 e5! mit Ausgleich, was O'Kelly angibt. *6. ... e6 7.♘c3 ed 8.♕:d5 ♕e7+(?)* Schwarz sollte die Damen tauschen und dann ♗d6 ziehen. Mit dem Textzug behindert er seine eigene Entwicklung und läßt die weiße Dame im Zentrum stark werden. *9.♗e3 ♘c6 10.♗b5 ♗d7 11.0–0 ♘e6 12.♘e5!* Am besten. Der Abtausch ist sinnvoll, da er zwei gute Verteidiger des schwarzen Königs beseitigt. *12. ... ♘:e5 13.♕:e5 ♗:b5 14.♘:b5 a6 15.♖ad1.* Ein Rad greift bei Weiß in das andere. Es droht 16.♘d6+, während 15. ... ab an 16.♕:b5+ scheitert. *15. ... ♖d8.*

Portisch—Bronstein
Monaco 1969   97

16.♗b6! Wieder elegant. Auf 16. ... ab 17.♕:b5+ (am einfachsten) 17. ... ♖d7 18.♖fe1 gewinnt Weiß leicht. Vor allem droht ♕b5–a4–a8+. *16. ... ♖:d1 17.♖:d1 f6 18.♕f5 g6 19.♘c7+ ♔f7(19. ... ♘:c7 20.♕c8+ ♔f7 21.♖d7) 20.♕d5!* Schwarz gab auf.

Große Leute fehlen auch!

79

Zwei Glanzpartien

1.e4 c5 2.♘f3 ♘c6 3.d4 cd 4.♘:d4 ♘f6 5.♘c3 d6 6.♗c4 e6 7.♗e3 ♗e7 8.f4 ♗d7 9.♕f3 a6 10.♗b3 ♕a5. Dieses Feld sollte er dem Springer c6 offenhalten und also besser etwa 10. ... ♕c7 ziehen. *11.0—0—0 0—0 12.g4.* »Scharfe Sachen für Monsieur!« *12. ... ♘:d4 13.♖:d4 ♗c6.* Auf 13. ... e5 hatte Weiß das chancenreiche Qualitätsopfer 14.♘d5! beabsichtigt. *14.f5 ef 15.gf ♗d7 16.♖g1 ♗f6 17.♖:d6.* Eine falsche Idee — und doch eine richtige Kombination. Paradox ist ja das Schachspiel schon immer gewesen! »Hätte ich geahnt, was ich im übernächsten Zug für einen Schreck überstehen mußte, so hätte ich wohl 17.♘d5 gezogen ...«, meinte Beni. Und aus wäre es gewesen mit der Glanzpartie. *17. ... ♗:c3 18.bc.* In der Hoffnung auf 18. ... ♕:c3? 19.♗d4!! ♕:f3 20.♖:g7+, und Schwarz wird matt gesetzt. *18. ... ♕a3+.* »Doch o weh, der Turm ist weg!« (Beni) *19.♔b1 ♕:d6 20.♗d4!* Nun heißt es, aus der Not eine Tugend machen! *20. ... ♕h6.* Er will die Dame geben, wobei er genügend Material dafür bekäme. An der Fesselung des Bauern f7 scheitern andere Versuche, z. B. 20. ... ♘e5 21.♕g2 g6 22.fg bzw. 20. ... g6 21.♕h5 ♘e5 22.fg ♘:g6 23.♕h6 usw.

Nachher sanktioniert . . .

Beni—Schwarzbach
Wien 1969   98

»Wie kommt mir solcher Glanz in meine Hütte?« (Schiller). Als ungewollte Glanzpartie bezeichnet Beni selbst den effektvollen Schluß dieser Partie, mit dem ein vorangegangener Turmverlust sich plötzlich als geniale Kombination entpuppte! Das nennt man Objektivität!

21.♕h3!! Sehr schön! Die Pointe des — Turmverlustes, könnte man sagen. *21. ... ♕:h3.* Besseres ist nicht zu sehen.

22.♖:g7+ ♔h8 23.♖:f7+ ♔g8 24.♖g7+ ♔h8 25.♖:d7+.
In der Aufregung über den unverhofften Glücktreffer übersieht Weiß das sofortige Matt durch 25.♖g8. Schwarz gab auf.

Im Falle ein Schönheitspreis zu vergeben wäre, erhebt sich die juristische Frage, ob man den Zug 17.♖:d6 als »Opfer« anerkennen soll oder nicht.

... vorher gut studiert

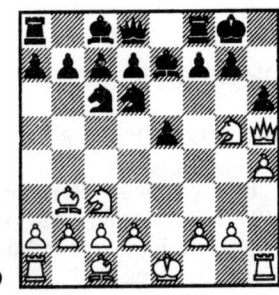

Gufeld—Tarwe
Tallinn 1969   99

1.e4 e5 2.♘c3 ♘f6 3.♗c4 ♘:e4 4.♕h5! ♘d6 5.♗b3!? Die solide Fortsetzung ist nach der Theorie 5.♕:e5+. *5. ... ♗e7 6.♘f3 0—0.* Besser ist 6. ... ♘c6, und wenn dann 7.♘:e5, so jetzt 7. ... 0—0. *7.h4! ♘c6 8.♘g5.* Erstaunlich, wie schnell der weiße Angriff heraufgezogen ist! *8. ... h6.* (Siehe Diagramm 99)

Mit dem 9. Zuge von Weiß begann eine großartig berechnete Kombination, die sogar ein Damentausch nicht abschwächen konnte.

9.♕g6! Daß dieser Zug trotz Damentausch zum Siege führt — wer hätte das gedacht? *9. ... ♗:g5 10.hg ♕:g5 11.♕:g5 hg.* Drei Faktoren bestimmen nun die weiße Überlegenheit: die offene h-Linie, die Fesselung von f7 und das Mattfeld e7, falls es einmal für den Springer c3 erreichbar wird. *12.d3 ♘f5.* Falls 12. ... ♘d4, so ist 13.♘d5! bereits peinlich. *13.♗:g5 ♘cd4.* Um den Läufer b3 zu beseitigen, doch bringt dies überraschenderweise keine Entlastung. Es ist aber in jedem Falle schwer für Schwarz. Wenn 13. ... ♘fe7, so 14.0—0—0, und Weiß droht Turmverdopplung in der h-Linie. *14.♘d5 ♘:b3 15.♘f6+!!* Sehr fein gespielt. Der Springer b3 läuft nicht davon. *15. ... gf 16.♗:f6 ♘g7 17.ab ♖e8.* Um den Läufer f6 anzugreifen. Hält Schwarz still, so ist wieder die Verdopplung in

81

der h-Linie entscheidend. *18.g4 ☐e6 19.g5 b6 20.♔e2 e4.*
20. ... ♗b7, um das Feld h1 zu beherrschen, scheitert an
21.f3! Ebenfalls zwecklos wäre 20. ... ☐ :f6 21.gf ♘e8 wegen
22.☐ag1+. *21.d4 e3 22.f3 d5 23.☐h4 ♗a6+ 24.c4.* Schwarz
gab auf.

Eine witzige, theoretisch interessante Kurzpartie. Bemerkenswerte Ohnmacht der schwarzen Statisterie!

Die offene Königsflanke

Die Diagonale a2—g8 ist sehr oft der Träger entscheidender
Königsangriffe.

Hier ein neues Beispiel einer bereits von von Holzhausen
(1912) und Fischer (1959) vorgeführten Kombination. Eigenartig, daß es immer neue Variationen gibt!
Contoski—Heisler
Minneapolis 1965

*1.e4 c5 2.♘f3 ♘c6 3.d4 cd 4.♘ :d4 g6 5.♘c3 ♗g7 6.♗e3 ♘f6
7.♗c4 0—0 8.♗b3 d6 9.f3 a6 10.♕d2 ♘d7.* Diese »Verstell-
züge« haben es in sich und erfordern jedenfalls erhöhte
Wachsamkeit! *11.h4 ♘a5??* »Holzauge, sei wachsam!«, sagt
der Berliner. Konsequent war 11. ... ♘c5.

Ein altes Thema (oder Schema?!)

100

Nachdem wir schon auf die berühmten Vorgänger hingewie-
sen haben, hat es keinen Zweck, den Leser auf die Folter zu
spannen. Es folgte also »wie gehabt« *12.♗ :f7+ !!♔ :f7.* Wenn
12. ... ☐ :f7 13.♘e6 ♕e8, so am besten wohl 14.♘d5! mit verschiedenen Drohungen. *13.♘e6!!* Schwarz gab auf. Spielt er

13. ... ♔:e6, so setzt 14.♕d5+ ♔f6 15.♗g5 matt. Zieht er aber 13. ... ♕e8, so gewinnt 14.♘c7, und wenn 14. ... ♕d8, 15.♕d5+.

Man lernt nie aus bzw. bekommt immer wieder etwas Neues zu sehen.

Falls Sie die Vorgänger nicht mühsam nachschlagen wollen:
Fischer–Reschewski
New York 1959
1.e4 c5 2.♘f3 ♘c6 3.d4 cd 4.♘:d4 g6 5.♘c3 ♗g7 6.♗e3 ♘f6 7.♗c4 0–0 8.♗b3 ♘a5? 9.e5! ♘e8 10.♗:f7+! ♔:f7 11.♘e6!, und Weiß gewann.
von Holzhausen–Tarrasch
Simultanpartie Frankfurt (Main) 1912
1.e4 e5 2.♘f3 ♘c6 3.♗c4 ♘f6 4.d4 ed 5.0–0 d6 6.♘:d4 ♗e7 7.♘c3 0–0 8.h3 ♖e8 9.♖e1 ♘d7? 10.♗:f7+! ♔:f7 11.♘e6, und Schwarz gab auf.

Sehen Sie hier die prächtigen Wendungen?

1.e4 c5 2.♘f3 b6. Kaum nachahmenswert. *3.d4 cd 4.♘:d4 ♗b7 5.♘c3 a6 6.♗c4 e6.* Sofort 6. ... b5 könnte nach »Revista de Sah« zu einer Glanzpartie führen: 7.♗b3 b4? 8.♘a4 ♗:e4 9.♘c5 ♗:g2 10.♖g1 ♗c6.

... in der Variante

101

Weiß gewinnt auf ungewöhnlich glänzende Weise.
11.♗:f7+ ♔:f7 12.♖:g7+!!, und Weiß gewinnt bei 12. ... ♔:g7 durch 13.♘de6+ die Dame bzw. setzt nach 12. ... ♗:g7 durch 13.♕h5+! ♔f8 (13. ... ♔f6 14.♕f5 matt) 14.♘de6+ de 15.♘:e6 matt! Morphy redivivus!

7.0—0 b5 8.♗*b3 b4.* Auch jetzt ist das Spiel auf den Bauern
e4 verfehlt. *9.*♘*a4* ♗*:e4 10.*♖*e1* ♘*f6 11.*♗*g5* ♗*c6?* Besser geschah 11. . . . ♗*b7. 12.*♕*e2* ♕*a5.* In unsolider Stellung ein unsolider Zug! Besser war *12.* ⁺ . . . ♗*e7. 13.*♗*:f6 gf 14.*♖*ad1!*
Hübsch gespielt, doch ist dieses Figurenopfer nur vorübergehend. *14. . . . ♗:a4 15.*♗*:a4* ♕*:a4 16.*♕*f3!* ♘*c6.* Es bleibt ihm
kaum eine andere Wahl, da 16. . . . ♖*a7* an *17.*♕*:f6* ♖*g8*
18.♘*:e6!* scheitert. *17.b3* ♕*:a2 18.*♘*:c6* ♖*c8.*

. . . in der Partie

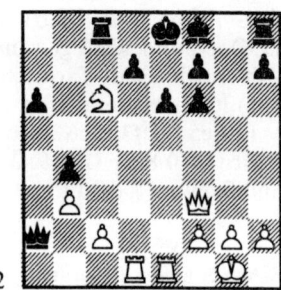

Estrin—Katalymow
Halbfinale zur Meisterschaft
der UdSSR 1969   102

Weiß (am Zuge) kann abermals à la Morphy spielen.
19.♖*:e6+!!* Ein eigenartiges Stellungsbild! *19. . . . de.* Falls
19. . . . fe, so *20.*♕*h5* matt! Höchst ungewöhnlich. *20.*♕*:f6*
♗*d6.* Einzige Möglichkeit, das Matt auf⸳d8 abzuwehren. Den
Läufer darf Weiß wegen 21. . . . ♕*b1+* nicht schlagen, wohl
aber den Turm! *21.*♕*:h8+* ♔*d7* (21. . . . ♗*f8 22.*♕*d4!*)
22.♘*b8+!* Dieses drollige Schachgebot rettet den Springer.
22. . . . ♔*c7 23.*♕*d4!* ♖*d8 24.*♕*a7+* ♔*c8 25.*♘*:a6* ♕*a5*
26.g3. Mit *26.*♕*a8+* ♔*d7 27.*♘*b8+* konnte Weiß bereits die
schwarze Dame fangen. 26. . . . ♕*e5 27.*♘*:b4!* ♕*e4.* Es droht
vor allem ♕*a8+* nebst ♕*:d8+* und ♘*c6+.* *28.*♘*d3* ♖*d7?*
Danach folgt ein Ende mit Schrecken! *29.*♕*:d7+!* Schwarz
gab auf (29. . . . ♔*:d7 30.*♘*c5+*).

Eine ungewöhnlich kombinationsreiche Partie!

Ein Anachronismus!? Im Gegenteil! Im Schach gilt der alte
Molière-Spruch: »Die Zeit tut nichts zur Sache!« (Denn die
Kombination ist immer Trumpf.)

Überrumpelter König

1.e4 g6 2.d4 ♗g7 3.♘c3 d6 4.♘f3 c6 (4. ... ♘f6!) *5.♗g5 ♛b6*
6.♛d2 ♛:b2? Gegen Tal fast ein Frevel! *7.♖b1 ♛a3 8.♗c4*
♛a5 9.0–0 e6 10.♖fe1 a6 11.♗f4 e5? Linienöffnung in solcher
Lage!? Nur 11. ... ♛d8 war noch spielbar. *12.de de.*

Tal–Tringow
Interzonenturnier
Amsterdam 1964   103

Die Stellung resultiert aus einem Schlagen des Bauern auf b2,
das von der »Schachpolizei« verboten werden sollte.
13.♛d6!! »Typisch für Tal! Zwei Figuren hängen wie gewöhnlich«, bemerkt O'Kelly hierzu. *13. ... ♛:c3.* So und so
ein Danaergeschenk. Auf 13. ... ef gibt O'Kelly folgende
amüsante Variante an: 14.♘d5! ♘d7 (14. ...ed 15.ed+ usw.)
15.♘g5 ♗e5 16.♘c7+! ♛:c7 17.♗:f7+ ♔d8 18.♘e6 matt!
14.♖ed1 ♘d7 15.♗:f7+! ♔:f7 16.♘g5+ ♔e8 17.♛e6+.
Schwarz gab auf (17. ... ♔f8 18.♛f7 matt bzw. 17 ... ♔d8
18.♘f7+ ♔c7 19.♛d6 matt.)
Bei solchen Partien bewundern die Schachfreunde immer
wieder die Kombinationskraft der großen Meister, obwohl vie-
les davon auf reiner Intuition beruht. Mit witzigen Orakelsprü-
chen ließ Exweltmeister Smyslow die Neugier eines holländi-
schen Journalisten in Amsterdam zu diesem Thema unbefrie-
digt. »Wie weit rechnen Sie in einer Partie?«, wollte dieser
wissen und bekam die bedächtige Antwort: »So weit ich es
sehe!« Nicht zufrieden mit diesem Orakelspruch setzte der
Fragesteller nach: »Aber wie weit ist das?« Doch Smyslow
orakelte weiter: »So weit ich es berechnen kann!«
Da steht er nun, der arme Tor, und ist so klug als wie zuvor!
Es ist auch in der Tat müßig, sich über solche Dinge den Kopf
zu zerbrechen.

Excelsior-Bauer

Der Excelsior-Bauer — ein Bauer, der von seinem Ursprungs-
feld zur Umwandlungsreihe glatt durchläuft — heißt so nach
Loyds berühmtem Preisproblem im Excelsiorturnier.

Hier sehen wir den Schlußakt des Schauspiels: Weiß vor seinem 21. Zuge.

1.e4 e6 2.d4 d5 3.⊘c3 ⊘f6 4.e5 ⊘fd7 5.f4 c5 6.⊘f3 cd. Diesen
Zwischentausch sollte er unterlassen und besser gleich 6. ...
⊘c6 ziehen. *7.⊘:d4 ⊘c6 8.♗e3 ♛a5 9.a3 a6 10.♗d3 ⊘:d4
11.♗:d4 b5?* Ein Tempoverlust. Sofort 11. ... ⊘b8 verdiente
den Vorzug. *12.f5! ⊘b8 13.0–0 ⊘c6 14.♗f2 ♛c7 15.♛h5!* Sehr
gut. Für das Bauernopfer erhält Weiß starken Angriff. *15. ...
d4 16.⊘e4 ♛:e5 17.♖ae1 g6 18.♛f3 ♗b7 19.♗g3 ♛g7 20.fe.*
»Excelsiór« ante portas! *20. ...f5.*

Kortschnoi—Blatný
Luhačovice 1969   104

21.e7!! Auf diese witzige Weise kommt Weiß doch zur Öffnung
der e-Linie, was Schwarz gerade mit 20. ... f5 zu vermeiden
suchte. *21. ... fe.* Schlägt Schwarz auf e7, entscheidet
22.⊘d6+. 22.♗:e4 ♔d7 23.♛g4+! Schwarz gab auf, da das
Matt nicht abzuwenden ist. Themagerecht wäre z. B. *23. ...
♔e8 24.♗:g6+ hg 25.ef♛* mit Doppelschach und Matt — Ein
Triumph des Excelsior-Bauern!

»Wie schnell ist von der rechten Bahn — zum Irrweg oft der
Weg getan!« (Klopstock)

Eine turbulente Kurzpartie

1.e4 e5 2.♘f3 ♘c6 3.♗b5 a6 4.♗a4 ♘f6 5.0–0 ♗c5. Man hält die Möller-Verteidigung heute für nicht ganz befriedigend. *6.c3 ♗a7 7.d4 ♘:e4.* Keres versieht diesen Zug mit einem Fragezeichen und empfiehlt 7. ... b5 8.♗b3 ♕e7 mit Verteidigung des Zentrums. *8.♕d3.* Weniger gebräuchlich. Meist wird 8.♖e1 gespielt. 8. ... f5 9.d5 ♘e7. Bei 9. ... ♘c5 kann sich Weiß gut auf 10.♕:f5 d6 11.♕h5+ g6 12.♕h6 einlassen. *10.♘:e5 0–0?* Rochiere früh — aber nicht zu früh! Besser geschah 10. ... b5 und anschließend d7–d6.

Kozurenko–Swiderski
Nowosibirsk 1965   105

Zwar sind beide Damenflügel noch nicht richtig »im Gange«, doch hat Weiß trotzdem ein positionelles Plus, weil sein Läufer c1 schon freigespielt ist, der Läufer c8 aber nicht. Freilich will Schwarz dieses Manko jetzt mit d7–d6 ausgleichen, doch leider ist Weiß am Zuge und setzt (wie das Schicksal) den Hobel an; die Späne fliegen, und von der schwarzen Stellung bleibt nicht allzuviel übrig.

Bevor der Gegner d7–d6 zieht, spielt man lieber selbst *11.d6!* Ein hübscher »Nimm-und-Gib-Zug«. Er verhindert den wichtigen schwarzen Entwicklungszug d7–d6 und öffnet dem Läufer a4 die Königsdiagonale. *11. ... ♘:d6 12.♗b3+ ♔h8 13.♗g5!!* Der Punkt auf dem i. Es droht vernichtend 14.♗:e7 ♕:e7 15.♘g6+! hg 16.♕h3+ nebst Matt. Dagegen ist nichts zu machen. Nicht einmal 13. ... g6 geht wegen 14.♕h3! usw. *13. ... ♖f6.* Resignation. *14.♗:f6 gf 15.♕:d6!* Ein drolliger Schlußzug! Schwarz gab auf, da bei 15. ... cd 16.♘f7+ nebst ♘:d8 sein materieller Rückstand zu groß ist.

Eine schneidige Miniaturpartie.

Der Winkelried

*1.♘f3 ♞f6 2.g3 g6 3.♗g2 ♝g7 4.0–0 0–0 5.d4 d6 6.c4 ♞bd7
7.♕c2 e5 8.♖d1 ♜e8 9.e4 c6 10.♘c3 ♛c7 11.h3 b5 12.cb cb
13.♕b3 a6 14.♗g5 ♞b6 15.de de 16.♘d5 ♞b:d5 17.ed.*

Bilek–Clarke
Kecskemét 1964   106

Wie heißt es im strategischen Regelbuch? Vorposten (wie hier
Springer g5) muß man befragen, Freibauern (d5) blockieren.
Ersteres, also etwa 17. ... h6, scheitert hier an der Demaskierung 18.d6! Deshalb sollte Schwarz schleunigst mit 17. ...
♕d6 den gefährlichen Freibauern blockieren.

Er zog aber *17. ... ♗b7??* und ging nun verdientermaßen
an dem Freibauern zugrunde, der als moderner Winkelried
einen Keil in die feindlichen Linien trieb:

18.d6 ♕d7 19.♗:b7 ♕:b7 20.d7! ♖f8. Denn auf 20. ...
♘:d7 käme 21.♕:f7+ usw. *21.♘:f7!* Mit tödlichen Abzugs-
drohungen. Wenn aber 21. ... ♖:f7, so vollendet der Freibauer seinen Lauf: 22.d8♕+ ♖:d8 23.♖:d8+ ♗f8 24.♗h6
usw. Schwarz gab nach 21.♘:f7 auf.

Eine lehrreiche Kurzpartie!

Unfreiwilliger Besuch

Kommt im Mittelspiel der weiße König zum Felde seines Wi-
dersachers auf e8 oder umgekehrt der schwarze nach e1, so
kann man hundert zu eins wetten, daß dies nicht ganz freiwillig geschieht. Und mit zwei lustigen Luftreisen dieser Art wollen wir uns jetzt bekannt machen.

Der Gang nach Canossa

1.e4 e5 2.f4 ef 3.♘f3 ♗e7 4.♗c4 ♗h4+ ? 5.g3 fg 6.♗:f7+ !?
Frisch-fröhlicher Gambitkrieg! Die Idee ist gar nicht mal so
abwegig, besonders wenn Schwarz wie hier eifrig bestrebt ist,
alles Erreichbare zu verspeisen! *6. ... ♔:f7 7.♘e5+ ♔e6(?)
8.♕g4+ ♔:e5 9.0–0 gh+ 10.♔h1 ♗f6.* »Chess« gibt hierzu
ein Fragezeichen. Ein größeres Fragezeichen ist jedoch, was
Schwarz überhaupt noch tun könnte! *11.d4+ ♔:d4* »Ab-
wärts!« *12.♗e3+ ♔:e3 13.e5! ♗:e5 14.♖e1+ ♔f2.*

Edwards–N. N.
England 1963   107

»A crazy game«, eine verrückte Partie, bemerkt »Chess« zu
dieser dramatischen Lage. Weiß gibt den Todesstoß.
   15.♕g2+ ! ♔:e1 16.♘c3 matt! Da kann man ja neidisch
werden! Oder haben Sie etwa schon mal mit dem Zuge
♘b1–c3 matt gesetzt?

Vohl–Weichselbaumer
Saarbrücken 1963   108

*1.d4 ♘f6 2.c4 e6 3.♘c3 ♗b4 4.f3 c5 5.a3 ♗:c3+ 6.bc d5 7.e3
0–0 8.cd? ♘:d5! 9.♕d2 cd 10.cd ♘c6 11.♘e2? ♘a5! 12.♕d3*

89

♗d7 13.♗d2 a6! 14.♘c3 ♘b3! 15.♖b1 ♘:d2 16.♕:d2 ♘:c3 17.♕:c3 ♖c8 18.♕b3 ♕a5+ 19.♔f2? Diesmal beginnt die Reise also doch ziemlich freiwillig! Relativ besser geschah indessen 19.♕b4 ♕g5! usw. *19. . . . ♕d2+ 20.♔g3* (20.♗e2 ♖c3!) *20. . . . ♖c2.* Marco hätte gesagt: Weiß war von allen guten Geistern verlassen, als er sich in diese Situation hineinarbeitete! *21.h4 ♕f2+ 22.♔f4 f6 23.h5 ♔h8 24.♕b4 e5+ 25.♔e4 f5+ 26.♔d5 ♗c6+ 27.♔e6.* »Aufwärts«! *27. . . . ♖e8+ 28.♔f7 ♕:e3 29.h6.* Ein kleines Strohfeuer, das schnell erlischt! *29. . . . ♕g5 30.♕d6.* (Siehe Diagramm 108)

Schwarz setzt den Punkt auf das i: *30. . . . ♗d5+ 31.♔:e8 ♖c8+.* Weiß gab auf.

Und die Quintessenz? Fünf (Haupt-)Dinge darf der Schachkönig nicht tun: nicht in der Mitte stehenbleiben, nicht auf die Wanderschaft gehen, nicht in eine ungeschützte Lage rochieren, nicht das Läuferopfer auf h7 zulassen und im Endspiel nicht die Opposition aufgeben. Gibt es noch mehr? Wahrscheinlich! Nun, das werden Sie schon selber merken.

Eine Falle

24.♗d5–c6! drohte zweierlei. Mit *24. . . . ♕a3??* fiel Schwarz herein. Warum, und wie mußte er reagieren?

H. Westerinen—J. Loikkanen
Helsinki 1963   109

1.e4 c5 2.♘f3 ♘c6 3.d4 cd 4.♘:d4 ♘f6 5.♘c3 d6 6.♗g5 e6 7.♕d2 ♗e7 8.0–0–0 0–0 9.f4 ♘:d4 10.♕:d4 ♕a5 11.♕g1. Die jungen Leute neigen manchmal zu solchen expressionistischen Zügen und gewinnen trotzdem die Partie. *11. . . . b5.* Schwarz benutzt die Gelegenheit und legt sich scharf ins Zeug.

12.♗:b5 ♖b8 13.e5 de 14.fe ♗b4! 15.♗d2(!) ♘d5 16.♘:d5 ed 17.♗:b4 ♛:b4 18.a4 ♛f4+. Falls sogleich 18. ... a6, so 19.♖d4, und die Dame kann sich auf der b-Linie nicht behaupten, so daß der Druck gegen b2 wegfällt. 19.♔b1 a6 20.♗c6 ♛c4 21.♗:d5 ♛:a4 22.♛d4 ♖b4 23.♛c5 ♗f5 24.♗c6! Eine raffinierte Falle, der Schwarz zum Opfer fällt. (Siehe Diagramm 109)

24. ... ♛a3?? Mit 24. ... ♛:c2+! 2S.♛:c2 ♗:c2+ 26.♔:c2 ♖c4+ usw. konnte Schwarz zum Remis abwickeln. Jetzt hingegen geht er »baden«, wobei dieser volkstümliche Ausdruck nicht recht verständlich ist; denn niemand wird doch ernstlich behaupten wollen, daß »Baden gehen« mit »Ertrinken« gleichzusetzen wäre! 25.♛:f8+!! Oh weh! Schwarz gab auf (25. ... ♔:f8 26.♖d8+ ♔e7 27.♖e8 matt). Er hatte das Mattziel erreicht — freilich mit umgekehrten Vorzeichen!

»Laßt Opferer uns sein, nicht Schlächter, Cajus!« (Shakespeares Cäsar)

Die Opfer und das Opfer

Macht es nicht viel mehr Freude, in der Schachpartie zu geben und zu siegen als zu nehmen und zu siegen? Das ist, auf einen kurzen Nenner gebracht, der Unterschied zwischen der guten alten Zeit im Schach und der modernen. Der frisch-fröhliche Angriff ist einem lauernden Dschungelkampf gewichen.

Aber manchmal fallen die heutigen Spieler doch in die alten Sünden zurück. Wohlan denn: folgen wir ihnen!

»Man nehme« — nicht zuviel!

1.e4 c5 2.♘f3 d6 3.b4 cb 4.a3 ♘c6 5.ab ♘:b4 6.d4 e6 7.c3 ♘c6 8.d5 ♘e5 9.♘:e5 de 10.♗g5!? Weiß: »Na, wie bin ich zu Ihnen?« 10. ... ♛:g5. Schwarz: »Sehr entgegenkommend! Aber ich nehme alles weg. Ihre Opfer sind meist etwas wurmstichig. Nur keine Angst!« Vorsichtiger war freilich 10. ... f6. 11.♗b5+. Schwarz: »Ach, jetzt soll ich wohl 11. ... ♔e7 ziehen, damit Sie mir mit d5—d6+—d7 kommen können. Nee, ist nicht!« 11. ... ♗d7 12.♗:d7+ ♔:d7 13.de+ ♔:e6 14.♛d5+ ♔f6 15.0—0 ♗e7? Schwarz: »So, und nun noch ♖d8, und aus ist der Traum!« — Richtig war indessen 15. ... ♔g6.

91

K. Richter—M.
Freie Partie, Berlin 1957   110

16. ♖a6+! Ja, aus ist der Traum! Schwarz gab auf, da er unweigerlich matt wird (16. ... ba 17.♕c6+ usw.).

Mitunter sind die Opfer auch richtig! (Schwarz murmelte indessen etwas von großen Kartoffeln!)

Zweites Kapitel

Zwischen Sehen und Nichtsehen

Leningrader Erkenntnisse

Er wollte zuviel . . .

Was tun Sie, wenn Sie die Wahl haben, einen Bauern oder eine Figur zu gewinnen? Keine Frage, nicht wahr: Man nimmt die Figur! Aber das ist nicht immer richtig.

Polugajewski—Sacharow
31. Meisterschaft der UdSSR,
Leningrad 1963   111

Hier zum Beispiel konnte Schwarz einfach mit 1. ... ♖ab1+!

2.⌶b2 ⌶:b2+ 3.♔:b2 ⌶d2+ nebst ⌶:g2 den wichtigen Bauern g2 erobern, wonach sein Bauer g3 eine Großmacht geworden wäre. Statt dessen gab er mit dem anderen Turm Schach — auch dies ist ein Auswahl-Fehler, der häufig vorkommt! —, weil ihn der Springer c7 lockte: *1. ... ⌶db1+ 2.♔b2 c4+.* Die Pointe. *3.♔:c4.* Putzig wäre 3.♔c2 ⌶c1 matt. *3. ... ⌶:b2 4.⌶:b2 ⌶c1+ 5.♔d5.* Hier sieht man schon, daß der Figurengewinn mit dem Eindringen des weißen Königs zu teuer bezahlt wurde! *5. ... ⌶:c7 6.♔:e5!* Auch diesen Zug kann sich Weiß trotz ♗c3+ erlauben! *6. ... ♗c3+ 7.♔d6 ♗:b2(?)* Eine letzte kleine Chance bestand in dem Erhalt der Türme, doch ist auch dann angesichts der weißen Freibauern und der starken weißen Königsstellung der Gewinn noch problematisch. *8.♔:c7 ♔f7 9.♔d6 ♔f6 10.♔d5 ♔g5 11.♔c4!*

Hier gab Schwarz die Partie remis. Der weiße König gelangt nach f1, wo er nicht vertrieben, sondern höchstens patt gesetzt werden kann. Eine höchst eigenartige Situation!

Ein seltener Status quo im Schachspiel.

... und erreichte zuwenig

Furman—Cholmow
31. Meisterschaft der UdSSR,
Leningrad 1963   112

Dieses Schlußspiel bereitete dem Führer der weißen Steine eine schlaflose Nacht, da er mit *1.♕g4(?) g6 2.♕h4 ♘:e3 3.♕f6 ♘f5 4.♗e5 ♕f8 5.f4 h5 6.♔h2 h4 7.⌶a5 ♕d8* nur Remis erreichte, während es doch nach viel mehr aussah. Schließlich entdeckte er in der Analyse doch einen zwangsläufigen Gewinn.

Bitte tun Sie desgleichen. Sie haben es ja leichter, weil Sie wissen, daß es so etwas gibt. (Aufgabe) Sie wird Ihnen hoffentlich keine schlaflose Nacht bereiten!

New Yorker Schnappschüsse

Benkö — überkombiniert

Fischer—Benkö
New York 1963/64   113

Schwarz zog *1. ... ♛e8?*, wobei er auf *2.♗:d4 ed 3.e5 f5* hoffte. Aber Fischer läßt sich so leicht nicht die Initiative entwinden, und so kam es wieder einmal anders, als man denkt.

Und zwar wie? (Aufgabe)

Reschewski überlistet

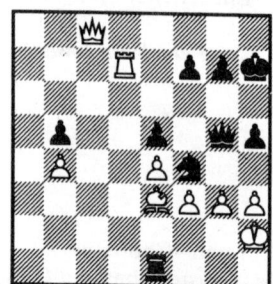

Evans—Reschewski
New York 1963/64   114

Der spätere Turnierzweite Evans war hier in eine verzweifelte Lage geraten, vor allem, weil er den Springer f4 nicht schlagen darf, z. B. 1.gf? ♖e2+ oder 1.♗:f4 ef 2.g4 ♛h4! usw.

In seiner Not stellte er seinem in Zeitnot befindlichen Gegner noch eine teuflische Falle: *1.♖:f7!? ♖:e3 2.h4 ♖e2+ 3.♔h1 ♛:g3??* — und hat Erfolg! Nun ist die Partie remis.

Weshalb? (Aufgabe)

Gewonnen hätte 3. ... ♛g6! 4.♖f8 ♛e6!, da Weiß wegen der Drohung ♖e1+ nebst ♛a2+ wohl die Damen tauschen muß.

Londoner Remisen

Was kein Verstand der Verständigen sieht, das übet in Einfalt ein kindlich Gemüt. (Schiller) Doch bitten wir, das »kindlich« nicht ganz wörtlich zu nehmen. Im übrigen: Remispartien waren es wirklich, hätten es aber nicht sein brauchen, da beidemal ein eleganter Gewinn zu erzielen war.

Der 15jährige Kiebitz

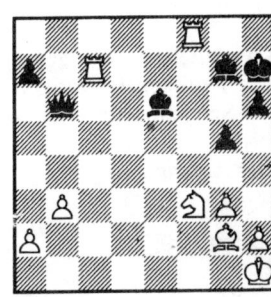

Hepner—Goode
London 1963   115

An sich hatte Weiß in dieser spannenden Stellung die richtige Idee, nur führte er sie falsch aus: *1. ♘e5(?) ♛d4!*, und das Spiel endete später remis.

Der 15jährige Rowe zeigte jedoch nach der Partie, wie Weiß hätte gewinnen können. Ja, jung muß man sein! Oder sehen es die »Alten« auch!? (Aufgabe)

Der 16jährige Gegner

Hartston—Penrose
London 1963   116

Der Meister von England, Penrose, stand hier Tantalusqualen aus, denn er war gegen seinen 16jährigen damals weithin unbekannten Partner in einer verlorenen Position, und dieser brauchte nur die Schlinge zuzuziehen. Statt dessen bot er re-

95

spektvoll Remis an, was Penrose natürlich hocherfreut akzeptierte.

Wie konnte Weiß am Zuge gewinnen? (Aufgabe)

Der junge Mann sah es zwar nicht, aber er hatte immerhin Englands führenden Meister überspielt!

Pariser Komödien

Komödie der Irrungen heißt ein Lustspiel von Shakespeare, und Irrungen-Wirrungen ein Roman von Fontane. Und manche Schachpartie — ist eine Tragödie!

Der Anfang ...

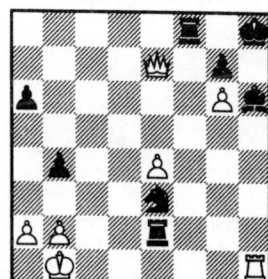

Huguet—Simonović
Paris 1963   117

Müßte der Springer c3 ziehen, wäre Weiß nach ♘:e4 verloren. Aber da hatte er einen glänzenden Einfall! (Aufgabe)

... vom Ende

Dieselbe Partie —
Schlußstellung   118

Schwarz hatte sich nach einem schwächeren Zuge von Weiß gut verteidigt, gab aber nun auf.

War dies berechtigt? (Aufgabe)

96

SIND FALLEN »NOTKOMBINATIONEN«!?

»Die Falle ist eine meistens inkorrekte Notkombination. Sie kommt fast nur in bedrängten Stellungen vor«, schrieb Spielmann 1929.

Dieser Ansicht kann man nur bedingt zustimmen. Denn »inkorrekt« braucht eine Falle keineswegs zu sein, und sie kann auch dazu dienen, in einer klaren Gewinnstellung das Ende zu beschleunigen.

Ein Bauer als Lockspeise

Namen der Spieler unbekannt
Wien etwa 1928   119

Dies hier ist die primitivste Falle, die Spielmann in seinem Leben gesehen hat.

Wir zitieren aus »Ein Rundflug durch die Schachwelt« 1929: »Die Stellung stammt aus einer Partie, die zwischen zwei schwachen Spielern im Café Central in Wien ausgetragen wurde. Schwarz (am Zug) steht, wie leicht ersichtlich, ganz elend. Er machte nun den Zug ♖a8—b8, den ich absolut nicht verstehen konnte. Aber als Weiß nun frohlockend den Bauern a7 schlug und sich mit ♕b6+ und ♕:a7 unter Wehgeschrei eines Turmes berauben ließ, da verstand ich plötzlich alles. Der Turmzug nach b8 war eine Falle gewesen, und zwar eine vom reinsten Wasser ...«

Schon Marshall, obwohl selbst ein großer Kombinationsspieler, sagte: »Eine brillante Opferkombination kann ein Juwel sein — oder ein Schwindel!« Und eine Falle kann gestellt sein — oder sich unbeabsichtigt ergeben.

Tuk—Assenowa
Lublin 1969   120

Hier ist wahrscheinlich die Lockspeise (Bauer c7) nicht »aus-
gelegt« worden, sondern fand sich eben am Wege: *1.♗:c7??*
Verführerisch und auf den ersten Blick auch ganz witzig. Nach
1. ... ♖:c7, so rechnete Weiß, ist der Turm a8 ungedeckt, so
daß 2.♖:b4 die Figur zurückholt, während der Bauerngewinn
bleibt.

Jedoch die bulgarische Meisterin entdeckte eine originelle
Riposte, die den Spieß vollständig umdrehte ... (Aufgabe)

*Ja, das Schachspiel ist paradox. Nicht alles, was schwach
scheint, ist schwach. Und wo keine Gefahr zu sehen ist, drohen
Gefahren.*

Der Versuchung erlegen

Der Teufel »Material« lockt viele ins Verderben, und der er-
hoffte »Blumentopf« zerbrach in tausend Scherben!

**Die Schwäche welcher
untersten Reihen!?**

Thal—Böhnisch
Berlin 1969   121

Sollte man hier nicht annehmen, daß die mattgefährdete unterste Reihe bei Weiß ist? Denn das mit h2—h3 geschaffene Luftloch hat der Läufer h2 wieder weggenommen! Darauf spekulierte Schwarz, als er den überraschenden Zug *1. . . . ♖ :c3(??)* machte.

Die Rechnung geht in zwei Varianten auf: 2.bc?? ♛ :c2 bzw. 2.♛:c3 ♛a1 + ; aber eine dritte Möglichkeit hatte Schwarz nicht einkalkuliert: *2.♖ d8+* (noch einträglicher ist nach Thal sofort *2.♗f4!!* — W. G.) *2. . . . ♗f8 3.♗f4!!* Durch diese verblüffende Wendung wird das verlorengegangene Luftloch wiederhergestellt, und zwar mit Tempogewinn! *3. . . . ♛a5.* Der Witz ist, daß 3. . . . ♛a1 + 4.♔h2 ♖ :c2 an 5.♗h6! scheitert. So ist es also plötzlich Schwarz, dessen schwach gewordene Grundreihe den Ausschlag gibt. Materialeinbuße kann er auf keine Weise mehr verhindern. *4.♖ :f8+ ♔ :f8 5.♛ :c3 ♛d8 6.e6.* Droht 7.♛h8 + . *6. . . . f6 7.♛d2 ♛b6 8.♗h6 + .* Schwarz gab auf (8. . . . ♔g8 9.♛d7 usw.).

Die alte Geschichte vom betrogenen Betrüger.

Frappantes Fesselungsmotiv

Namen der Spieler unbekannt
Jugoslawien 1949   122

Auch hier gibt es eine starke Verlockung, und Weiß erlag ihr, indem er *1.♖ c7?* spielte. Gewinnen Sie nun mit Schwarz! (Aufgabe)

Teuflische Intrige

Burzlaff–Starck
Oschatz 1958 123

Schwarz, nichts Böses ahnend, zog *1. ... ♗g8??* (statt 1. ...?) und wurde nun Opfer einer teuflischen Intrige. Was folgte? (Aufgabe)

Im Schach gerät man stets ins Ungewisse. (frei nach Goethe)

»Die Büchse der Pandora«

Fuchs–Witkowski
Lublin 1969 124

Der weiße Vorteil (aktiv stehende Türme) dürfte zwar zum Bauerngewinn (a6) reichen, aber von dahin bis zum Enderfolg ist noch ein weiter Weg.

Fuchs ersann jedoch bei beiderseits knapper Bedenkzeit ein interessantes Fallenspiel: *1.♖a2!* ♘b8? Schwarz mußte mit 1. ... ♖b8 den Bauern a6 aufgeben und konnte dann im Hinblick auf seinen zentral postierten König noch lange Widerstand leisten. So wie er aber spielt, wird ihm gerade der »gut postierte« König zum Verhängnis! *2.♖g7! f5?* Der letzte Zug vor dem Abbruch und zugleich der entscheidende Fehler. Es blieb Schwarz kaum etwas anderes übrig, als den Bauern g6 hängen zu lassen.

Fuchs gab nun seinen Zug ab. Witkowski, von seinen Landsleuten gefragt, wie er denn stände, hoffte auf Remis. Doch als am nächsten Spieltag die »Büchse der Pandora« geöffnet und der weiße Abgabezug offenkundig wurde, brachte sie tatsächlich dem schwarzen Spiel Unheil und Leid ...

3.☐a5+! Der abgegebene Zug. Es ist gewiß merkwürdig, daß der schwarze König matt gesetzt wird, obwohl er nach allen vier Himmelsrichtungen flüchten kann! Man prüfe:

   I. 3. ... ♔e6 4.♘g5+ ♔f6 5.☐f7 matt.

  II. 3. ... ♔c6 4.♘e5+ ♔b6 5.♘c4+ ♔c6 6.☐c5 matt.

 III. 3. ... ♔e4 4.☐e7+ ♔d3 5.☐c5!, drohend 6.☐e3 matt.

 IV. 3. ... ♔c4 4.☐c5+ ♔b4 5.☐b7+ ♔a4 6.☐c1! nebst 7.☐a1 matt.

Ein kleines Kabinettstück!

In die Falle gegangen

Tavernier–Grodner
Charleville 1952   125

Hier hatte Schwarz den raffinierten Zug ♔g7–g6 gemacht und damit den Gegner geradezu eingeladen, den Turm c2 zu fesseln.

1.♗b1? Weiß geht auf den Leim. Glaubte er an einen groben Fehler des Gegners? Wir wollen in unseren Partien nicht so leichtgläubig sein und auf solche Finten nicht hereinfallen. Es war freilich nicht leicht für Weiß, da sein König sehr eingeengt steht; aber mit 1.♗:f7+! ♔:f7 2.☐:g5 usw. hätte er die Partie wohl halten können.

Nach *1.♗b1?* jedenfalls setzte Schwarz den weißen König mit einem hübschen Entfesselungskunststück matt: *1. ... h4+ 2.♔g4 f5+! 3.☐:f5 ☐g2 matt.*

Sehr lustig, wenn auch nicht für Weiß.

Ein dämonisches Endspiel

Lewis—Pines
Cape Town 1955   126

Der letzte schwarze Zug ♖a4—a7 enthielt die starke Verlok-kung für Weiß, 1.♖:c7 zu spielen, was er auch tat.

Überlegen Sie bitte erst selbst die Lage! (Aufgabe)

Die ewige Fesselung

Uhlmann—Malich
Lasker-Gedenkturnier
Berlin 1968   127

Weiß hatte einen Bauern gewonnen und eine aktive Aufstellung seiner Figuren erreicht. Dennoch blieb bei den ungleichen Läufern die Remisgefahr bestehen.

Aber mit 1.♖:d4 holte sich der Anziehende einen zweiten Bauern und hoffte damit die Siegesaussichten zu untermauern. Doch mit einer studienartigen Wendung rettete sich Malich: 1. ... ♖:f2+!! 2.♔:f2 ♗c5! 3.♔f3. Nanu, wundert sich der Nachspielende. Weiß kann doch mit 3.♔e3 decken und behält so schließlich eine Figur mehr — Eben nicht! Denn Schwarz antwortet 3. ... f5!!, und nun kommt Weiß aus der Fesselung nur heraus, indem er den Turm d4 »gratis und franko« hergibt. Also gibt er ihn lieber gleich! 3. ... ♗:d4 4.♔e4 ♗f2 5.g4 ♗b6 6.♗d5 ♔e7 7.♗b3 f6 8.♗d5 ♔d7 9.♗c2 ♗a7. Remis.

Das war von Malich sehr einfallsreich gespielt!

Für die »dauerhafte« Fesselung kennen wir in der Kunststudie manches Vorbild. Doch in der Partie sagt es einem niemand; da heißt es: Selbst ist der Malich (Verzeihung!) Mann!

Gelegenheiten — Gegebenheiten

Ohne Gelegenheit ist die Hand des Starken in Fesseln; nützet dem Löwen die Kraft, dem man die Klaue geraubt hat? (Herder)

Wohl wahr! Wie oft sagt man nicht im Schach: Er bekam eine Stellung, die ihm liegt. Oder: Er war in seinem Element. Das sind Gelegenheiten, auf die der Turnierspieler angewiesen ist. Oder enger begrenzt: die mehr oder weniger zufällige Gelegenheit, die eine taktisch zugespitzte Stellung bietet.

Die List des Großmeisters

Geller—Gurgenidse
25. Meisterschaft der UdSSR,
1958   128

Weiß, in Nachteil geraten, hatte seinem Gegner mit dem letzten Zuge ♕h4—g4(!) noch eine teuflische Falle gestellt, die dieser bei *1. . . . ♕h8??* nicht erkannte.

Was war die Folge? (Aufgabe)

Ein verstecktes »Schwert«

Starck—Mühlberg
Gera 1962   129

Der Bauer auf e7 ist angegriffen. Schwarz deckte ihn mit dem Rückzug *1. ... ♛d8.*

Warum beließ er die Dame nicht auf b6 und zog etwa 1. ... ♜e8 oder 1. ... ♝e6? »Ich kenne dich, Spiegelberg!« wird Mühlberg gedacht haben, als er das geheime Schwert des Gegners erspähte. Was wäre gekommen? (Aufgabe)

Der Hebelgriff

Zabaleta—de Vicente
Madrid 1958   130

Weiß zog *1.♘d5?,* was zwar die Qualität gewann, aber die Partie verlor. Weshalb? (Aufgabe)

Gelehrt sind solche Wendungen schon oft worden, doch gelernt haben sie scheinbar noch nicht alle Schachfreunde, sonst würden sie nicht immer wieder darauf hereinfallen!

Springer-Eskapaden

Gut gehüpft, Springer — hätte Shakespeare vielleicht gesagt (statt den Löwen brüllen zu lassen), wenn er die nachstehende Partiestellung gesehen hätte.

Rückzug

Hultgren—Henderson
Kalifornien 1965   131

Schwarz hatte etwas gewaltsam gespielt, und es ist nicht recht zu sehen, was er eigentlich für die soeben auf f4 geopferte Qualität hatte, wenn Weiß nun vorsichtig 1.♕e4 gezogen hätte. Statt dessen aber trieb ihn die Habgier zu weiterem Raub: *1.♕:c7??* Und das nun freilich war sein Verderb. *1. . . . ♝d4!* *2.♖ e2.*

Jetzt ereilte ihn die gerechte Strafe! Vivat justitia — aber wie? (Aufgabe)

Das Fallen-Quartett

In der Offenen Englischen Meisterschaft zu Eastbourne 1965 gab es einige reizvolle Fallenspiele zu sehen, bei denen meist der Fallensteller selbst das Opfer seiner eigenen Falle wurde. Kein Hermes schützte ihn, den listigen Lügner.

Revanche

Plukker—Wheeler   132

Nach »Chess« war *1.c5!* eine diabolische Falle, der Schwarz mit *1. . . . ♘:c5? 2.dc ♝g3+* ahnungslos erlag.

Was war des weißen Pudels Kern? (Aufgabe) Ein Bumerang!

Der Trugschluß

Basman—Wallis   133

Weiß hatte f4 schlägt g3 zugelassen, weil er sich von dem Schach auf c2 Gewinn versprach: 1. ... ♔d4 2.♕:d3+ »usw.«.

Aber stimmt das mit dem »usw.«? (Aufgabe)

Der Gegentrumpf

Parr—Roos   134

Den etwas verlaufenen Springer auf e8 glaubte Weiß mit 1.♖d5? nutzbringend zu verwerten; dabei hatte er aber die Rechnung ohne das fehlende Luftloch gemacht.

Geglückte List

Hempson—Munro   135

Zwei Figuren hatte Weiß für diese Angriffsstellung geopfert; aber nun gewann er mit *1.☐ :e5!* eine zurück.

Warum darf Schwarz nicht auf e5 wiedernehmen, obwohl er es doch tat? (Aufgabe)

HINTERGEDANKEN UND ZWISCHENPOINTEN

Schach ist leider ein etwas hinterhältiges Spiel, nicht wahr? Man ahnt nichts Böses, aber der Gegner hat eine kleine Teufelei ausgeheckt. Oder man glaubt, eine Sache durchschaut zu haben, und stolpert dabei über die Zwischenpointen. Manchmal allerdings gelingt es, den Gegner seinerseits zu überlisten; und dann ist man mit Caissa wieder einigermaßen versöhnt.

Von diesen Dingen ist jetzt die Rede. Jetzt? Eigentlich immer im Schachspiel!

Glänzender Sperrzug

Taylor—Lamberti
Imperia 1961   136

Wieder einmal ein König in der Mitte! Nach *1. ... ♗b3!* *2.♔d3* glaubte Weiß an keine unmittelbare Gefahr. Aber gerade in diesem Augenblick war er rettungslos verloren.

Wie setzte Schwarz weiter fort? (Aufgabe) Der gejagte König findet kein sicheres Plätzchen. Und wie glänzend besorgte Schwarz die Exekution!

Der Einfall

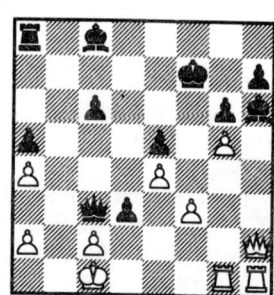

Kofman—Wolowitsch
Tallinn 1965   137

Wieder einmal übertrumpft die Taktik die Strategie. Denn
Weiß hat schulgerecht gespielt: die offene a-Linie besetzt und
ist dann mit dem Turm auf die siebente Reihe vorgedrungen.

Aber nun überrascht ihn Schwarz (am Zuge) mit unserem
Thema in wortwörtlicher Bedeutung! (Aufgabe)

So geht die Phantasie des Schachspielers mitunter seltsame
Wege. »Zwiefach sind die Phantasien«, sagt Wilhelm Busch
und erklärt dies so: »Eine ist die himmelblaue, die uns froh
entgegenlacht; doch die andere ist die graue, welche angst und
bange macht.«

Wörtlich genommen

Molnı—Mende
Fernpartie aus Rumänien
1968   138

Schwarz hat Angriff und materiellen Vorteil. Das weiße Gegenspiel wäre nur von Bedeutung, wenn Schwarz mit 1. ...
d2+? 2.♔d1 ♛:f3+? 3.♔e2 fortsetzt. Aber der Sicherungs-
zug 1. ... ♗g7 würde zum schließlichen Sieg wohl ausreichen.

Jedoch Schwarz fand einen Keulenschlag, der allen Illusio-
nen von Weiß sofort ein Ende setzte. (Aufgabe)

»Ein andermal von Euren Taten!« heißt es bei Pfeffel (in
der »Tabakspfeife«). Nein, gerade jetzt sollt' Ihr's erraten!

Die zwischenzüglichen Pointen

Tal—Trifunović
Palma de Mallorca 1966   139

Nach bewährtem Rezept hatte Trifunović gehandelt und einen Bauern gegeben, um den h-Freibauern in die Waagschale werfen zu können. Es war nun an Tal, sich mit seinem e-Bauern zu entscheiden, dem Schwarz mit f7—f6 die Pistole auf die Brust gesetzt hatte; soll er ihn tauschen oder tauschen lassen? Nichts von alledem: *1.e6!!* Ein witziger Zwischenzug, dessen Hauptpointe der Durchbruch am Damenflügel ist. *1. . . . ♗:e6.* Etwas besser war 1. . . . ♔:e6, doch nach 2.♗:h3 + f5 hat sich die schwarze Initiative in Rauch aufgelöst, und übrig bleiben die Schwächen c6 bzw. f5, abgesehen von dem weißen Mehrbauern. *2.♖a7+ ♗d7.* Falls 2. . . . ♔f8, so am einfachsten ♖a8 + nebst Turmtausch und ♗:h3. *3.♔h2!* Um h3—h2 auszuschalten. Es droht nun 4.b5. *3. . . . ♖h5.* Wenn Schwarz geglaubt hat, damit b4—b5 zu verhindern, wird er bitter enttäuscht. *4.b5! ♖:c5 5.♗:h3!* Bemerkenswerte Zwischenzug-Thematik! *5. . . . f5 6.bc! ♖:c6 7.♗:f5 ♖d6.* Der Generalabtausch ist nicht zu vermeiden. Aber führt ihn Weiß gleich aus, fehlt ihm ein Tempo, deshalb ein letzter Zwischenzug. *8.♔g3! ♔e8 9.♖:d7.* Nun ist die Sache klar. *9. . . . ♖:d7 10.♗:d7+ ♔:d7 11.♔g4 ♔e6.* Der Ertrinkende klammert sich an einen Strohhalm. Im Ernst wird Trifunović wohl nicht geglaubt haben, daß ein Exweltmeister ein elementares Bauernendspiel nicht beherrscht! *12.♔g5!* Natürlich nicht 12.f5 + ?? ♔f6 remis. *12. . . . ♔f7 13.♔f5.* Schwarz gab auf, nachdem ihm sein Gegner auch den Gefallen 13.f5?? ♔g7 nicht erwies.

Ein echt Talsches dynamisches Schlußspiel!

1.d4 d5 2.c4 dc 3.♘f3 ♘f6 4.e3 e6 5.♗ :c4 c5 6.0–0 a6 7.a4 ♘c6
8.♕e2 ♗e7 9.♖d1 0–0 10.♘c3 ♕c7 11.b3 cd 12.ed ♘b4
13.♗b2 ♗d7? Das erweist sich als ungünstig, da der Läufer e7
vorübergehend ungedeckt steht, so daß der folgende weiße
Bauernvorstoß sehr kräftig ist. Konsequent wäre 13. . . . ♘bd5
gewesen. *14.d5!*

Gligorić (Jugoslawien)–
Mjagmasuren (Mongolische VR)
XVII. Schacholympiade
Havanna 1966   140

Das mongolische Team ist gefürchtet auf den Olympiaden,
denn die mongolischen Spieler sind taktisch geschickt und
durchaus turniererfahren. In der Diagrammstellung verrech-
nete sich aber Mjagmasuren, indem er 14. . . . ed zog und sich
bei 15.♕:e7 auf den Zwischenzug ♘c6 verließ. Aber die Waffe
der Zwischenzüge steht auch dem Gegner zur Verfügung, und
so verlor Schwarz schließlich die Figur, die er nur zum Schein
herzugeben dachte.

14. . . . ed(?) Er sucht aus der Not eine Tugend zu machen.
Aber was sonst? Mindestens muß Schwarz einen Bauern verlieren. *15.♕:e7.* Nun hängt der Springer b4, so daß sich
Schwarz vorerst nicht an dem Läufer schadlos halten kann.
15. . . . ♘c6 16.♘ :d5! Aber Weiß zahlt mit besserer Münze!
16. . . . ♘ :d5 17.♕g5!! Die Hauptpointe! Die Mattdrohung
auf g7 sichert eine Mehrfigur (17. . . . ♘f6 18.♗ :f6!). Deshalb
gab Schwarz auf. Zwischenzüge sind Glückssache!

Die Olympiaden sind eine Fundgrube solcher und ähnlicher
Einfälle bzw. Reinfälle. Die Olympioniken sind eben, das zeigen solche Partien oft genug, auch nur »Menschen wie du und
ich«!

Bahn frei für den Springer

Brierly—Sergeant
Hastings 1946/47   141

Der Springer f5 möchte in das weiße Spiel eindringen — und kann es, obwohl ihm das Feld d4 anscheinend nicht zugänglich ist. Aber wozu gibt es denn Zwischenzüge? Also: *1. ... ♘d4! 2.♕:d7.* Wenn die weiße Dame gedeckt wäre, brauchte Weiß nicht zu tauschen, dann hätte auch der schwarze Springer nicht nach d4 gehen können. *2. ... ♘:f3+ 3.♔h1.* Er weicht dem zweiten Zwischenschach aus, das sich nach *3.♔g2 ♘:e1+* ergeben würde. Aber ein Zwischenzug tut's auch! *3. ... ♘:e1!* Weil jetzt nämlich Matt auf f1 droht. *4.♕h3.* Rettet die Dame und deckt das Matt. *4. ... ♗d7!* Der letzte Trumpf. Nach *5.g4 ♗:g4* kann die weiße Dame wegen des auf f1 drohenden Matts nicht mehr flüchten, und Schwarz bleibt materiell entscheidend im Vorteil. Weiß gab daher auf.

Eigenartiger Sperrzug

Kornfilt—Hukel
Fernpartie 1965   142

Weiß steht drohend, aber die angespannte Lage erfordert einen herzhaften Entschluß. Auf *1.♕e6,* was stark aussieht, da *1. ... ♖:e7* an *2.♕:c8+* scheitert, hätte Schwarz die Parade *1. ... ♕d8!* Auch *1.♖ff7* ist wegen *1. ... ♕:b2+* kein brauchbarer Gewinnversuch. Was aber sonst?

Da entdeckte Kornfilt einen wahrhaften Problemzug, dessen originelle Motivierung man nicht so leicht vergißt. Wir wollen Sie nicht um den Genuß bringen, ihn selbst zu finden. (Aufgabe)

Epaulettenmatt

Hayden–Samuel
Brighton 1946   143

Weiß hat beide Türme im Gefecht; der eine droht, auf der achten Reihe einzugreifen, der zweite hat die siebente okkupiert. Außerdem ist da noch der Bauer b6, der einen wertvollen Stützpunkt für Kombinationen bildet. Weiß muß aber die Mattdrohung auf g1 beachten.

Verlockend wäre der »Glanzzug« 1.♕e6+!? mit der Hoffnung auf 1. ... fe? 2.♖:c7 matt oder 1. ... ♕d7? 2.♖:f7! usw.; aber Schwarz antwortet kaltblütig 1. ... ♖d7, und Weiß ist zu 2.♕e8+ nebst Dauerschach auf e6 und e8 genötigt, weil jetzt die Dame wirklich hängt und gleichzeitig unverändert Matt droht.

Hm — und wie wäre es mit 1.♕g4+? Dann könnte 1. ... ♕d7? wieder prächtig mit 2.♖:f7! ♕:g4 3.♖:c7 matt beantwortet werden. Allein Schwarz erwidert abermals 1. ... ♖d7!, und die Drohung seiner auf der Diagonalen a7–g1 gut postierten Schrägfiguren hindert Weiß am Siege. Probieren Sie es bitte aus! Der Versuch 2.♗e3, um das Feld h8 für den Turm zu gewinnen, scheitert schon an 2. ... ♕d3+. Halt! Das bringt uns auf die richtige Idee: Wir ziehen sogleich *1.♗e3!* Weiß tat es auch — und Schwarz gab auf. Jetzt nämlich entscheidet auf 1. ... ♕:e3 2.♕g4+, da 2. ... ♖d7 wegen 3.♖h8+, 2. ... ♘d7 wegen 3.♖a8 matt und 2. ... ♕e6 wegen 3.♕:e6+ fe 4.♖:c7 matt nicht angängig ist. Auch andere Züge helfen nicht mehr, wovon Sie sich leicht überzeugen können.

Das war das Hohelied der schweren Figuren, der eleganten

Elefanten und der leichtfüßigen Damen. Aber – ohne die Hilfestellung der anderen Figuren und nicht zuletzt der unscheinbaren Bauern geht es nur selten.

Mißlungenes Matt

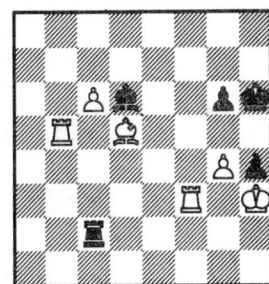

Schamkowitsch–Visier
Palma de Mallorca 1967   144

Schwarz hatte erst die Qualität ins Geschäft gesteckt und soeben noch auf h3 seinen Springer hergegeben, weil er glaubte, die mit seinem letzten Zug ♝a3–d6 aufgestellte Mattdrohung würde zumindest das Remis verbürgen.

Es gab jedoch eine Bombenüberraschung! *1.g5+*. Nicht etwa 1.♔:h4?? ♜h2+ 2.♖h3 g5 matt oder auch umgekehrt: erst 1. ... g5+. *1. ... ♔h5*. Schwarz rechnete nun mit 2.♖f2 ♖:f2 3.♗g2 ♖f5 und Remisschluß. *2.♖g3!!* Die problemartige Mattrevanche hatte Schwarz übersehen. Ihm droht jetzt 3.♗f3 matt, während der Sperrzug nach g3 dem Schwarzen die Mattdrohung auf h2 aus der Hand schlägt. Deshalb gab Schwarz auf. Eine originelle Endspielsituation.

Das, was am meisten übersehen, womit oft nicht gerechnet wird, sind Zwischenzüge und Zwischenschachs.

Zwischenschach

Bestrafte Habgier

Danielsson–Blomberg
Juniorenturnier, Schweden
1967   145

Also ein »Unter-achtzehn«-Turnier. Der Führer der weißen Steine ist 15, sein Gegner erst 14 Jahre alt. Trotzdem beendete letzterer (nach »Tidskrift för Schack«) die Partie mit einem Kanonenschlag, als Weiß *13.♖d5?* zog.

Man soll eben im Aufbau nicht auf Bauerngewinn ausgehen und dann gar nach Figurengewinn streben ...

Vorangegangen: 1.e4 e5 2.♘f3 ♘c6 3.♗c4 ♘f6 4.♘c3 ♘:e4 5.♘:e4 d5 6.♗:d5 ♕:d5 7.♘c3 ♕d8 8.0–0 ♗c5 9.♖e1 0–0 10.♘:e5? ♘:e5 11.♖:e5 ♕d4 12.♕e1 ♗d7! Ein Reinfall!? – Nein, ein Einfall!

13.♖d5? Die e-Linie preiszugeben ist natürlich sträflicher Leichtsinn. *13. ... ♖fe8! 14.♕f1 ♕:f2+ !!* Weiß gab auf. Es folgt 15.♕:f2 ♖e1 matt – nach berühmtem Muster.

»Unter achtzehn« nicht schlecht kombiniert. Auch mancher »Über achtzehn« wäre stolz darauf gewesen ... Später ist dies für Schwarz eine schöne Jugenderinnerung.

Überraschen wir den Gegner

Tatkräftig handeln muß man im Schach und nicht etwa dem fatalistischen Grundsatz huldigen: Lassen wir uns überraschen!

Die Schwenkung

Sölter–Ophoff
Bielefeld 1965   146

Der kurz vorher erfolgte Vorstoß b4–b3 a2:b3 ♖b8:b3 setzte Turm und Dame von Schwarz einer kritischen Bindung aus, und dies machte sich Weiß (am Zuge) mit einer wirklich diabolischen Schwenkung zunutze. (Aufgabe) Ein sehr eindrucksvolles Manöver!

Wer entscheidet, was geschieht? Wer einen Zug weiter sieht!

114

Das widerlegte Gegenspiel

Je stärk'rer Gegenpart, je größ'rer Sieg! (Shakespeare)

Die schönsten Schachpartien sind immer wieder diejenigen, in denen sich beide Partner mit List und Erfindungsgabe bekämpfen und schließlich der obsiegt, der den letzten Trumpf hat.

Das As aus dem Ärmel

von Spreckelsen—Weiß
Hamburg 1964   147

Wir geben die ganze Partie, um zu zeigen, wie es zu dieser merkwürdigen Schlußphase kam: *1.d4 e6 2.f4.* Mit den beiderseits etwas extremen Eröffnungszügen wollen wir nicht rechten. *2. ... d5 3.♘f3 ♘e7 4.e3 g6 5.♗d3 ♗g7 6.0–0 ♘d7 7.c3 0–0 8.e4.* Von dieser Linienöffnung hat Weiß nicht viel; allein, wartet er mit *8.♘bd2* ab, so könnte Schwarz mit *f7–f5* das Zentrum abschließen. *8. ... de 9.♗ :e4 c5 10.♘a3 cd 11.♘ :d4 e5.* Danach löst sich alles in Wohlgefallen auf, sollte man meinen. Indessen entsteht plötzlich eine äußerst kritische Lage. *12.fe ♘ :e5 13.♗f4 ♘d5 14.♗ :e5 ♗ :e5 15.♘f3?* Zwar auf der Hand liegend, aber schlecht. Den gefährlichen Springer d5 sollte Weiß durch Tausch beseitigen. *15. ... ♕b6+ 16.♖f2 ♘e3 17.♕b3 ♗c7 18.♘c4 ♘ :c4 19.♕ :c4 ♗e6 20.♗d5.* Weiß plant ein »Damenopfer« gegen Turm und zwei leichte Figuren, wie er meint. Darin täuscht er sich aber schwer! *20. ... ♖ac8.* (Siehe Diagramm 147)

21.♗ :e6? Jedenfalls konsequent, aber Schwarz zieht wie ein Zauberkünstler ein As aus dem Ärmel! *21. ... ♗ :h2+ 22.♘ :h2 ♕ :f2+ !!*

Das ist es! Bei sofort 22. ... ♖ :c4? 23.♗ :c4 behielte Weiß recht. Jetzt hingegen kann nach 23.♔ :f2 der Läufer e6 mit Schach und hinterher die weiße Dame geschlagen werden.

Weiß gab auf. Er bleibt mit Qualität und Bauer weniger in einer aussichtslosen Lage.

Ein apartes Zwischenspiel!

Er glaubt zu fesseln, doch er wird gefesselt!

Der betrogene Betrüger

Olsen—Jacobsen
Aarhus 1953   148

Die weiße Dame ist angegriffen, allein Weiß sah ein Mattbild auf d8 und zog *1.♖e:d5?*, um auf 1. . . . ♗:c6 mit 2.♖:d8 matt zu setzen.

Er hatte aber die Rechnung ohne die Zwischenzüge gemacht. Bei jeder Kombination, die mit einem stillen (nicht schachbietenden) Zug endet, muß man nach Zwischenzügen und besonders Zwischenschachs des Gegners fahnden, die oft genug alles zerstören. So auch hier.

Schwarz zog nämlich *1. . . . ♛:g2+!! 2.♔:g2 ♗:c6,* denn nun ist der Turm d5 gefesselt und geht verloren. Weiß gab auf.

Ein schönes Damenopfer!

Zwischenzügliches

. . . ist meist Betrübliches! (Fragt sich nur für wen!)

1.e4 d6 2.d4 g6 3.♗e3 ♗g7 4.f3 c5 5.c3 ♛b6 6.♛d2 ♘a6.

Camara—Riego
Zonenturnier
Mar del Plata 1969   149

Auf *7.♗:a6* wollte Schwarz sich nicht die Bauern verdoppeln
lassen, aber auch nicht den Bauern c5 einbüßen. Deshalb zog
er »zwischenzüglich« *7. . . . cd??,* was ihn aber de facto eine
Figur kostete: *8.♗:d4 ♗:d4 9.♕:d4 ♕:d4 10.♗b5+ !* Und nun
wartet Weiß mit einem Zwischenschach auf, das die angegriffene Figur rettet! *10. . . . ♔f8 11.cd.* Schwarz gab auf.

So gespielt »auf dem Wege zur Weltmeisterschaft«; denn
diesem Zweck dienen doch die Zonenturniere.

Übrigens kommen solche elementaren Reinfälle auch in anderen seriösen Turnieren vor. Man spiele zum Beispiel nach:

Vadasz—Dely
Zalaegerszeg 1969

*1.d4 ♘f6 2.♘f3 e6 3.g3 b6 4.♗g2 ♗b7 5.0—0 ♗e7 6.c4 0—0
7.♘c3 ♘e4 8.♕c2 ♘:c3 9.♕:c3 c5 10.♖d1 ♗f6 11.♕c2 cd??
12.♘g5!* Schwarz gab auf.

Zwischenzüge im Schlagwechsel

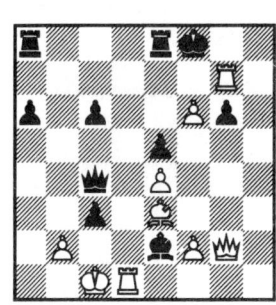

Rico—Ballbé
Gijon 1955   150

Beiderseits wurde rücksichtslos angegriffen, und Weiß darf

sich jetzt nicht mit stillen Zügen begnügen, weil Schwarz cb+ droht.

Aber Weiß (am Zuge) hat einen starken Zwischenzug zur Verfügung. Welchen? (Aufgabe)

Ein »Scheinopfer« wollte er bringen — ein »Steinopfer« aber wurde es!

Der (Kinn-)Haken

van Wijngaarden—Karaklajić
Beverwijk 1967   151

»Die Sache hat einen Haken!« Oh, wie oft lernt der Schachfreund nicht dieses Spruches Weisheit kennen!

Schwarz steht besser; er hat das Läuferpaar, der Gegner zwei Doppelbauern, obwohl letzterer Umstand nicht sonderlich ins Gewicht fällt. Weiß erspähte nun eine Möglichkeit, das Läuferpaar zu halbieren: *1.Sg6??,* wobei er durch den Angriff auf den Turm h8 bestimmt damit rechnete, zum Abtausch des Läufers e7 zu kommen.

Doch (sagte Wilhelm Busch) »erstens kommt es anders, und zweitens, als man denkt!« Oder haben Sie richtig gedacht? (Aufgabe)

König im Brennpunkt

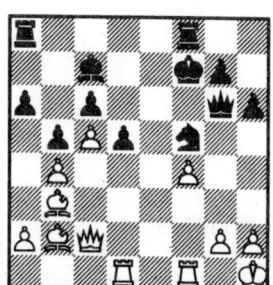

Briones—Garcia
Cadiz 1956   152

Hier kommen die Zwischenmotive im beiderseitigen Schlagwechsel auf originelle Art zur Geltung.

Was zog Weiß? (Aufgabe)

Schlechtes Geschäft

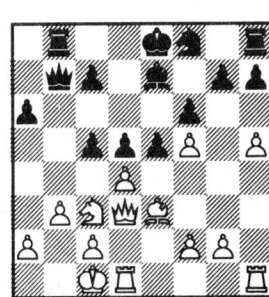

Urbanec—Engel
Semifinale zur VII. Fernschach-
Weltmeisterschaft   153

Weiß glaubte, sich den Bauernraub *1.♕:b5* erlauben zu können, obwohl nun der Springer d2 einsteht; ist doch auch der Turm e8 bedroht!

Wo aber lag der Irrtum im Kalkül? (Aufgabe)

Wenn sich zwei Türme gegenüberstehen und der eine ungedeckt ist ... Nun, Sie werden's schon merken.

Gegengabel

Trifunović—Guimard
Mar del Plata 1953   154

Schwarz hatte soeben c6—c5 gezogen, weil er sich auf die Bauerngabel d5—d4 verließ, wenn Weiß dc oder de antworten sollte. Sein Gegner wies aber mit feinpointierten Zwischenzügen das Ungefährliche dieses Planes nach und kam selbst in Vorteil.

1.de! d4 2.h6! Sehr originell. Weiß droht nun selbst eine Gabel auf g7. *2. ... ♖g8?* Schwarz ist demoralisiert. Weiß stand jedoch auch bei 2. ... gh 3.ef ♗:f6 4.♘e4! bzw. 3. ... ♗d6

119

4.♗:h6!, drohend 5.♗g7 ♖g8 6.♕c4, überlegen. *3.♕c4! ♕b4 4.♕:g8 ♕:c3 5.♔b1! de 6.e6!* Schwarz gab auf.

Überlistung

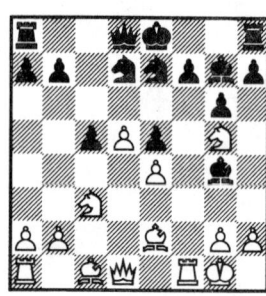

Jezek–Vanka
Prag 1958   155

Die folgende hübsche Einleitung hielt Weiß für inkorrekt; aber ein zweiter Keulenschlag belehrte ihn, daß alles von Schwarz gut durchdacht war, so daß die weiße Dame nicht dazu kam, ihre Verteidigungsaufgabe zu erfüllen.

Schwarz am Zuge. (Aufgabe)

Der Bluff

Hottes–Hoffmann
Heilbronn 1964   156

Mit seinem letzten Zug ♘f3–g5 hatte Weiß eine verlockende, jedoch fehlerhafte Zwischenzug-Wendung im Auge, die glückte, weil der Gegner den Pferdefuß nicht erkannte. Es folgte nämlich *1. . . . ♗:e2 2.♘:f7?* Nicht etwa mit der Absicht *2. . . . ♗:d1 3.♘:d8*, wobei Weiß eine Figur einbüßen würde; sondern mit der Mattdrohung durch ♘d6! *2. . . . ♕b6?* Er erliegt der Schrecksekunde. Statt dessen hätte die höchst witzige Parade *2. . . . 0–0!!* Schwarz in Materialvorteil gebracht. Bitte nachprüfen! Und sagen Sie nicht etwa, die Rochade sei nicht möglich. Damit wären Sie »regelrecht« falsch orientiert!

3.♛:e2 0–0 4.d6 ♖:f7 5.♛c4 ♘f5 6.ef, und Weiß gewann das Spiel.

Tarraschs Lehre vom »besten Zuge« ist also nicht wörtlich zu nehmen, da es oft gerade die (objektiv) schlechten Züge sind, die das Spiel entscheiden. Mit Zwischenzügen kann man sich also auch selbst betrügen! Nur muß es der Gegner merken.

Der störende Springer

Kubanek–Kopriva
Prag 1952   157

1.♗h6+ ♔h8 2.♛f6+ würde zum Ziele führen, wenn der Springer f6 nicht wäre. Ganz einfach: Schwarz wird gezwungen, den störenden Springer selbst zu beseitigen; *1.♛h6+! ♔:f6 2.♛h4+! ♔f5.* Falls 2. ... ♔g7, so, wie eingangs skizziert, 3.♗h6+ ♔g8 4.♛f6 usw. *3.♛g5+ ♔e4 4.♖e1+ ♔d5.* Oder 4. ... ♔d4 5.♗:e5+ ♗:e5 6.c3+ ♔c4 7.♖e4+. *5.♖:e5+ ♗:e5 6.♛:e5+,* und Schwarz gab auf.

Ein Problemmotiv, das noch besonders dadurch zum Ausdruck kommt, daß Weiß den Bauern h7 stehenlassen muß; wenn nämlich 1.♛:h7+? ♔:f6 2.♛h4+ ♔g7! 3.♗h6+, so 3. ... ♔h7!, und was nun?

Hinterstellung

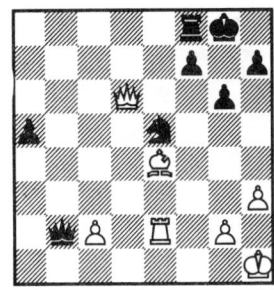

Carro–Rossolimo
La Coruna 1951   158

Die schwarze Dame und ihr Springer, ein schönes Paar, sichern den Sieg. Schwarz am Zuge gewinnt. (Aufgabe)

»Zwischen«-Opfer

Zwischenzüge und Zwischenschachs können Zwischenopfer sein und erzielen dann zum Teil kräftige Effekte.

Den Weg erzwungen

Barczay—Sebestyen
Györ 1954   159

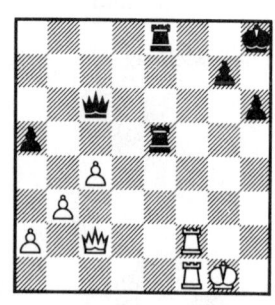

Weiß am Zuge ist in einiger Sorge, da er wegen ♖:b3 + nicht gut ♖:c4 spielen darf und bei einem Wegzug des Springers b3 ♖d2 matt droht.

Da hatte er plötzlich den richtigen Einfall. (Aufgabe)

FESSELUNGEN – ECHT UND UNECHT

Eine Figur (oder ein Bauer) ist nur dann echt (bzw. fast echt) gefesselt, wenn der durch sie geschützte Stein der König ist . . .

**Echt und schön –
das Bild der Kreuzfesselung**

Bannik—Tscherepkow
UdSSR 1961   160

Nach *1. ... ♖g5+ 2.♖g2 ♛c5+ 3.♛f2* (falls 3.♔h1, so laut
»Sahs« 3. ... ♖h5+ 4.♖h2 ♖ee5! usw.; feine Führung der
schweren Figuren!) fand Schwarz den coup de grace, der den
Kampf elegant beendete: *3. ... ♖e2!!* Ein prächtiger Zug, der
sich auf das bekannte Matt-Treiben der Türme gründet; falls
nämlich 4.♛:c5, so 4. ... ♖g:g2+ 5.♔h1 ♖h2+ 6.♔g1
♖eg2 matt.

Deshalb geschah *4.♖:g5,* doch war nach *4. ... ♛:g5+* die
weiße Dame verloren. Weiß gab auf.

*... Alle anderen Fesselungsarten sind mehr oder weniger un-
echt und können jederzeit durch taktische Maßnahmen ihre
Bedeutung verlieren.*

Talmiglanz der Fesselung

Zwei Fragezeichen
Man macht eben Fehler im Schach, und da nützen alle alten
Sprüche nicht wie zum Beispiel: Komm, Knabe, lerne weise zu
sein! (aus dem Orbis pictus, Nürnberg 1658). Nun lernen Sie
das einmal!

Aber vielleicht trifft eine Stilblüte aus dem Unterricht, die
wir kürzlich irgendwo lasen, mehr den Kern der Sache: Wenn
Sie das nicht machen, haben Sie einen wichtigen Fehler unterlassen! Wenn Sie das nicht machen ... Bitte:

... nicht auf die Fesselung pochen

Toran—Kuypers
Malaga 1965   161

123

Die Kreuzfesselung bietet ein reizvolles Bild, und Schwarz war sehr froh, als er sie hier mit *1. ... ♗d4+ 2.♗e3 ♔g5??* anbringen konnte.

Warum aber die beiden Fragezeichen? (Aufgabe) Zur Übung im Entfesseln!

Unechtes Fesselungsgold

Böök—Koponen
Helsinki 1961   162

Die Dame e2 ist ungedeckt; daher glaubte Schwarz mit *1. ... ♖e8* den Druck gegen e5 verstärken zu können. Das war aber eine böse Selbsttäuschung. Was folgte? (Aufgabe)

Beseitigte Gefahren

Kleist—Wilke
Saarbrücken 1958   163

Weiß droht erstens auf f7 zu schlagen, zweitens aber auch mit ♖h5 und eventuell ♖hf5 den anderen Turm ins Gefecht zu führen.

Wie kann Schwarz am Zuge diesen Gefahren am einfachsten begegnen? (Aufgabe)

Ein Entfesselungskunststück

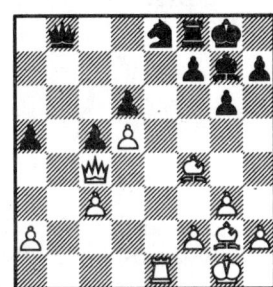

Onescius—Gama
Rumänische Meisterschaft
1955   164

Schwarz hatte eine Figur geopfert in dem Glauben, Weiß
könne das nun drohende Matt nicht abwehren. Und doch ist
dies für Weiß (am Zuge) auf eine bemerkenswerte Weise möglich. (Aufgabe)

Wer andern eine Grube gräbt...

Castagna—Marcus
Bern 1965   165

Weiß ist klar im Vorteil, da alle seine Figuren günstig postiert
sind und die schwarze Stellung unter Druck halten. Aber es ist
noch nicht die Zeit der Ernte gekommen, und so war das ha-
stige Zugreifen 1.♕:c5?? ein lehrreicher Fehler, der die Lage in
ihr Gegenteil verkehrte.

Weshalb war Weiß nun der betrogene Betrüger? (Aufgabe)

Abgelenkt

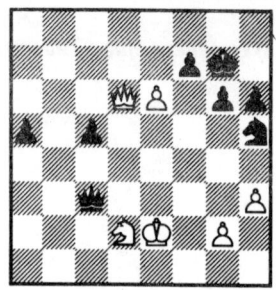

Valvo—Sherwin
USA 1964   166

Schwarz am Zuge. Der Turm g2 hängt wie der Läufer f5, und der matt drohende Turm d6 ist gefesselt.

Wie lange noch? (Aufgabe)

Die Unterverwandlung

Taimanow—Milić
UdSSR—Jugoslawien 1956   167

Schwarz am Zuge dachte, warum soll ich mir den Kopf zerbrechen, was nach 1. ... fe 2.♕e7 + herauskommt; ich fessele einfach den Bauern *1. ... ♕f6* und beseitige damit alle Unklarheiten.

Was hatte er dabei jedoch übersehen?

Schwarz hatte nicht daran gedacht, daß ein Bauer auch Springer werden kann. Demzufolge geschah *2.e7!! ♕:d6 3.e8♘ + ♔f8 4.♘:d6,* und Weiß hatte plötzlich einen Springer mehr.

Allerdings konnte Schwarz auf drei Mehrbauern pochen; er nahm nun seine Chance wahr, opferte seinen Springer für den letzten weißen Bauern, wonach folgende Position entstand:

126

Dieselbe Partie   168

Es sind ja nun einige Fälle aus der Schachliteratur bekannt, in denen König und zwei Springer gegen König und einen Bauern gewinnen, weil der eine Bauer den gegnerischen König in seinen Bewegungen behindert und ihm vor allem in manchen Stellungen die Pattchance nimmt. Aber hier, wo zunächst drei schwarze Bauern vorhanden sind, gelang es Weiß nicht, den Gewinn zu erzwingen.

Falls Sie sich mit diesem interessanten Endspiel beschäftigen wollen, geben wir Ihnen die restlichen Züge ohne Kommentar: 1.♘c5 ♔d4 2.♘e6 ♔e3 3.♘c4 ♔d3 4.♘e5+ ♔e4 5.♘f7 f4 6.♘eg5+ ♔e3 7.♘:h3 f3 8.♘e5 ♔e2 9.♘g4 ♔f1 10.♘gf2 ♔e1 11.♘d3+ ♔e2 12.♘df4+ ♔f1 13.♔h1 ♔e1 14.♘d3+ ♔e2 15.♘df2 ♔f1 16.♘g4 ♔e1 17.♔g1 ♔e2 18.♘gf2 ♔e1 19.♘d3+ ♔e2 20.♘df4+ ♔e1 21.♘d3+ ♔e2 22.♘df2 ♔e1 23.♘g4 ♔e2 24.♘h2 f2+ 25.♔g2 ♔e1 26.♘f1 ♔e2 27.♘f4+ ♔e1 28.♘d3+. Remis.

Vielleicht finden Sie einen Gewinn, der dem Großmeister entging? Aber wer weiß?

Zeitgewinn

Miszto—Kloza
Polen 1955   169

Mit *1. ... ♗c5* glaubte Schwarz sich wirksam zu entlasten. Ein Blitzschlag streckte ihn jedoch zu Boden.

Was antwortete Weiß? (Aufgabe)

Problematisches Bauernmatt

Namen der Spieler
nicht zu ermitteln
England 1962   170

Weiß am Zuge. Daß seine schweren Figuren im Mattsetzen nichts leisten können, sondern den Schlußzug einem kleinen Bäuerlein überlassen müssen, ist eine Ironie Caissas. Allerdings ist die Schachgöttin im Punkte Mattsetzen stets für eine »Gleichberechtigung« aller Schachsteine eingetreten!

Finden Sie also bitte das Matt — und die verheißenden zwei Paukenschläge! (Aufgabe)

Der Fesselung spottend

Horne—Mardle
Hastings 1953   171

Eine typische Springerstellung, dieser Springer auf c7 — aber im negativen Sinne. Der Springer unterbricht erstens die Verbindung zwischen Dame und Turm und hemmt zweitens den schwarzen König in seiner Bewegungsfreiheit. Ein auf d8 erscheinender weißer Turm würde matt setzen.

Dies machte sich Weiß mit *1.♘c4!* (... der Fesselung spottend!) *1. ... ♖:d3 2.♖:d3!* geschickt zunutze. Da Schwarz das

Matt auf d8 decken muß, verliert er die Dame zurück und behält dann die Qualität weniger.

Ja, bei jeder unechten Fesselung darf man sich nicht auf das Morgenstern-Wort verlassen: »... weil nicht sein kann, was nicht sein darf!« Denn einerseits kann und andererseits darf die unecht gefesselte Figur jederzeit ziehen. Die Frage bleibt dabei nur, ist es gut oder schlecht.

Großmeister im Mattstrudel

Smyslow—Benkö
Monaco 1969   172

Materiell steht es noch gleich, aber da Weiß am Zuge ist, kann er aus der Abzugsdrohung Kapital schlagen: *1.♘g5+!* Schwarz sah nun, daß 1. ... ♔f8 2.♖f7+ nebst 3.♖f6 ihn einen Bauern kostet; ebenso 1. ... ♔g8 2.♖c6! ♘b2 (um den Bauern f2 doppelt anzugreifen). Aber diese Revanche würde nicht glücken, da Weiß den Zwischenzug ♔f3! einschaltet. Aus dieser Erkenntnis entschloß sich Schwarz zu *1. ... ♔f6.*

Doch damit kam er vom Regen in die Traufe. Was antwortete der Exweltmeister? (Aufgabe)

Die Tücke des Objekts

... bekam Lehmann gegen Damjanović zu spüren, als er in etwas besserer Stellung gekünstelt den Damentausch suchte.

Ein teuflischer Zug

Damjanović—Lehmann
Beverwijk 1966   173

Lehmann, dem im »Hochofenturnier« nichts gelingen wollte und der an letzter Stelle der Tabelle stand, hoffte hier mit *1. ...* ♛*b3(??)* endlich Gewinnchancen zu erhalten, da der Damentausch für Weiß (ob direkt oder mit 2. ♘:b3 ♝:a3) unerwünscht ist, aber unvermeidlich scheint.

Indessen hatte Damjanović nach dem Bulletin eine »duivelse« (teuflische) Antwort parat, die im Turniersaal wie eine Bombe einschlug und zweifelsohne das Tagesgespräch der Runde bildete.

Ja, am Ofen zu sitzen ist im Winter mitunter ganz angenehm, aber so ein Hochofen hat es besonders in sich! Suchen Sie bitte selbst den Zug zu finden. Leicht ist es aber nicht, den »Teufel« zu ergründen! (Aufgabe)

Entwurzelt — gepurzelt!

DIE »ENTWURZELUNG«

Gutgedeckt scheinende Figuren werden von einem Windstoß hinweggefegt. Freilich kommt dieser nicht von ungefähr.

130

Die Schrecksekunde

Frey–Katz
Schnellturnier, Genf 1956   174

Schwarz überlegt: Darf ich 1. ... ♘:d4 ziehen, obwohl mein
Gegner 2.♗g5 antworten kann? Nun, er darf!

   Auf *1. ... ♘:d4 2.♗g5* folgte unerwartet *2. ... ♖:h3!,* und
hierauf fand Weiß in der Schrecksekunde nicht die beste Erwi-
derung. *3.gh?* Nun geht der entwurzelte Läufer verloren:
3. ... ♛:g5! 4.♛:g5 ♘f3+ . Weiß gab auf.

   Hingegen hätte 3.♗:d8(!) ♖:g3 4.hg ♔:d8 (schlechter ist
♘c2+) 5.♖h8 ♘c2+ 6.♔d2 ♘:a1 7.♖:g8 wohl noch das
Gleichgewicht behauptet.

»Entwurzelungsreif«

Daroczy–Dozsa
Debrecen 1956   175

Weiß am Zuge. Bei Schwarz scheint alles genügend gedeckt;
doch schnell kommt der Wind auf. (Aufgabe)

131

»Technische« Pointe

Hallbauer–Winz
Westberlin 1956   176

1.g4? (statt ♕g3!) rechnete nicht mit der »Entwurzelung«.
   Wie rettete sich Schwarz und kam sogar in Vorteil? (Aufgabe)

Das Kartenhaus ...

»Hier sind die starken Wurzeln deiner Kraft.« (Schiller)
   Wohlan, so laßt uns die Axt an die Wurzel legen – und was eben noch wurzelt, plötzlich purzelt!

... bricht zusammen

Littlewood–Roth
XVII. Schacholympiade,
Havanna 1966   177

Schwarz ist am Zuge. Weiß hatte zuletzt als kluger Hausvater h2–h4 gespielt, also ein Ventil geschaffen, um allen Eventualitäten vorzubeugen. Nun werden Sie einwenden, daß der schwarze König ebenfalls »Luft« hat. Das ist aber ein relativer Begriff, und so war Schwarz nach *1. ... b5?* rettungslos verloren.
   Was kam? (Aufgabe)

Die Dame und ihr Kavalier

Wheeler—Hall
England 1964   178

... und das ist hier ein Musketier. Was kann er denn schon nützen? Die Dame unterstützen!

Angespornt durch den Bauern b3, eilen noch mehr Kavaliere herbei. Sozusagen ein dreifaches »Kavaliers-Delikt« — und Schwarz (am Zuge) war der Mattangriff geglückt!

(Aufgabe) Ein prächtiger Opferreigen!

Drittes Kapitel
Vom Nichtsehen

VERPASSTE GELEGENHEITEN

Die Göttin Gelegenheit hat Haare an der Stirne, am Hinterhaupt ist sie kahlköpfig; faßt man sie an der Vorderlocke, kann man sie festhalten; aber wenn man sie entwischen läßt, so ist Jupiter selbst nicht mehr imstande, sie einzufangen. (Phädrus)

Der einstige Sklave des Kaisers Augustus konnte uns Schachspielern keinen besseren Vers ins Stammbuch schreiben, denn an versäumten Gelegenheiten wimmelt es auf den 64 Feldern. Nur hätte er vielleicht noch hinzufügen sollen: Der eine versäumt die Gelegenheit, der andere bekommt sie — und nutzt sie oder auch nicht. Caissas Launen sind unberechenbar!

Gheorghiu nutzte die Glanz-Gelegenheit ...

Das Bulletin bezeichnet die nun folgende Kombination als »ein Juwel«, während Guimard weniger überschwenglich nur von einer »guten Partie« spricht. Nun, wir halten es mit dem Bulletin.

Ein Kombinationsjuwel

Gheorghiu–Kinnmark
Den Haag 1961   179

Wieder einmal wurde die fehlende Verbindung der Türme Schwarz zum Verhängnis: *1.☐:d6!* Vorbereitung der Springer- gabel! *1. ... ♛:d6 2.♘:f7+!* Eroberung der achten Reihe! *2. ... ☐:f7 3.☐e8+ ♛f8.* Ja, und warum nicht einfach 3. ... ☐f8? Nun, dann entscheidet im klassischen Stile *3.♛d2!!,* da Schwarz die kranken Punkte d6, f8 und h6 nicht gleichzeitig ausreichend zu stützen vermag! Schade, daß es nicht so kam. *4.☐:f8+ ☐:f8 5.♛d2 ♔g8 6.♛d4! ☐f7 7.♗:c8 ☐:c8 8.♛:c5 ☐cf8 9.♗d4.* Schwarz gab auf.

Einer der schönsten Partieschlüsse des Turniers, der merk- würdigerweise keinen Schönheitspreis erhielt.

Falls auf 1.☐:d6 1. ... ♗:f5 geschieht, so folgt nach Gui- mard *2.☐:h6+! gh 3.♘:f7+ ♔g8 4.♘:h6+* usw.

... Portisch versäumte sie

Teschner–Portisch
Monaco 1969   180

Weiß nutzte die (scheinbare) Gunst der Stunde zu *1.☐:d5(??)* aus, da 1. ... ☐:c2?? wegen *2.☐:e8+* nebst matt nicht geschehen darf. Und Großmeister Portisch ließ sich tatsächlich ins Bockshorn jagen: *1. ... ♕a6? 2.♘g3!* mit späterem Remis.

Nach der Partie wurde festgestellt, daß unter der Devise »Wie du mir, so ich dir« Schwarz auf den Glanzzug 1. ♖:d5? mit dem noch glänzenderen Zug 1. ... ♕f2!! den Sieg an seine Fahnen heften konnte. Da 2.♖:f2 wegen 2. ... ♖e1 + nicht geht, andrerseits ♕f1 matt und nebenbei auch noch ♕:e2 droht, bliebe nur 2.♘g3, wonach sich aber zeigt, daß noch eine weitere Drohung in der Stellung steckt: 2. ... ♕e1 + !! nebst matt.

Man sieht: »Ganz ohne ›Luftloch‹ geht die Chose nicht— ...«. Oder doch, wenn's der Gegner nicht merkt!

Das kann auch ein Großmeister übersehen!

Taube und Sperling

Uhlmann—Dely
Budapest 1962   181

Großmeister Uhlmann, der in Warna (XV. Schacholympiade) eine so glänzende Form zeigte, hatte auch bei einem Trainingskampf gegen Ungarn B seinen Gegner überspielt. Aber nun wählte er die Taube auf dem Dache *1.♖:g7??,* statt sich mit dem Sperling in der Hand (1.♗e5! mit wachsendem Druck) zu begnügen.

Die Folge war ein radikaler Szenenwechsel: *1. ... ♖:g7 2.♗:f6 ♕g2+ !!* Teuflisch! Weiß gab auf, da nach 3.♖:g2 Schwarz mit ♖e1 + das Matt erzwingt.

Das war eine versäumte und eine genutzte Gelegenheit; es kommt immer ganz auf den Standpunkt an!

Ahnungslos am Glück vorbei

Kan—Simagin
XX. Meisterschaft der UdSSR,
1952   182

Wie kann Weiß am Zuge gewinnen? (Aufgabe)
   Er zog 1.♔f2? mit späterem Remisschluß.

Unbedachtes Zwischenschach

Lapiken—Reschewski
Long Beach 1955   183

Schwarz hat ein »Zwischenschach« auf e6 gegeben. Weiß antwortete *1.♔b1?* und verlor in der Folge.
   Was hätte er statt dessen spielen sollen? (Aufgabe)

Das As im Ärmel

Trumpf ist die Seele des Spiels, sagt der Kartenspieler. Dabei
geht es auch nicht — wie im Schach — ohne Bluff und Fehler
ab.

Geglückte Überrumpelung

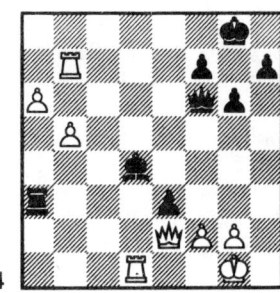

Lutikow—Bronstein
32. Meisterschaft der UdSSR,
1964   184

Schon lange hatte sich Bronstein mit der Qualität weniger plagen müssen. Sein letzter Zug e4—e3 stellt Weiß vor ein schweres Problem, da 1.f3 an 1. ... ♖a2! scheitert und 1.fe wegen 1. ... ♖:e3 ebenfalls bedenklich aussieht.

Was Weiß aber spielte, war ganz chancenlos und verlor schnell: *1.♖:d4 ♛:d4.* Soweit noch richtig, aber jetzt ein Fehler: *2.g3?? ef+ 3.♔h2 f1♘ + .* Amüsant, doch hätte auch einfach f1♛ genügt. *4.♛:f1 ♖a2+ 5.♔h3 ♛d5 6.g4 ♛b3+ .* Weiß gab auf.

Dabei hatte Weiß sozusagen ein »As im Ärmel«; er brauchte es nur hervorzuziehen: Nach *1.♖:d4 ♛:d4* mußte *2.fe! ♖:e3 3.♖d7!!* geschehen, wonach Schwarz nicht gewinnen kann. Bitte überzeugen Sie sich selbst.

Ein Kolumbusei! (Nach dem Bulletin)

»Schade! Es war etwas darin«

... sagte der Dichter André Chénier, als er 1794 zum Schafott geführt wurde. Er meinte damit seinen Kopf.

1. ... ♗d4 + (??)

Langeweg—Casa
XVIII. Schacholympiade,
Lugano 1968   185

Hier nun ist der Anlaß weniger dramatisch, doch konnte Schwarz den weißen König sehr elegant zur Guillotine bringen: 1. ... ♕f1 + !! 2.♔:f1 ♘e3 + 3.♔g1 ♖f1 matt.

Statt sozusagen »kriminell« endet die Partie nun »materiell«: 2.♔h2 ♘e3. Die immerhin auch ganz neckische Drohung ♘g4 matt macht jetzt Weiß doch den Garaus. 3.♗g3 ♘f1 + 4.♔h3 ♘:g3 5.♕:f3 ♖:f3 6.♖e8 + ♔f7. Weiß gab auf.

Zum Schluß — und darauf war Schwarz nicht stolz — ging es also um ein bißchen »Holz« ...

Am Ziel — gestrauchelt

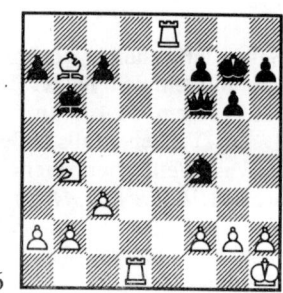

Ortega—Fuchs
Lasker-Gedenkturnier
Berlin 1968   186

Fuchs, der gegen Großmeister in diesem Turnier so erfolgreich operierte, büßte gerade gegen die untere Tabellenhälfte wertvolles Terrain ein. Besonders tragisch war der Verlust gegen den taktisch gefährlichen kubanischen Vertreter Ortega, weil dieser praktisch schon überspielt war.

Ortega hatte soeben auf e8 die Dame für die beiden Türme des Gegners gegeben — an sich kein schlechter Tausch. Hier indessen konnte Schwarz mit einer prächtigen Schnittpunktkombination die etwas exponierte Lage der weißen Leichtfiguren ausnutzen: 1. ... c6!! 2.♗:c6. Darauf gewinnt Schwarz scheinbar eine Figur, doch Weiß hat noch einen Pfeil im Köcher, der ihm freilich nichts nützen sollte. Hübsch würde sich 2.♘:c6 erledigen: 2. ... ♘h3!!, und der schwarze Angriff schlägt durch, da 3.gh an 3. ... ♕f3 + scheitert. 2. ... a5 3.♘d5(!) ♕:c6 greift den Turm e8 an, so daß Materialverlust für Weiß unvermeidlich scheint. 4.♖g8 + (!). Elegant zieht aber der Turm den Kopf aus der Schlinge, denn auf 4. ... ♔:g8? würde Weiß mit 5.♘e7 + nebst ♘:c6 gar noch gewinnen. Wahrscheinlich ist Fuchs durch diese unerwartete Wendung aus dem Gleichgewicht gekommen. 4. ... ♔h6 5.♘:f4

♗ :f2? Schwarz übersieht den Doppelangriff 5. ... ♛a4! Weiß könnte darauf mit 6.♖d3! noch eine Remisfalle stellen, da auf 6. ... ♛:f4? der Turm Dauerschach gibt. Allein nach 6. ... ♛c2!! wäre Weiß doch am Ende seines Lateins. *6.♘h3 ♗c5 7.♖gd8 ♛e6 8.♖8d5 ♗b6 9.♘g5 ♛e8 10.♖e5 ♛a4.* Um wenigstens nicht ♖d7 zuzulassen. *11.♘:f7+ ♔g7 12.♖f1.* Weiß hat entscheidenden Angriff. *12. ... ♛c4 13.♖5e1 ♛h4 14.♘e5 h5 15.♖f7+ ♔h6 16.♘f3 ♛c4 17.♖fe7 ♛:a2 18.♘e5! ♔g5 19.c4 ♛:b2 20.♘f7+ ♔f6 21.h4?* Wie Golz im Bulletin ausführt, konnte Weiß hier mit 21.♖1e6+! eine Mattjagd entfesseln: 21. ... ♔f5 22.♘d6+ ♔g5 23.♖e5+ ♔h4 24.♖e4+ ♔g5 25.h4+ ♔h6 26.♘f5+! nebst matt! *21. ... ♗c5 22.♖1e6+ ♔f5?* Nach 22. ... ♔g7! bestanden noch Remischancen. *23.♘h6+ ♔f4 24.♖f7+.* Schwarz gab auf. Nach 24. ... ♔g3 folgt 25.♖:g6+ ♔:h4 26.♘f5 oder 26.♖f4 matt.

Die Partie der verpaßten Gelegenheiten! Taktisch hochinteressante Motive, die zu studieren sich lohnt.

Die Gunst des Augenblicks
»Ohne Glück und Gunst — ist die Kunst umsunst!« (Spruch in der Wartburg)

Damjanović—Lutikow
Sarajevo 1969   187

Weiß (am Zuge) kann erstens auf die Fesselung des Turms f7 pochen (womit indessen nicht viel anzufangen ist) und zweitens auf die Kraft des Einengungsbauern h6 vertrauen (und das war der springende Punkt!)

Weiß gelang es nicht, den Vorteil festzuhalten, und nach *1.♛e6 ♛e7 2.♛g4+ ♔f8 3.♛c8+ ♛e8 4.♖:f7+ ♔:f7 5.♛:c7+ ♔g6* endete die Partie remis.

Erst hinterher fiel es ihm wie Schuppen von den Augen, und er fand einen zwangsläufigen Gewinn, bei dem der Bauer h6 die Hauptrolle spielt. (Aufgabe) Eine Frage des richtigen »Bietens«!

»Gewinn ist Segen«

... wenn man ihn erzielt! Shakespeare sagt zwar: »... wenn man ihn nicht stiehlt.« Aber das kommt ja im Schach praktisch auf dasselbe hinaus.

Verscherzt

Matulović—Sacharow
Suchumi 1966   188

Hier ist Weiß (am Zuge) zu dieser riesigen Angriffsstellung gekommen, ohne eine Figur hergeben zu müssen. Lediglich zwei Bauern mußten daran glauben.

Aber wie geht es weiter auf der Angriffsleiter? *1.♘h5,* was er zog, brachte nicht den erwünschten Erfolg, da das eventuelle Turmschach auf g7 den schwarzen König nicht zur Strecke bringt.

Euwe hat jedoch einen prächtigen Gewinn für Weiß in der Bildstellung nachgewiesen, der in einem originellen Mattbild gipfelt. Fein ausgetüftelt, kann man da sagen. Wollen Sie es nicht auch mal wagen?

Wie bringt man die geballte Kraft der weißen Stellung zur Entladung? (Aufgabe)

Die Widerlegung
der »Widerlegung«

Spieler unbekannt
Etwa um 1944   189

Schwarz, auf Matt stehend, überraschte hier seinen Gegner durch *1. ... ♖c7!!* – und Weiß gab auf, statt, wie Bethge schon seinerzeit nachwies, mit *2.b5!!* (droht 3.♗f8 matt) zu verblüffen. Wie damals festgestellt wurde, hätte Schwarz darauf nichts Besseres als *2. ... ♛d1+! 3.♖:d1 ♖:b7,* wohl mit Remisschluß.

Doch findige Geister gaben sich damit nicht zufrieden, sondern meinten, Schwarz hätte an Stelle von 2. ... ♛d1+ mit 2. ... ♛e2!? weiterhin auf Gewinn spielen können, und gaben dafür die Fortsetzung 3.♗f8+ ♔h5 4.♖:h7+ ♔g4 mit drohendem Matt bzw. Dame- oder Turmverlust an.

Aber Weiß spielt gar nicht 3.♗f8+?, sondern 3.♖:h7+!! ♔:h7! (3. ... ♖:h7? 4.♗f8+ ♔h5 5.♛:h7+ ♔g4 6.♛:g6+ ♔f3 7.♛h5+ ♘g4 8.♛d5+ ♔:f4 9.♗d6+ mit gewonnenem Endspiel für Weiß) 4.♛:c7+, worauf Schwarz sich am besten auf das ewige Schach einläßt: 4. ... ♔g8(!).

DAS MEER DES IRRTUMS

Eine einfache Formel für den Hauptinhalt des Schachspiels hat Deutschlands großer Dichter Goethe gefunden, von dem die holländische Zeitschrift »Schakend Nederland« folgende Verse (aus »Faust«) bringt mit den Worten: »Dieser Mann muß das Wesen des Schachs erkannt und begriffen haben!«

O glücklich, wer noch hoffen kann,
Aus diesem Meer des Irrtums aufzutauchen!
Was man nicht weiß, das eben brauchte man,
Und was man weiß, das kann man nicht gebrauchen!
In einem Bericht über Segelwettfahrten heißt es: »Der Platz

für das richtige Urteil ist nur im eigenen Boot! Schon im Boot nebenan kann die Situation ganz anders sein.« Uns Schachspielern ebenfalls ins Stammbuch geschrieben. Jede Situation auf dem Schachbrett ist anders gelagert.

In Gotha und anderswo

Man soll sich bemühen, die letzten Fluchtfelder des Gegners zu verstellen; aber man soll es natürlich vermeiden, dem Partner Tür und Tor zu öffnen und sich damit selbst die Flucht unmöglich zu machen. In Zeitnot passiert freilich auch dieses selbst guten Spielern.

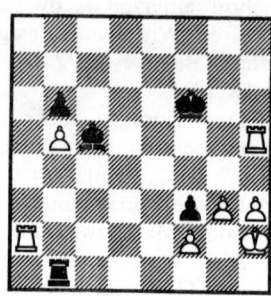

Sliwa—Malich
Gotha 1957   190

Hier zog Weiß *1.g4??* – und Schwarz!?
    ... und Schwarz setzte mit *1. ... ♗d6+!* in zwei Zügen matt!
    Und was hätte Weiß tun sollen? Es kam einfach 1.♖:c5 samt g3–g4 und ♔g3 in Betracht oder auch die verfeinerte Form 1.♖h4 (droht 2.♖f4+) 1. ... ♗d6 2.♖h6+ nebst ♖:d6, g3–g4 und ♔g3. Der Gewinn hätte dann kaum noch lange auf sich warten lassen.

Der König ist keine Deckungsfigur – wenigstens nicht im Mittelspiel.

Mangelhafte Deckungsfigur

Platz—Lampe
Halle 1957   191

1. ... ♛b6, ein vorteilhafter Zug, nicht wahr, denn er erzwingt
anscheinend den Damentausch, wonach eventuell die starken
schwarzen Freibauern zur Geltung kämen.

Oder sind Sie anderer Meinung? (Aufgabe)

Falsche Wahl

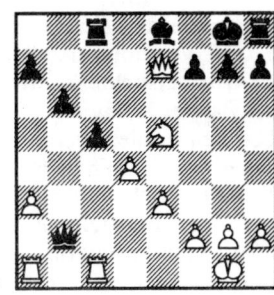

Farbood—Panno
XV. Schacholympiade,
Warna 1962   192

Um nicht nach 1.♔g2 ein weiteres Springerschach auf f4 zu
empfangen, spielte Weiß *1.♔f1??*
Warum war dies das größere Übel? (Aufgabe)

Zeit gewonnen

Geir—Olafsson
Reykjavik 1953   193

Durfte Schwarz sich den Zug *1. . . . cd* erlauben? (Aufgabe)

Ein aktiver Turm

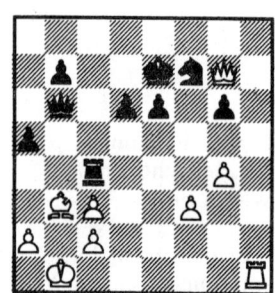

Mädler—Uhlmann
Aschersleben 1963   194

... erntete leider nur Sturm! Türme auf der siebenten Reihe sind stark — aber nicht, wenn der Gegner auf die erste Reihe kommt!

So erlitt hier Weiß nach ♖c1—c7?? einen drastischen Reinfall. (Aufgabe)

Pfiffiger Student

Polgar—Bjerre
Studenten-Mannschafts-
Weltmeisterschaft
Dresden 1969   195

Flott angegriffen hat Weiß und den schwarzen König zum Kampf gestellt. Aber nun stockte der Gedanken Fluß. Zieht er 1.♖h7, verteidigt sich Schwarz mit 1. . . . ♖f4.

Also versuchte es Weiß mit *1.♖h8 a4! 2.g5??* Um dem schwarzen König das Feld f6 zu nehmen, das er bei 2.♕f8+ betreten würde. Aber Weiß vergaß dabei, daß der Gegner sozusagen »auch noch da war«, und der offenbar witzig aufgelegte Däne Bjerre buchte einen ganzen Zähler. (Aufgabe)

In der Bildstellung wäre wohl am besten 1.♔a1! ♖f4 2.♕:g6 mit Vorteil für Weiß geschehen. Bekanntlich ist man ja immer klüger, wenn man vom Rathaus kommt.

Das »Kellermatt«

Below—Ossatschuk
RSFSR 1965   196

»Im tiefen Keller sitz' ich hier bei einem Faß voll Reben ...«
(Trinklied). Sehr verlockend für Freunde edler Weine, aber
nicht für Schachkönige, die brutal in den Keller geworfen und
dort gemeuchelt werden.

Schwarz hatte in der Position 196 soeben fehlerhaft ♖c8—
c6?? gezogen und damit den »Kellereingang« schutzlos dem
Feinde preisgegeben. Nun endete die Partie mit einem Keller-
sturz sehr elegant.

Weiß am Zuge. (Aufgabe)

Gerettet

Alster—Ragosin
Mariánské Lázně 1956   197

1. ... ♕*:b3?* ließ die schwachen schwarzen Felder in der
eigenen Stellung außer acht und vergab den Gewinn.

Weshalb? (Aufgabe)

Gelegenheiten — Zufälligkeiten

Ein Großmeister schrieb einmal bei Glossierungen einer Partie
zu einer überraschenden Kombination, daß sie »dank einiger

taktischer Zufälligkeiten« möglich wäre. Als ob das Schachspiel nicht aus lauter Zufälligkeiten bestände! Der Schachspieler kommt am weitesten, der auf das Sprichwort hört: Auf den Zufall bauen ist Torheit; den Zufall benutzen Klugheit!

Der kleine Finger

Oliff–Keogh
Dublin 1964   198

Schwarz, der mit einer Figur weniger schon lange für eine verlorene Sache kämpfte, hatte plötzlich der »Zufall« einen großen Trumpf in die Hand gespielt: *1. ... ♕g3+!!,* der Weiß naturgemäß unsanft aus seinen Siegesträumen riß; sah er doch, daß 2.fg? zum Matt durch 2. ... ♖:f1+ 3.♔g2 ♖8f2+ 4.♔h3 ♖h1 führt. (Hier würde ihm ausgerechnet seine Mehrfigur zum Verhängnis werden, weil sie die Verbindung der Türme stört!) Also blieb nur *2.♔h1,* und Weiß, der sich in die Stellung vertiefte, sandte ein Stoßgebet zum Himmel, daß sein Gegner sich mit dem »kleinen Finger« des Dauerschachs (*2. ... ♕h3+ 3.♔g1 ♕g3+! usw.)* begnügen möge. Er wurde gehört, und die Partie endete remis, denn Schwarz war heilfroh, mit diesem blauen Auge davonzukommen. Psychologisch verständlich: Tatsächlich konnte Schwarz (nach 1. ... ♕g3+ 2.♔h1) aber gewinnen!

Wodurch? (Aufgabe)

»Ein allgemeines Übel ist das Matt!«

Vukić—Zinn
Zinnowitz 1969   199

Hat Zinn in Zinnowitz nicht gut gespielt? Gewiß! Doch hier versäumte er die Remischance, als er *1. . . . h5?* zog. (Aufgabe)

Die schwache Stunde großer Meister

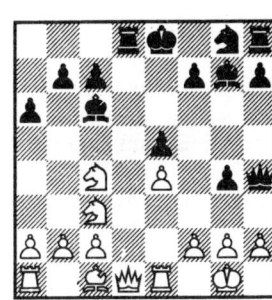

Kortschnoi—Portisch
Beverwijk 1968   200

Beim 30. Hochofenturnier erlebte Kortschnoi in der 12. Runde sein Waterloo — und dies auf fast tragische Art.

Er zog in der Bildstellung nämlich *13.♘d5??* (statt 13.♕e2!) und verhalf damit dem Gegner zu einem elementaren Figurengewinn. Bemerkenswert ist dabei, daß der schwarze g-Bauer, dessen Vorstoß im 6. Zuge wie eine »Majestätsbeleidigung« aussah, sich plötzlich als Held der Partie entpuppte . . .

1.e4 e5 2.♘f3 ♘c6 3.♗b5 a6 4.♗a4 d6 5.0—0 ♗d7 6.♖e1 g5!? 7.d4 g4 8.♗:c6 ♗:c6 9.♘fd2 ♕h4 10.♘c4 ♗g7 11.de de 12.♘c3 ♖d8 . . .

13.♘d5?? Nach 13.♕e2! stand Weiß besser. Jetzt geht plötzlich der Springer c4 verloren. *13. . . . ♗:d5 14.ed g3!!* Die Krönung des Excelsiormarsches! *15.hg ♕:c4.*

Weiß könnte nun aufgeben, schleppte aber die Partie noch bis zum 32. Zuge hin.

»Eine merkwürdige Sache«, meint das Bulletin, weil der

Verlauf dieser Begegnung so sehr außerhalb der großmeisterlichen Ordnung lag. Tja, Pferde sind keine Maschinen, sagte ein Turfweiser, als ein Rennen nicht formgemäß ausging. Und Menschen schon gar nicht!

Ein Schlag ins Wasser

Andersson—Doda
Lódz 1969   201

Der letzte Zug von Schwarz ♘f6—g4? ist in doppelter Hinsicht ein Schlag ins Wasser: einmal wegen der glänzenden Parade von Weiß, zum anderen aber auch wegen der möglichen einfachen Antwort 1.h3. Relativ am besten war noch ♗c8.

Wie klärte Weiß die Lage?

1.ef!! Entwurzelt den Springer g4, der sich nun entscheiden muß. *1. . . . ♘:h2.* Oder 1. . . . ♖:h2+ 2.♕:h2 ♘:h2 3.♘h7+ ♔e8 4.♖g8 matt. Man sieht, dem schwarzen König fehlt ein Luftloch, und deswegen sollte eben ♗c8 geschehen. *2.♘h7+!* Schwarz gab auf (2. . . . ♔e8 3.♕g8+!).

Eine schöne Talentprobe des schwedischen Jungmeisters!

»Eigentlich«, so schreibt Altmeister Lundin in seiner schwedischen Schachecke witzig, »sollte man für eine solche Partie zwei Punkte bekommen«!

Origineller Zug

Keres—Beni
Luhačovice 1969   202

148

Schwarz hätte wohl am besten 1. ... ♘c6 gezogen; er sah jedoch eine Zugfolge, die ihm den verlorenen Bauern wieder zurückbrachte: *1. ... f6? 2.♖e2 fg 3.♕:b4 ♕:d4?*

»Zum Entzücken gar« ist freilich nicht gerade, was nun kam. Aber zum Schmunzeln ... *4.c5+* ! Aus allen Wolken fallend, gab Beni auf. Seine Dame geht verloren.

Ein Damenfang, wie man ihn nicht alle Tage sieht.

Getauscht!? — Betrogen!

Wade—Boxall
Middleton-on-Sea 1953   203

Schwarz hat die Dame zum Tausch gestellt. Zu ärgerlich! Muß man nun mit Weiß tauschen oder ...?

Oder die Partie gewinnen! Aber wie? (Aufgabe)

Die Zwangslage

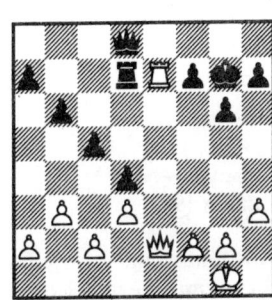

Kwilecki—Roslinski
Poznań 1954   204

Schwarz hatte zuletzt mit ♖d6—d7? den entscheidenden Fehler begangen, der Weiß einen siegreichen Angriff ermöglichte.

Sehen Sie die einfachen Züge? (Aufgabe)

Ein Turm verschwand
Eigentlich war es ja nur die Qualität, aber der Effekt blieb derselbe.

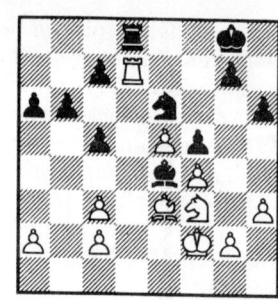

Darga—Ivkov
Hastings 1955/56   205

Statt nun auf d8 zu tauschen, wonach das Endspiel keineswegs aussichtslos für Weiß war, wie das Turnierbulletin meint, zog Darga sorglos *1.♖e7?,* wobei er nur mit 1. ... ♘d5 2.♘h4 rechnete.

Zu seiner nicht geringen Bestürzung folgte jedoch *1. ... ♔f8,* denn nach *2.♖:e6 ♔f7* ginge der Turm verloren. Weiß versuchte deshalb *2.♗:c5 ♘:c5 3.♖:c7,* konnte jedoch nach *3. ... ♘e6* usw. die Partie auch nicht mehr halten.

Die Springergabel

Crisovan—Naef
Luzern 1953   206

Am Ende einer Abwicklung glaubte sich Weiß am Ziel: Er hat die Dame gegen Turm und Läufer, außerdem hängen bei Schwarz Turm f8 und Springer f1. Er erwartete 1. ... ♖fd8 *2.♗a3!,* wonach dem Springer f1 nicht mehr zu helfen ist.

Aber Schwarz unternahm nun, gestützt auf eine Springergabel, einen überraschenden Überfall: *1. ... ♘d4!!* Es folgte *2.ed.* Bei *2.♕:f1 ♖:c1!* bleibt Schwarz ebenfalls im Vorteil, weil 3. ... ♘e2+ droht. *2. ... ♖:c1 3.♕b2?* Verliert chancenlos. Relativ am besten war *3.♕:f1 ♖:f1+ 4.♔:f1* mit einem Bauern für die Qualität; doch ist das Endspiel sicherlich auch nicht zu halten. *3. ... ♘g3+!* Nun ist es der andere Springer, der auf die Gabel pocht. *4.♕:c1 ♘e2+.* Weiß gab auf.

Ein Endspielwunder

Minew—Portisch
Halle 1967   207

Schwarz am Zuge. Was meinen Sie? Wird er verlieren, macht er remis? Sie werden sagen, wir sind von Sinnen, denn Schwarz verstand, sogar zu gewinnen! In solchen Lagen besteht die Gefahr für Weiß immer darin, daß es Schwarz gelingt, den weit vorgerückten Bauern a3 freizuspielen, selbst unter Figurenopfer.

Der letzte weiße Zug ♘g2—h4? erwies sich als Mißgriff, doch war die verblüffende Antwort von Schwarz nicht leicht zu erkennen: *1. ...f4!!* Man muß erst ganz genau hinschauen, um hinter das Geheimnis dieses Zuges zu kommen: Wenn nämlich 2.gf, so *2. ... ♗g4+ 3.♔d2 ♘:d3 4.♔:d3 ♗d1!!*, und die Drohung ♗:b3 ist nicht mehr zu parieren. Weiß sah sich deshalb genötigt, den Bauern g3 aufzugeben. *2.♗e4 fg.* Jetzt liegt die Opferdrohung auf c4 in der Stellung, und dagegen ist kein brauchbarer Plan zu finden. *3.♘g2 ♗g4+ 4.♔d2 ♘:c4+! 5.bc b3 6.♗b1 ♗f5!* Schwarz bekommt nun beide Figuren des Gegners — ein erstaunliches Phänomen in diesem ungewöhnlichen Endspiel! *7.♔c3 ♗:b1 8.♔:b3 ♔e5 9.♔:a3 ♗e4 10.♘e1 g2 11.♘:g2 ♗:g2.* Nun braucht Schwarz nur noch eine technische Aufgabe zu lösen. *12.♔a4 ♔d4 13.♔b5.* Falls 13.d6, so einfach 13. ... ♔:c4, denn auf 14.d7 hat Schwarz 14. ... ♗c6+ zur Verfügung. *13. ... ♗f1! 14.d6 ♗:c4+ 15.♔b6 ♗e6 16.a4 ♔d5.* Weiß gab auf. Nach 17.♔c7 verwandelt sich der schwarze c-Bauer mit Schach.

Ein Endspiel, das in den einschlägigen Sammelwerken sicherlich einen Ehrenplatz einnehmen wird.

SCHACHBLINDHEIT

> Ein kleiner Fehler von Zeit zu Zeit
> Versöhnt mit der Vortrefflichkeit! (Alter Spruch)

Oft genug schon haben wir gesehen, daß Meister (im Schach) Fehler machen, die eigentlich höchstens dem Lehrling zustehen sollten. Jeder kann eben einmal »schachblind« sein; hinzu kommen außerschachliche Gründe, wie Zeitnot, schlechte körperliche Verfassung, Ermüdung, Hitze und so fort.

Was wäre das Schachspiel ohne »Eseleien«?

Ein Kolumbusei

Sliwa—Doda
Stichkampf Lódz 1967   208

Statt auf f7 zu tauschen, zog Schwarz *1. . . . g2??* und hatte damit allerdings trotz der Fragezeichen großen Erfolg, denn Weiß erwiderte *2.🗆 1f2??* Um Fritz Reuter zu zitieren: »Oh, Jöching Päsel, wat büst du förn Esel!« Entschuldigung! Aber »Schachesel« sind wir alle schon mal gewesen. Und das ist gut so.

Nun stand Schwarz groß da: *2. . . . ♛a1+ !,* und Weiß gab auf. Er müßte *3.♔:g2* ziehen, wonach aber Schwarz auf g6 mit Schach nehmen kann und dann leicht gewinnt.

Statt dessen konnte Weiß auf *1. . . . g2??* den Spieß umdrehen und seinerseits den Gegner zur sofortigen Kapitulation zwingen. (Aufgabe)

Der übersehene Gewinn

Ein unerschöpfliches Kapitel. – Ist Schach nicht doch ein Glücksspiel? Nein, die menschliche Unzulänglichkeit trägt die Schuld.

Das Opfermotiv

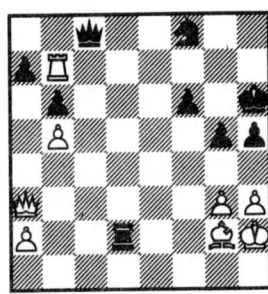

Breustedt–Brameyer
Bützow 1969   209

Weiß lehnte Remis ab und zog *1.\wf3*, womit er tatsächlich recht behielt, denn Schwarz antwortete *1. . . . \Sg6??* und Weiß? . . . nutzte die Chance nicht. Welche Chance!?

Die Partie endete nach *1.\wf3 \Sg6?? 2.\Tf7? h4? 3.\T:f6? \wc7 4.\Tc6 \we5 5.\wf8+ \Kh5 6.\wf3+ \Kh6* mit Remis durch Dauerschach.

Wo und wie aber konnte Weiß die Partie gewinnen? (Aufgabe)

Die Berge kreißen . . .

. . . doch sieh: Heraus kriecht ein winziges Mäuslein! Dieses Zitat nach einem klassischen Ausspruch von Horaz bringt die »Revista de Sah« zu der nachstehenden Stellung. In der Tat werden die gewaltigen Anstrengungen der beiden Recken nur mit einem kümmerlichen Remis belohnt, obgleich sich Weiß dem Gegner zweimal geradezu ans Messer liefert. Jedoch leider sind – beide schachblind!

Das »Mattschwert« war stumpf

Stanciu—Brzózka
Bukarest 1965   210

Weiß hat den guten Springer, Schwarz den schlechten Läufer.
Viele Spieler sind nun in dem Glauben befangen, der Springer
müsse sozusagen »von allein« gewinnen, und man dürfe ihn
unter keinen Umständen gegen den Läufer abtauschen. Und
doch ist dies mitunter nützlich und nötig, wie zum Beispiel
hier.
    Wenn Weiß 1.♘:e6! ♔:e6 2.a4! nebst 3.♔c5 gespielt hätte,
würde sich sein Druck bald entscheidend verstärken (das Nah-
ziel wäre dann der Durchbruch b4—b5). Statt dessen geschah
1.a4 ♗d7 2.a5? Noch immer konnte Weiß mit 2.♘:d7! ♔:d7
3.♔c5! in den skizzierten Plan einlenken. *2. . . . ♖b5.* Nun ist
die Besetzung von c5 mit dem König nicht mehr möglich. Allein Weiß sieht ein anderes Blockadefeld: e5, nicht ahnend,
daß dort ein Damoklesschwert über seinem Haupte schwebt.
3.e6 ♗e8 4.♔e5 ♖d8 5.♖e2?? 5.♖d2 oder reumütige Rück-
kehr 5.♔d4 war notwendig. *5. . . . ♖db8??* O Caissa! Mit d5—
d4! konnte Schwarz dem weißen König ein tragikomisches
Mattschicksal bereiten: ♖d8—d5 matt wäre auf keine Weise
abzuwehren! *6.♖eb2 ♖d8 7.g4?* An sich freilich ein guter
Durchbruchsgedanke; wenn nur das »Mattschwert« nicht
wäre! Es war nun wirklich höchste Zeit zu 7.♔d4! *7. . . . hg
8.h5(?) gh??* Zum zweiten Male, kaum zu glauben, läßt
Schwarz die Möglichkeit d5—d4! nebst ♖d5 matt aus! *9.♔:f5
d4 10.♖d2 dc?* Jetzt konnte Schwarz mit d4—d3! gute Aussichten behaupten. *11.♖:d8 ♔:d8 12.♔e5 c2 13.♖c1,* und die Partie endete remis.
    Eigentlich erstaunlich, daß zwei in Turnieren erprobte Mei-
ster eine so naheliegende Mattwendung nicht erkennen!

154

Ein »ungläubiger Thomas« bezweifelte das Vorkommen solcher Fehler in einer Meisterpartie. Jedoch (nach einem alten Gedicht): Es lenkt ein Irrwisch unsre Schritte, und erst in unsers Lebens Mitte steckt die Vernunft ihr Lämpchen an. (Wirklich? Die Schachspieler wissen es besser!)

Übung macht den Meister

»Wenn einer, der mit Mühe kaum geklettert ist auf einen Baum, schon meint, daß er ein Vogel wär' — so irrt sich der!« (Wilhelm Busch)

Drastisch hat dies auch Werner Lindemann in einem Vierzüger (»Berliner Zeitung« 1968) ausgedrückt: »Ein Reiter fiel vom hohen Roß. Der Sturz hat ihn zutiefst verletzt. Das kam: Er hatte es nicht selbst erklettert, wurde draufgesetzt ...« Also muß man üben und studieren, um nicht schmählich zu verlieren.

Schachblindheit schützt vor Strafe nicht

Jones—de Vault
Denton 1968   211

Beiderseitige Angriffe auf heterogene Rochaden schufen dieses lebendige Kampfbild. Weiß hatte soeben g2—g4 mit der deutlichen Absicht g4—g5 gespielt und wurde plötzlich mit *1. ... ♘:g4!?* überrascht. In der Schrecksekunde nahm er das kecke Roß *2.♕:g4??* und fiel nun à la Lindemann vom Pferd.

Zwei Fragen: War g2—g4 »astrein«? Und was folgte auf 2.♕:g4? (Aufgabe)

Was ist denn Schachblindheit weiter als »technische« Fehler der Spieler, die sie »normalerweise« eigentlich sehen müßten?

»Wer aufgibt, hat verloren!«

Negyessi–Honfi
Budapest 1955   212

Schwarz zog *1. . . . ♛:a2+* – und Weiß gab auf. Als ein Kiebitz schüchtern eine Bemerkung machte, stutzten beide Spieler und fielen dann fast vom Stuhl.

Der Kiebitz hatte nämlich leise gefragt: »Warum haben Sie denn nicht die Dame auf a2 geschlagen? ♖d8–d1+ darauf ist doch gar nicht Matt; Sie können doch mit ♘a2–c1 decken!« Hier hatte die Schrecksekunde gewirkt und Weiß der »Kombination« seines Gegners geglaubt – und das soll man ohne sorgfältige Prüfung nicht tun.

Sanguinetti–Najdorf
Mar del Plata 1956   213

Zwei Fragen:
   Wie kann Weiß am Zuge den Gewinn klarstellen?
   Weiß zog *1.♔d8(?)* – und Schwarz gab auf. War diese Resignation berechtigt? (Aufgabe)

156

Der »Doppelfehler«

Hartoch—Kramer
Wijk am See 1969   214

Mit Turm, Springer und Bauer gegen Dame ist ein Remisausgang wahrscheinlich, zumal die weißen Figuren recht gut postiert sind. Schwarz suchte nun die Lage durch Abtausch eines Turmes zu entspannen: *1. . . . ♖e4?? 2.g3?? ♖:f4 3.♖:f4 ♛c5* mit späterem Remis.

»Ahnungslose Engel« waren hier die Spieler, könnte man frei nach Goethe sagen. Von Ihnen aber hoffen wir, daß Faust Ihnen bescheinigt: »Du ahnungsvoller Engel du!«

Was hätten Sie auf *1. . . . ♖e4??* erwidert? (Aufgabe)

Das Schwert des Damokles

Das Schwert, das Dionys von Syrakus an einem Pferdehaar über seinem Günstling Damokles aufhängen ließ, schwebt auch über manchem Schachspieler in der Partie, ohne daß er es vielleicht weiß.

Cholmow—Lein
29. Meisterschaft der UdSSR
1961   215

Nach *1.♕g5??* brauchte Schwarz das dünne Haar nur durch-
zuschneiden; aber er antwortete ahnungslos *1. ... ♕d7??*,
worauf Weiß, glücklich der Gefahr entronnen, mit *2.b3 ♖c8
3.h3 ♔g8 4.♗ :g7 ♕ :g7 5.♕d5+ ♔h8 6.♕ :d6 ♖g8 7.♕d5 b5
8.♖f7* triumphierte; Schwarz gab noch das Racheschach
8. ... ♕a1+ und gleichzeitig auf!

Warum aber war *1.♕g5??* ein Fehler, wie hätte Schwarz darauf gewinnen können? (Aufgabe)

Spiel für die Galerie

Man darf nicht um jeden Preis »schön« spielen wollen, um in
den Augen etwa vorhandener zahlreicher Kiebitze als strahlen-
der Held dazustehen. Man soll aber auch nicht mit einem
Scherz auf dem Schachbrett eine Partie abschließen, deren Ergebnis an und für sich schon klar zutage liegt. Wie leicht kann
aus dem Scherz Ernst werden!

In dem nachfolgenden Beispiel ging es noch einmal gut.

Drimer–Ciocaltea
Rumänische Meisterschaft
1955   216

Schwarz sah, daß er nicht mehr gewinnen konnte, und zog zur
Freude der »Galerie« *1. ... ♖g8??* mit gleichzeitigem Remis-
angebot, das der Gegner ohne lange Überlegung annahm.

Weiß hätte nun aber gewinnen können!

Wodurch? (Aufgabe)

DIE LETZTE ZUFLUCHT

Vor Schreck gab er auf –
dabei war es Remis!

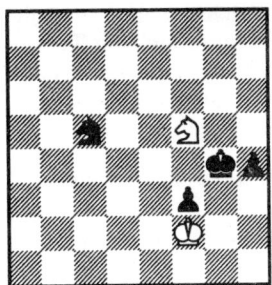

O'Sullivan–Walsh
Leinster 1952   217

In dem irischen Schachmagazin fanden wir dieses besonders durch die vielseitigen Fehler interessante Endspiel. Zunächst geschah *1.♘:h4 ♘e4+?* Was war besser? (Aufgabe) *2.♔e3 f2 3.♘f3!* Sehr gut! Ein kleiner Kunstgriff in solchen Endspielen. Falls nun 3. . . . f1♛, so 4.♘h2+. *3. . . . ♔g3* – und Weiß gab vor Schreck auf, weil sein Springer verlorengeht.

War dies berechtigt? (Aufgabe)

Aber hier ließ Weiß
sich nicht verblüffen

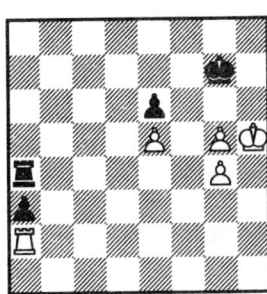

Golz–I. Szabó
Dresden 1959   218

Nach *1. . . . ♖a8 2.♔h4 ♔g6* glaubte Schwarz den Gegner in eine Zugzwangstellung manövriert zu haben mit guten Gewinnaussichten. Weiß bewies ihm aber eklatant, daß es Remis war.

Wie spielte er? (Aufgabe)

Immer der alte Fehler

Welcher wohl? Natürlich das übersehene Patt; der ständige Reinfall auf den Turnieren. Ein alter Spötter, den diese fast schon stereotype Wiederholung ärgerte, sagte einmal: »Man soll niemals zweimal den gleichen Fehler machen, sondern lieber einen neuen!«

Schillernde Pattbilder

Einfach...

Pilnik−Reschewski
USA 1942   219

Weiß am Zuge. Nun, die Sache ist klar, nicht? (Aufgabe)

... kompliziert

Matanović−Lengyel
Budapest 1964   220

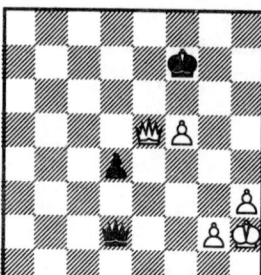

Mit zwei Bauern mehr sollte an dem weißen Sieg nicht zu zweifeln sein. Weiß brauchte nur die Diagonale b8−h2 besetzt zu halten, um Schwarz nicht zu lästigen Schachgeboten kommen zu lassen. Dagegen sündigte er, indem er *1.♛e6+ (?)* (besser 1.f6 ♔g6 2.h4! usw.) *1. ... ♔f8 2.f6* (♛d6+ oder ♛e5) zog. Denn nun forcierte Schwarz auf witzige Weise das Remis: *2. ... ♛f4+ 3.♔g1 ♛c1+ 4.♔f2 ♛f4+ 5.♔e2.* Oder 5.♔e1 ♛g3+ 6.♔d1 ♛d3+ 7.♔c1 ♛f1+!, und die Eroberung des Bauern g2 mit Schach sichert ebenfalls das Unentschieden. *5. ... d3+!* Nun ist das Patt unvermeidlich.

160

6.♔:d3. Lustig ist auch *6.♔d1 ♛d2+!* bzw. *♔e1 d2+* usw.
6. ... ♛d4+! Mit Remis.

Doch wir wollen uns über solche »Pattsetzer« nicht lustig machen, sondern verständnisvoll wie Goethe denken: »Man darf nur alt werden, um milder zu werden. ich sehe keinen Fehler begehen, den ich nicht auch begangen hätte!«

»Narren des Glücks« (nach Shakespeare) sind wir Schachspieler allzumal.

127 der besten Züge

... genügen nicht, der 128. kann alles verderben.

128.c4??

Bilek—Heidenfeld
XVIII. Schacholympiade,
Lugano 1968   221

Mühsam hatte Weiß sich diese Gewinnstellung aufgebaut und dazu 127 Züge gebraucht. Nun aber zog er *128.c4??* (statt etwa *128.♔a3*) und mußte danach in den sauren Remisapfel beißen.

Weiß öffnete die dritte Reihe für die schwarze Dame, und zum Gaudium der Kiebitze folgte *128. ... ♛g3+!!* *129.♛:g3 patt!*

Damit hatte sich Weiß viele Stunden — vergeblich geschunden!

Nur nicht verzweifeln

... sagte sich Krahnstöver, als er in folgender anscheinend trostloser Stellung am Zuge war.

Krahnstöver—Seyferth
Bitterfeld 1957   222

Ein Geistesblitz — und der Gegner war um einen halben Punkt
betrogen, woraus sogar infolge begreiflicher Verärgerung ein
ganzer wurde ... (Aufgabe)
    Erfreuen Sie sich an diesem glücklichen Fund!

Die Falle

Darga—Spasski
Amsterdam 1964   223

Darga hatte seinem großen Gegner einen Bauern abgewonnen
und bei gleichen Läufern natürlich gute Gewinnaussichten. Ja,
was soll Schwarz überhaupt gegen den Königsmarsch nach g8
erfinden?
    Aber die überraschten Zuschauer erlebten folgendes Schau-
spiel: *1.*♔*b7* ♝*d3 2.*♔*c8* ♝*e2 3.*♔*b7* ♝*d3 4.*♔*a6* — und waren
verblüfft! Warum kehrte der König wieder um? »Die Art und
Weise, in der Spasski in verlorener Stellung noch eine sehr
tiefe Falle zu stellen wußte, ist imponierend!« (Donner) Sehen
Sie es auch? (Aufgabe)

Lieber Matt als Patt!

Dieser Stoßseufzer so manchen geplagten Schachspielers ist im Hinblick auf die schadenfrohen Kiebitze wohl zu verstehen.

Fichtl—Blatny
Bratislava 1956   224

Hier liegt die Sache nach *1.d6?* versteckter.
   Was hätten Sie darauf mit Schwarz erwidert? (Aufgabe)

»Pattsiege«

»Pattsiege« — das ist natürlich ein Widerspruch in sich. Aber manchmal kommt ein Patt wie ein Geschenk des Himmels, und der Spieler freut sich darüber wie über einen Sieg — oder auch noch mehr!

Man schmunzelt

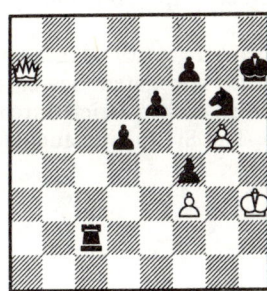

Köberl—Tipary
Budapest 1955   225

Schwarz zog *1. ...* ♘*e5.* Ist die Partie für Weiß gefährdet? (Aufgabe)

Der blockierte Bauer

Kestler—Pesch
BRD-Jugendmeisterschaft
1956   226

Schwarz, mit einer Figur mehr, kann »nach Belieben« gewinnen. Wenigstens dachte er so und zog sorglos *1. ... ♖e7??* mit dem schönen Trugbild 2.♕d6? ♕g1+ nebst ♕e1 matt vor Augen. Um so größer war seine Enttäuschung, als sich Weiß auf köstliche Weise rettete.

Was geschah? (Aufgabe) Ein Unikum!

Versteckte Rettung

Sliwa—Doda
Stichkampf, Lódz 1967   227

Nach *1. ... ♕:c4* rechnete Schwarz mit 2.♕e7+ ♔g6 3.♕:d6 ♔f6! und guten Gewinnaussichten. Allein Weiß machte ihm einen dicken Strich durch die Rechnung.

Tun Sie es bitte auch! (Aufgabe)

Eine Teufelei

Enigk—Effel
Fernpartie 1957   228

Wahrscheinlich war Schwarz ärgerlich, daß Weiß noch nicht aufgab.

Aber nach *1. ...* ♜ *c8?* (und der überraschenden weißen Antwort) sah Schwarz die Bescherung.

Was spielte Weiß? (Aufgabe)

Der Schachspieler lernt — und lernt — und lernt; aber kommt er weiter!? Sicherlich: aber nie zum Ziel der Vollendung. Das Schachstudium ist eine Art »Penelopearbeit«, eine Arbeit, die immer wieder von vorn begonnen werden muß, so etwa, wie der Korintherkönig Sisyphus dazu verurteilt wurde, in der Unterwelt einen schweren Marmorblock einen Berg hinaufzuwälzen.

»Doch jedesmal unter dem Gipfel hurtig mit Donnergepolter entrollte der tückische Marmor« (Homer, Odyssee).

Die rettende Tat
Im (Schach-)Unglück darf man nicht verzagen: selbst der Ertrinkende greift noch nach einem Strohhalm!

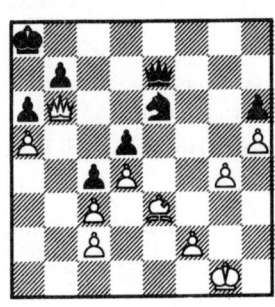

Bannik—Ivkov
UdSSR—Jugoslawien 1963   229

Man nehme — aber mit Bedacht, sonst wird man schließlich ausgelacht!

Statt mit 1.♕b4! ♕g7 2.f3 die Stellung zu arrondieren und langsam zu gewinnen, lockten Weiß die drei verbundenen Freibauern gar sehr, und er schlug auf h6: *1.♗:h6(?)*. Dies erschwerte den Gewinn außerordentlich und gab dem Nachziehenden Gegenchancen.

Was kam? (Aufgabe)

Die älteste List

Titenko—Murei
Moskau 1963   230

Weiß zog 1.♔e1 und hoffte wohl auf 1. ... ♖c2 2.♖e6+! ♔f3 3.♖e7! nebst Vorlauf des h-Bauern. Aber Schwarz entdeckte eine feine Rettung: *1. ... d2+ 2.♔:f2 d1♕ 3.♖e6+*. Das Zwischenschach bezweckt, Schwarz die Gelegenheit zu einem Dauerschach zu nehmen. Aber er bekommt danach einen anderen Trumpf in die Hand!

3. ... ♔d3! 4.c8♕. Nun ist in der Tat kein ewiges Schach mehr möglich: 3. ... ♕d2+ 4.♔g1! ♕d1+ 5.♔h2 ♕d2+ 6.♔h3! *4. ... ♕d2+ 5.♔g1! ♕c1+!!* Das war's, wohin die List ihn trieb! *6.♕:c1 patt*.

Die älteste List des Schachspiels ist wohl noch immer das Patt!

Viertes Kapitel

Analogien und Kontraste

Was soll man im Schach sein: Aktivist oder Passivist?

Kämpfer muß man sein!

Die vierte Alternative
»Drei Dinge kehren nie (zurück): Der Pfeil, der abgeschossen, das ausgesprochene Wort, die Tage, die verflossen ...« (Daumer, 1855). Und für den Schachspieler noch ein viertes: Die Züge, die getan!

Natürlich gibt es Situationen, in denen ein als ungünstig erkannter Zug im nächsten Zuge ohne ersichtlichen Schaden wieder rückgängig gemacht werden kann; aber diese sind nicht häufig und in Endspielen sogar ganz selten. Wie keine andere Phase der Schachpartie erfordert gerade der Endkampf von den Spielern größte Präzision.

Passiv oder aktiv!?

Arulaid—Haág
Tallinn 1969   231

Weiß am Zuge steht vor einer schweren Entscheidung: Soll er den Bauern g4 (passiv) verteidigen oder sich Gegenchancen zu verschaffen suchen? Er wählte falsch und verlor.

Wie Großmeister Barcza nachgewiesen hat, konnte er aber remis machen. Doch versuchen Sie bitte, dies selbst herauszufinden. (Aufgabe)

Wenn die Frage »aktiv« oder »passiv« aufgeworfen wird, so dürfte die Antwort in der Mehrzahl der Fälle »aktiv« lauten. So auch hier. Man darf aber nicht darüber hinwegsehen, daß es durchaus Situationen geben kann, die nur durch passives Spiel zu meistern sind.

Kämpfen oder Frieden schließen?

Barcza—Keres
Tallinn 1969   232

Weiß zog *1.♕:b6* (als besser wird 1.e3 empfohlen), und nicht wenige Meister hätten jetzt an Keres' Stelle die Partie wohl remis gegeben. Aber dieser erspähte noch eine Chance: *1. ... ♕c6!!* Ein hübscher Zug, ganz geeignet, den Partner aus dem Konzept zu bringen. Da 2.♖:c6?? nun an 2. ... ♖a1+ 3.♗f1 ♗h3! scheitert, bleibt Weiß kaum anderes, als die Überlenkung in ein etwas schlechter stehendes Endspiel: *2.♕:c6 bc 3.♗f3 ♗h3!* Nach 3. ... ♖:b2 4.♖:c6 usw. wäre das Remis klar. *4.♗g2?* Verständlich, daß Weiß die »mattoide« Stellung seines Königs aufheben möchte, doch kommt Schwarz nun zu einem Turmendspiel mit einem Bauern mehr. Nach der Partie gab Barcza eine instruktive Rettungsmethode an: 4.♖b1! ♔f8 5.e3 ♔e7 6.♗d1! ♗f5 7.♖c1 ♖:b2 8.♗a4 usw. *4. ... ♗:g2 5.♔:g2 ♖:b2 6.e3 ♖b6.* Der weitere Verlauf ist hinsichtlich der großmeisterlichen Technik noch recht lehrreich, weswegen er hier folgen mag. *7.h4 h5 8.♔f3 f6 9.♖a1.* Vielleicht bot sogleich 9.g4 bessere Möglichkeiten. *9. ... e5! 10.de fe 11.g4 ♖b4! 12.hg ♖:h4 13.♖a8+.* Wenn 13.♖c1, so 13. ... ♖c4, und das verbleibende Bauernendspiel ist für Schwarz gewonnen. Barcza gibt folgende Variante: 13.♖c1 ♖c4 14.♖:c4 dc 15.♔e2 ♔h7! 16.♔d2 ♔h6 17.♔c3 ♔:h5 18.♔:c4 ♔g4 19.♔c5 (manchmal ist ein Doppelbauer also doch von Nutzen; denn Weiß muß Zeit verlieren, auch den zweiten c-Bauern zu holen!) 19. ... ♔f3 20.♔:c6 e4 21.♔d5 g5! 22.♔e5 ♔:f2 23.♔:e4 g4 und gewinnt. *13. ... ♔f7 14.♖c8 ♖c4 15.♖h8 ♖c2 16.h6 gh 17.♖:h6 ♔e7 18.♖h7+ ♔d6 19.♖h6+ ♔c5 20.e4 ♔d4! 21.ed cd.* Meist sind Turmspiele mit zwei gegen einen Bauern remis; hier aber gibt die beherrschende Stellung des schwarzen Königs den Ausschlag. *22.♖d6 e4+ 23.♔g3 ♖a2 24.♖d8 ♔c4 25.f4 e3 26.♔f3 ♔d4 27.♖e8 ♖f2+*

28.♔g4 ♔d3! Mit seinem letzten Zuge hatte Weiß noch eine listige Falle gestellt: Falls nämlich voreilig 28. ... e2?? geschieht, so geht nach 29.♔g3!! der kostbare Freibauer verloren! Weiß gab auf.

»Wer den Himmel will gewinnen, muß ein rechter Kämpfer sein!« (Geibel)

Bewundernswert, wie Großmeister Keres aus einer scheinbar klaren Remisstellung noch den Gewinn hervorzauberte!

Der Zufall und die Zeit

... sind nach Herder die zwei größten Tyrannen der Erde; während aber Schiller sagt: »Es gibt keinen Zufall; und was ein blindes Ohngefähr nur dünkt, gerade das steigt aus den tiefsten Quellen.«

Nun, im Schach wollen wir nicht so große Worte gebrauchen. Aber wenn eine Stellung »zufällig« eine Kombination enthält, so muß sich diese doch aus dem Partieverlauf ergeben haben.

Wer zuerst kommt ...

Bujnoch—Matocha
ČSSR 1968   233

Eine scharf zugespitzte Situation. Wäre Schwarz am Zuge, so könnte er in drei Zügen matt setzen. Aber »zufällig« hat in dieser Hinsicht Weiß den Vortritt. Doch nützt diesem der »Anzugsvorteil«? O ja, und zwar entscheidend; denn zur Umgehung des schwarzen Königs kommt noch hinzu, daß dieser auch hat »wandern« müssen.

Also prüfen Sie die Lage! (Aufgabe) Es geht Schlag auf Schlag.

169

Bitman—Alexejew
Moskau 1969   234

Eine ähnliche Lage wie eben, nur daß hier der Nachziehende in Vorhand ist. Zu seinem Glück übrigens; denn Weiß würde sonst mit ♖f7+ nebst ♕h6 gewinnen!

Nun muß Schwarz (am Zuge) überlegen, wie er der geschilderten Gefahr entgehen und gleichzeitig selbst einen Angriff einleiten kann. So kam er auf die verblüffende Idee *1. . . . ♕:c4!!*, um ♖f7+ auszuschalten und so ungestört ♗d7 ziehen zu können.

Es folgte *2.♔:g4*. Wenn 2.bc, so 2. . . . ♗d7! mit der entscheidenden Drohung h7—h6!, wonach Weiß nichts Befriedigendes gegen die Mattgefahr ♖g3+ ♔h4 g5+ ♔h5 ♗g4 matt unternehmen kann. Eine sehr merkwürdige Stellung! *2. . . . ♕e6+! 3.♔h4 h6!*, und Weiß gab auf.

Jedenfalls einmal etwas wirklich Originelles! Wie es so der »Zufall« will . . . (Siehe Hinweis im Lösungsverzeichnis — W. G.)

Wie sich die Zeiten ändern

Früher lag Bewunderung und Anerkennung in dem Satz: »Er (zum Beispiel Capablanca) spielt wie eine Maschine«, das heißt also: fehlerlos und frei von menschlichen Schwächen. Was soll man aber heutzutage, im Zeitalter der Roboter und Elektronen, davon halten, daß eine Maschine — menschliche Schwächen hat!

So ging kürzlich (Anfang 1968 — W. G.) folgende Meldung durch die Tagespresse: Nach viermonatigem Kampf triumphierte menschliches Kombinationsvermögen im ersten großen Massenturnier gegen einen schachspielenden Elektronrechner. Eine ganze Armee von Schachspielern aus 80 Städten und Dörfern des mittleren Ural war aufgeboten worden, um dem Elektronengroßmeister Paroli zu bieten. Als der 19. Zug fällig war, mußte die Maschine über Gebühr lange »nachdenken« und schließlich aufgeben. Der sowjetische Großmeister Lew Polugajewski erklärte zum Ausgang des Wettkampfes u. a.: »Merkwürdigerweise sind der Maschine auch menschliche Schwächen eigen. So griff sie in ihrem Spieleifer gleich zu Beginn aus reiner Unvernunft nach einem Bauern des Gegners.«

Ein Glück übrigens, denn ein fehlerloser Roboter wäre ein unheimlicher Geselle ...

Maschine ...

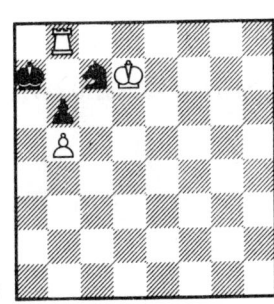

Capablanca—Lasker
Berlin 1914   235

Der spätere Weltmeister Capablanca spielte zu Beginn seiner »Maschinen-Laufbahn« gegen den »amtierenden« Weltmeister Lasker bei Fünf-Sekunden-Blitzpartien in Berlin 1914 ein prachtvolles Endspiel, das wieder einmal in Erinnerung gebracht sei.

Weiß war am Zuge und gewann. Aber wie? (Aufgabe)
In fünf Sekunden — hat er's gefunden. Und Sie!?

... oder Mensch

Gresser—Satulowskaja
Frauen-Kandidatenturnier
Subotica 1967   236

Es folgte *1. ... e2?? 2.c5?? ♛:e1+ 3.♖:e1 ♖d1,* und Weiß gab auf. »Es geschehen Zeichen und Wunder!« Deshalb die Fragezeichen.

Weshalb? Auf *1. ... e2??* konnte Weiß einfach mit 2.♛:d2! die schwarze Dame gewinnen, da sie nach 2. ... ♖:d2 3.♖a8+ matt setzen würde.

»Oh, du bist blind mit deinen sehenden Augen!« (Schiller) — Wahlspruch des Schachspielers.

»Jeder Geselle will lieber Meister sein«

Zweifellos. Aber testen Sie sich bitte selbst!

»Punctum saliens!« (Aristoteles)

Juvcenko—Michalek
ČSSR 1969   237

Eine sinnverwirrende Stellung, da alles Mögliche einsteht. Schwarz hatte soeben den Angriff des Läufers f4 auf seine Dame mit dem Gegenangriff ♖e8 beantwortet.

Muß Weiß nun prüfen, welche Abwicklung für ihn die günstigste ist, was einer komplizierten Rechenaufgabe gleichkommt und manche Fehlerquelle enthält? Keineswegs! Ein genialer »a propos«-Zug zwang Schwarz zur sofortigen Waffenstreckung. (Aufgabe)

Der springende Punkt

Ventura—Neu
Fernpartie 1968/69   238

Im Endspiel sei der König eine starke Figur, lehren zwar die Bücher. Jedoch sind solche Erfahrungssätze »cum grano salis« zu verstehen und müssen mit sachgemäßer kritischer Einstellung betrachtet werden. Dies hatte Weiß hier mißachtet, als er seinen König mitten ins Kampfzentrum stellte.

Schwarz (am Zuge) erteilte ihm eine lehrreiche Lektion. (Aufgabe)

Nach 60 Jahren ...

1962 gelang es dem Jugoslawen Trifunović, seinen Gegner mit einem ähnlich glänzenden Abzugsgedanken zu besiegen, den 1902 der Wiener Marco nicht gefunden hatte.

Trifunović—Aaron
Beverwijk 1962   239

Hier war Schwarz so unvorsichtig, *1. ... ♖b6?* zu ziehen, worauf Weiß kurzen Prozeß machte.

Was folgte? (Aufgabe)

Allerdings ist Trifunović der Meinung, daß Schwarz immer verloren war. Bei anderen Zügen als ♖b6 wollte er den Abtausch aller Türme herbeiführen, dann die Dame nach g6 und den Läufer nach f5 bringen, wonach Schwarz in eine verhängnisvolle Zugzwanglage geraten würde.

. . . ein ähnlicher Zug

von Popiel—Marco
Monte Carlo 1902   240

Ob der Fesselung des Läufers d4 verzweifelnd, gab Schwarz hier die Partie auf. Dabei konnte er sie à la Trifunović elegant gewinnen.

Wie mußte er spielen? (Aufgabe)

Eine klassische Mattkombination

Seit Rétis berühmter Kurzpartie gegen Tartakower ist die darin enthaltene Mattkombination oft variiert worden, doch nur selten mit der analogen prächtigen Echowendung.

Nun aber ereignete sich in einem Londoner Mannschaftskampf das gleiche Geschehen mit vertauschten Farben.

Mit Weiß in Wien

Réti—Tartakower
Freie Partie Wien 1910   241

174

Daß 8. ... ♛:e4 an 9.♖e1 scheitert, sah Schwarz. Er glaubte aber, sich *8. ... ♘:e4??* erlauben zu können.

Indessen wurde er nun gar matt gesetzt. Wie? (Wie zu Olims Zeiten!) (Aufgabe)

Mit Schwarz in London

Dutch—Sugden
London 1964   242

Den Weißen lockte der Bauer a7: *9.♘:a7+ ?? ♘:a7 10.♛:a7,* und damit fiel er genauso herein wie weiland Tartakower.

Was folgte? (In modernen Zeiten!) (Aufgabe)

Glück und Pech

»Hebt mich das Glück, so bin ich froh und sing' in dulci jubilo. Senkt sich das Rad und quetscht mich nieder, so denk' ich: nun, es hebt sich wieder!«

Nicht jeder Spieler kann mit so stoischem Gleichmut die Schachpartie betrachten wie der alte Olympier Goethe ...

Verrechnet ...

Tate—Perkins
Oxford 1967   243

Weiß am Zug hat (nach »Chess«) die Wahl zwischen 1.♘c7

und 1.♘d6. Zwar gibt Weiß damit zwei Figuren für den Turm e8, aber ihm bleibt als Rückendeckung immer noch die Gabel b2—b4.

Es geschah *1.♘d6?*, was falsch war, sich aber als richtig erwies, da der Gegner — falsch erwiderte: *1. . . . ♛:d6 2.♗:e8 ♗g4?* »Es dreht sich früh und spat — Fortunas Rad!« So lautet, wenn wir uns nicht irren, ein Wandspruch im Berliner Rad-, Verzeihung, Rathaus. Hier hatte Schwarz Gelegenheit, mit 2. . . . ♗c7! einen heftigen Angriff zu entfesseln. Zum Beispiel 3.♗a4 ♗g4 4.♖e1 ♗:f3 5.gf ♛:h2+ 6.♔f1 und nun das prächtige Manöver 6. . . . ♗g3!! 7.fg ♘h5! mit Gewinn. *3.b4 ♗:f3 4.gf ♗c7 5.f4*, und Weiß gewann.

Bei 1.♘c7! indessen wäre es Schwarz nicht möglich gewesen, die erläuterte Variante anzubringen.

»Nun«, sagte Tate, »was tut das schon? Ich habe schließlich auch so meinen Lohn!« Nämlich den Punkt, und darauf kommt's an und nicht auf das analytische Drum und Dran.

Das ging noch mal gut!

. . . und verloren

Larsen—Lehmann
Palma de Mallorca 1967   244

Nicht so glücklich war Lehmann, der in der obigen Stellung allerdings schon verdächtig stand: Die Bauern c7 und e5 waren schutzbedürftig, und ein Bauer war vorher schon in den Besitz von Larsen übergegangen.

So versuchte Schwarz noch eine kleine List: *1. . . . ♗f8 2.♖:e5 c5* in der Hoffnung, dem eingekapselten Turm e5 etwas anhaben zu können. Jedoch Larsen drehte den Spieß um. (Aufgabe)

Sagen Sie aber bitte nicht, das hätte Schwarz sehen müssen. Denn, wie es ein alter Dichter mit Augenzwinkern formulierte, »wer dem Spiel zusieht, der kann's am besten!«

176

Aus Fehlern der anderen lernen. Noch besser: aus eigenen Fehlern.

»Das Glück ist blind!« (Cicero)

... verteilt wahllos die Chancen. Der eine sieht sie — und der andere nicht.

Glückskind ...

Bloussenko—Pugatschow
I. Allrussisches Fernturnier,
1966/68   245

Der weiße Angriff ist zweifellos stärker als das schwarze Gegenspiel. Würde aber der Läufer f7 abziehen, was ja am nächsten liegt, so könnte Schwarz es immerhin mit Hergabe der Dame gegen Turm und Läufer versuchen.

Aber Caissa suggerierte dem »Glückskind« einen prächtigen, sofort entscheidenden Zug, der alle Spekulationen der schwarzen Verteidigung ad absurdum führte. Und warum soll sich Weiß dann über andere Möglichkeiten den Kopf zerbrechen? Das überläßt er lieber dem geneigten Leser! (Aufgabe)

»Er hat Einfälle wie ein altes Haus!« Hier aber: »... wie eine junge Göttin (Caissa)«!

... und Pechvögel

Stephenson—Penrose
Bristol 1968   246

Penrose gewann die Meisterschaft von England. Doch war dabei etwas Glück, denn diese Partie hätte er nach seinem unbedachten Zuge *1. ... ♖ c8??* eigentlich verlieren müssen. Aber da sein Gegner *2. ♖ c2?* erwiderte und im weiteren Verlauf, beginnend mit *2. ... ♖ a8!*, gar noch die Partie »einstellte«, war Weiß also der »Pechvogel«, der die große Chance verpaßte.

Nun packen Sie wenigstens die Gelegenheit beim Schopfe und widerlegen Sie den schwarzen Turmzug nach c8. (Aufgabe) Denn: »Folg eines Meisters Sinn; mit ihm zu irren, ist dir Gewinn« (Goethe). — Hoffentlich.

Relative Schönheitstheorie

Schönheitspreise in Schachturnieren sind »relativ«; sie hängen von den Umständen ab. Unter Blinden ist der Einäugige König, und so wird auch manchmal eine Schachpartie preisgekrönt, die in härterer Konkurrenz wohl kaum bestehen würde. Aber das ist ja nun in diesem Falle so wichtig nicht, und man braucht hier an den Begriff »Schönheit« nicht den strengen Maßstab etwa Shakespeares zu legen: »Schönheit wird nur vom Kennerblick gekauft, nicht angebracht durch des Verkäufers Prahlen.«

In einem Turnier des Kopenhagener Industriforeningen Skakklubs erhielten zum Beispiel die beiden nachstehenden Kombinationen Schönheitspreise (nach »Skakbladet«).

Inkorrekt — aber interessant

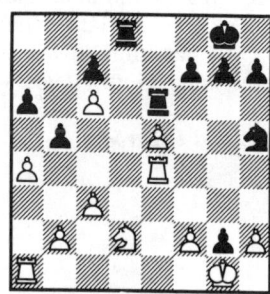

Kölvig—Hamann
Kopenhagen 1962   247

Den Schönheitspreis gewann Weiß hier durch eine inkorrekte Kombination, die allerdings (nachdem Schwarz die Widerlegung versäumte) recht nett zu Ende ging.

178

Mit *1.ab(!?)* opferte Weiß den Springer, wobei er auf die entstehenden Freibauern pochte. Es folgte *1. ... ♖:d2(?) 2.♖d4?* Ein unangebrachter Tausch, der unangenehme Folgen haben konnte. Mit 2.ba ♖e8 3.a7 ♖a8 4.♖b4 ♖dd8 5.♖b7 ♖dc8 6.♖d1 usw. statt dessen bliebe Weiß am Ruder. *2. ... ♖:d4 3.cd ♖e8?* Was ist die beste Verteidigung!? Der Gegenangriff! Und so darf man gespannt sein, was Weiß auf 3. ... ♘f4 mit der Drohung ♖g6 noch erfunden hätte. Auf 4.♖:a6 müßte Schwarz allerdings noch als Luftloch h7—h6 einschalten. *4.b6!* Schafft zwei verbundene Freibauern, die jetzt, nachdem der schwarze Springer noch immer abseits steht, das Spiel entscheiden.

4. ... cb 5.d5! ♖:e5 6.d6 ♘f6 7.d7 ♘:d7 8.cd. Schwarz gab auf. Ja, wenn er nun wenigstens ein Luftloch hätte! So aber kommt auf 8. ... ♖d5 9.♖e1!

Dies war der erste »Schönheitsstreich«. Doch nun der zweite (folgt sogleich)!

Korrekt — aber typisch

Ekberg—Martius
Kopenhagen 1962   248

Weiß (am Zuge) siegte hier mit einem Manöver, das schon aus manchen anderen (zum Teil berühmten) Partien bekannt ist.

Doch sollen Sie bitte zunächst selbst versuchen, den richtigen Gewinnplan zu entdecken. (Aufgabe)

»Scharfe Sachen für Monsieur«

»Scharfe Schwerter schneiden sehr, scharfe Zungen noch viel mehr.« (Sprichwort)

Scharfe Züge sind nicht fair, sagte ein Schachfreund, der das Fair play des Sports auf das Schachspiel übertragen wissen wollte. Nun, was das Drum und Dran anbetrifft, vielleicht, aber im Spiel selbst würde er damit nicht über Salonremisen hinauskommen ... (meist sogar verlieren!).

Die Sperre

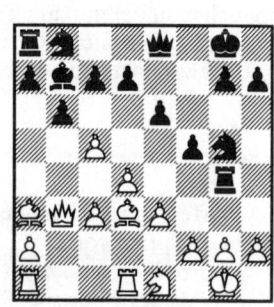

Gersman—Gussew
UdSSR 1968   249

Schwarz ist am Zuge. Er steht vor der Frage, den Freibauern zu stoppen oder den Läufer f3 zu schlagen. In letzterem Falle müßte sein Angriff ausreichen, um die neuentstehende Dame zu kompensieren. Und das ist dank einer raffinierten Pointe tatsächlich so!

1. ... ♖:f3! 2.d8♕ ♕f2+ 3.♔h1. Doch was nun? 3. ... ♗:e4 liegt auf der Hand, verliert aber wegen 4.♕ag8+ ♔h6 5.♕h8+ ♗:h8 6.♕:h8 ♔g5 7.♕:e5+, und der Läufer e4 fällt nach 3. ... ♖b3!! Prächtig! Der Dame a2 wird der Weg versperrt; gleichzeitig droht ♗:e4 matt und nebenbei auch 4. ... ♖:b2. 4.♕g8+. Noch ein Versuch. Ebenso erfolglos wäre 4.♕d5 ♗:d5 5.ed wegen 5. ... ♖:b2, 4. ... ♔:g8 5.♕:b3+ ♔h7. Weiß gab auf. Die Drohung 6. ... ♗:e4+ kostet ihn Material, z. B. 6.♕d3 ♕:b2 oder 6.♕c4 ♕f3+ usw.

»Der Mattangriff ist das Primäre!« Stimmt immer wieder.

Das Netz

Winde—Ruotanen
Fernpartie aus Finnland   250

Schwarz am Zuge muß sich überlegen, ob etwas bei 1. ... ♘h3 + 2.♔f1 herauskommt oder wie er eventuell den Angriff sonst fortsetzen soll. Mit diesen Fragen können Sie sich nun selbst auseinandersetzen. (Aufgabe)

Eine scharfe Sache! Schwarz knüpfte ein eigenartiges Netz.

In der Klemme

»Schlupp! sitzt er (der Frosch) in der Butterbemme ein kleines Weilchen in der Klemme«, dichtete Wilhelm Busch.

Nun, von »Butterbemme« kann hier keine Rede sein, und der, der hier scheinbar in der Klemme saß, war es schließlich gar nicht, sondern der andere. Etwas mysteriös, aber zu verstehen, wenn Sie das folgende studieren.

Aschenbrödels Auferstehen

Tschajenkow—Arawin
Fernpartie UdSSR 1966   251

Weiß am Zuge. »Welche Figur wird er ziehen?«, fragten wir einen Schachfreund. »Nun«, erwiderte dieser spontan, »ich weiß bestimmt nur, welche Figur Weiß nicht ziehen wird!« Und diese zog er gerade ...

Nämlich den Turm b3, der aus seinem Schattendasein plötzlich zu ungeahntem Leben erwachte: 1.♖a3!! Die hübsche Idee ist, auf 1. ... ♘:a3 mit 2.♖f1! den Gegner vor unparierbare Drohungen zu stellen. Solange der schwarze Springer auf c4 steht, könnte sich Schwarz noch mit ♘d6 helfen. 1. ... ♕b1 2.♖:a7! Erstaunlich, diese glänzende Laufbahn des »Aschenbrödels«! 2. ... ♖f8 (2. ... ♖:a7 3.♖e8 matt) 3.♖f7! »Da biste platt!« sagt der Berliner. Wegen ♖e8 + ist der kecke Turm ein drittes Mal tabu. 3. ... ♖d8 4.♖f1! Nun ist dieser Aufmarsch beängstigend und entscheidend. 4. ... ♗f4. Verzweiflung. 5.♕:f4 h6 6.♕c7 ♕:c2 7.♖:g7 + ! Schwarz gab auf.

Eine höchst eigenartige Wendung!

Wanderkönigs Untergang

Denes—Faur
Arpad 1966   252

Die Königsstellung auf f4 ist im Mittelspiel eine große Gefahr für Schwarz, im Endspiel jedoch unter Umständen (»Terraingewinn«) ein Vorteil. Nun sieht es aber so aus, als könne Weiß den Damentausch nicht vermeiden.

Allein mit dem prächtigen Zuge *1. ♖ 7:e5!!* wies Weiß nach, daß nicht er, sondern der Gegner in der Klemme sitzt. Nimmt dieser die weiße Dame, so führt ♖e4+ zum Matt.

Deshalb zog Schwarz *1. ... ♕:e5,* wonach Weiß abermals mit einem überraschenden Zwischenzuge die Initiative verstärkte: *2.♕:a7!! ♕d6.* Was sonst? Nach 2. ... ♕:e1+ usw. verliert Schwarz bei der prekären Lage seines Königs auch. *3.♕a1!* Diese rechteckige Bewegung der weißen Dame erinnert an die Schwenkung des Turmes im vorangegangenen Beispiel! Schwarz gab auf, da er trotz Mehrbesitzes eines Turmes gegen ♕c1+ keine vernünftige Parade hat.

Könnte Schwarz auf 1.♖7:e5!! nicht noch 1. ... ♕:h4+ versuchen und damit doch zum Endspiel kommen? Gewiß. Aber durch das Schlagen des Bauern e5 hat sich die Situation grundlegend geändert, und Weiß behält nach »Revista de Sah« auch dann die Oberhand: 2.♕:h4 ♖:h4 3.♔g2! (verhindert ♖h2+ und droht 4.♖:d5) 3. ... ♖d6 4.♖e7 ♖f6 5.♖d1! usw.

»Es geht nicht zu mit rechten Dingen!« (meinten der Trompeter in Schillers Wallenstein und Margarete in Goethes Faust). O doch! Ihn trugen des Gedankens Schwingen!

*Auch die schwache Stellung hat ihre verborgenen Ressourcen!
Und die scheinbar starke Kombination mitunter ihren Pferdefuß.*

Dem Matt entronnen

Undeckbar!?

Perez–Ivkov
Havanna 1962   253

1.···. ☐*g1* droht undeckbar Matt und gibt doch den Gewinn
aus der Hand.

Wie erklärt sich dieser paradoxe Satz? (Aufgabe)

Schwarz mußte 1. ... ☐3g5 versuchen. Ob die Partie damit
zu gewinnen ist, steht freilich auf einem anderen Blatt.

Mitnichten!

Friedmann–Paterson
Johannesburg 1962   254

Derselbe »Schein«, derselbe »Trug«: *1. ... h6?* sah vernichtend aus, war es aber mitnichten.

Weshalb? (Aufgabe)

Rette sich, wer kann! Mit 1. ... ♛:a3! konnte Schwarz hingegen seine Gewinnchance behaupten, zum Beispiel 2.♕g5(!)
♛f8 usw.; jedoch nicht 2. ... ♛f3 3.♕f4, was hier besser ist

als 3.♕f6+, weil Schwarz die Dame nicht zu nehmen
brauchte.

Der Bauernzaun hatte eine Lücke

Mit 41.♖bd1 ♔e7 42.♖d5!? suchte Weiß seine Stellung her-
metisch abzuschließen. Sind die schwarzen Durchbruchspläne
nicht endgültig gescheitert?

Die Abbruchstellung

Brzózka—Bronstein
Miskolc 1963   255

Sollte Brzózka, der mit fünf Niederlagen begonnen hatte, ausgerechnet gegen Großmeister Bronstein der erste halbe Punkt
gelingen? In der Tat hat Weiß gute Ausgleichschancen, da der
(wie es scheint) einzig mögliche Durchbruch von Schwarz
d6—d5 nur schwer zu verwirklichen ist.
   Nun verfiel Weiß auf die Idee, nach *41.♖bd1 ♔e7* mit
42.♖d5!? unter Qualitätsopfer das Feld d5 sozusagen zu
»plombieren«. Dagegen ersann Bronstein einen teuflischen
Plan: *42. ... ♘e8!* Das Nehmen der Qualität wird auf den
günstigsten Augenblick verschoben. *43.♖1d2 ♘c7 44.♗d1
♘a6 45.♗c2 ♘b4 46.♗b1 ♖a6!* Ein hintergründiger Zug, der
den folgenden Knalleffekt vorbereitet. *47.♖d1 ♘:d5+!*
48.♖:d5. Falls 48.cd, so 48. ... ♖ab6, gefolgt von ♖b4 und
c5—c4.

184

»Großalarm!«

Dieselbe Partie   256

48. ... ♖:b3+!! Wohl der witzigste Zug des Turniers. Wer hätte sich träumen lassen, daß der Durchbruch unter Figurenopfer auf diese Weise erfolgt. Allerdings unternimmt Schwarz nichts, macht Weiß seine Stellung mit ♗c2! wetterfest! 49.♔:b3. Das Abspiel 49.ab a2 50.♗:a2 ♖:a2 51.♖d2 ♖a1 52.♖g2 ♖f1! dürfte für Schwarz gewonnen sein, da er in diesem Falle das Eindringen seines Turmes nicht hätte zu »bezahlen« brauchen. 49. ... ♖b6+ 50.♔c2.

Auch 50.♔:a3 ♖:b1 wäre unzureichend. 50. ... ♖b2+ 51.♔c1 ♖e2. Allmählich tritt die Idee des Opfers im 48. Zuge ans Tageslicht. Es entstehen gefährliche schwarze Freibauern, die schließlich die Entscheidung bringen. 52.♖d1 ♖:e3 53.♖g1 ♖c3+ 54.♔d2 ♖:c4 55.♗c2 d5. Die Walze rollt! 56.♖b1 d4 57.♗d1 ♖c3 58.♖b3 e3+ 59.♔e2 ♖c1 60.♖:a3 c4 61.♖a7+ ♔d6 62.♗a4 ♖h1 63.♖d7+ ♔c5 64.♖c7+ ♔b4 65.a3+ ♔c3! 66.♗b5 ♖h2+ 67.♔f1 d3 68.♖:c4+ ♔d2 69.♔g1 e2 70.♔:h2 e1♛. Weiß gab schon im 68. Zuge auf.

Bronsteins Kabinettstück. Ein in Miskolc (und nicht nur dort!) vielbewundertes Endspiel! Fast eine Zauberei!

185

Der überlistete Wachtposten

Die unterbrochene Verbindung

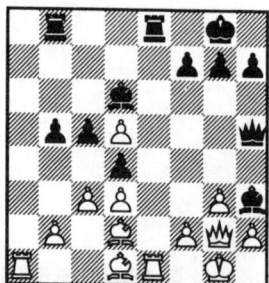

Montell—Serrano
Spanien 1962   257

Wahrscheinlich hatte Weiß soeben seinen Läufer von c2 nach
d1 gezogen, um nicht mit der Dame nach h1 ausweichen zu
müssen. (Springer am Rande — welche Schande! Aber: Dame
im Eck! Solch Schiff ist leck!)

Doch nun traf den Weißen ein unvermuteter Giftpfeil. Was
zog Schwarz? (Aufgabe)

Ein Zug entscheidet, und der Kampf ist aus!

Das getrennte Brüderpaar

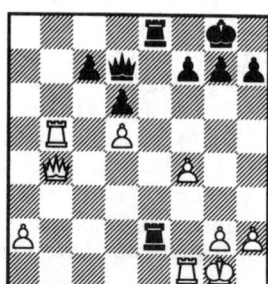

Wehnert—Liess
Saßnitz 1962   258

Auf diese interessante Stellung machte uns Kübart aufmerk-
sam und schrieb dazu: »Schwarz droht mit ♛g4 den weißen
König zu attackieren. Gleichzeitig ist der Bauer a2 bedroht.
Doch Wehnert weiß, daß man in derartigen Lagen nicht auf
materielle Kleinigkeiten achten darf, und zog *1.♖b8!*

Schwarz hingegen war nicht so großzügig eingestellt und
nahm den Bauern: *1. ... ♖:a2??,* bedauerte es aber nach weiteren zwei Zügen lebhaft. Es folgte nämlich *2.♖e1!!,* eine pein-
liche Überraschung für Schwarz! Dem doppelt angegriffenen

Turm blieb nur die Flucht: *2. . . . ☐ d8,* doch wurde nun als letzte Pointe der Wachtposten d7 attackiert: *3.♛b5!!,* wogegen es keine Verteidigung mehr gab. Nach 3. . . . ☐ :g2 + 4.♔h1! gab Schwarz auf. Bemerkenswert wäre noch 3. . . . c6 (statt 3. . . . ☐ :g2 +), worauf problemartig 4.♛b7!! ☐ a7 5.♛:d7!! ☐ a:d7 6.☐ e8 + mit Matt folgt.«

Kleine Ursachen, große Wirkungen!

Dem wäre nur hinzuzufügen, daß Schwarz hier verlor, weil er das Turmpaar auseinanderriß, während im vorigen Beispiel Weiß an der unterbrochenen Verbindung der Türme zugrunde ging.

Kleine Merkwürdigkeiten

»Mir graust, der Atem stockt, zu Berge steht mein Haar!«, übersetzte Schiller einst aus dem Lateinischen. Doch weit gefehlt! Daß uns Schachspielern manchmal die Haare zu Berge stehen, soll schon vorkommen — ansonsten aber »hab ich doch meine Freude dran!«, sagen wir mit Mephistopheles. Und so hoffen wir, daß die nachstehenden Stellungen ob ihres originellen Inhalts Ihren Beifall finden werden.

Der schlafende Damenflügel

Safvat—Zwaig
XV. Schacholympiade,
Warna 1962   259

Gegen solchen Entwicklungsrückstand, werden Sie sagen, wie er hier bei Weiß besteht, ist es doch keine Kunst zu gewinnen. Immerhin aber: Wenn Weiß zu ♗e3 kommt, hätte er einige Sorgen weniger.

Dies verhinderte Schwarz mit dem Prachtzuge *1. . . . ♛c2!!,* der die Bindung der weißen Dame an e1 kräftig ausnutzte. Es folgte *2.♛d2.* Dieser humoristische Zug rettet tatsächlich für

187

den Augenblick; allein Schwarz setzte die Reihe der skurrilen Züge effektvoll fort: *2. ... 🨧e2!!* Man kann sich vorstellen, daß diese Stellung am Demonstrationsbrett gebührend bestaunt wurde. Es ist aus; nach *3.🨞a3* konnte Schwarz sowohl mit *3. ... 🨧:d2* als auch *3. ... 🨣:d2* gewinnen. Bedauerlicherweise gab er der Partie den letzteren profanen Abschluß, worauf Weiß allerdings auch die Waffen streckte.

Ihm »grauste« vielleicht; uns aber machte die Sache Spaß!

Hängetürme

Olsson—Puig
XV. Schacholympiade,
Warna 1962   260

Hängebrücken kennt man; aber Hängetürme!? Nun, Sie werden zugeben müssen, daß die Schlußstellung dieser Partie tatsächlich Ähnlichkeit mit einer Hängebrücke hat.

Die Erstürmung des Brückenkopfes begann mit *1.🨧1e6!!*, gestützt auf *1. ... fe 2.🨧:g7+ 🨮h8 3.🨧:g6* nebst Matt. Schwarz parierte mit *1. ... 🨧c8,* womit er wenigstens auch einmal Matt drohte. Doch fand er nach *2.h3 🨧c5 3.🨝b3* nichts Besseres als *3. ... 🨮h8,* was aber die Drohung auf der siebenten Reihe keineswegs entschärfte, denn Weiß spielte unbekümmert *4.🨧:g6!,* um auf *4. ... fg* mit *5.🨧:g7* die Kraft der eingedrungenen Schwerfiguren zur Geltung zu bringen.

Sein Gegner suchte nun mit *4. ... 🨧c1+ 5.🨮h2 d5* vor allem den drohenden Läufer auszuschalten, allein jetzt konnte Weiß mit einem Knalleffekt den Punkt auf das i setzen: *6.🨣d4!!,* womit er eine Stellung von seltener Schönheit auf das Brett zauberte. Schwarz, sichtlich schockiert, gab auf, da er das Matt auf g7 mit normalen Mitteln nicht mehr verhindern kann. (Falls *6. ... 🨧g8,* so allerdings ein anderes Matt durch *7.🨧:h6!*)

Diese beiden »Funde« gehören mit zu den originellsten Partien, die die XV. Schacholympiade hervorbrachte.

»Geliehene Damen«

Ein Schachfreund empfahl die beiden nachstehenden Partien ob ihrer glänzenden Damenopfer der besonderen Beachtung. De facto hatte er zweifellos recht; de jure freilich »verlieh« der eine Spieler nur seine Dame, um sie möglichst schnell mit Vorteil zurückzubekommen, und der andere hatte nichts Eiligeres zu tun, als die gegnerische Dame ebenfalls zu »verhaften«. Trotzdem natürlich: ein Bravo den Kombinateuren!

Wiedererstanden

Galeb—Cornelis
XVII. Schacholympiade,
Havanna 1966   261

Schwarz ist am Zuge und muß überlegen, was er mit dem bedrohten Läufer d5 anfangen soll. Der belgische Matador, bisher wenig bekannt, fand eine Studienpointe, die einem Rinck Ehre gemacht hätte. Sie können es ihm gleichtun! (Aufgabe)

Gewissermaßen ein »Rinck-Tausch«! Man gibt die Dame — und kriegt 'ne Dame!

Wurst wider Wurst

Blau—Kanko
XVII. Schacholympiade,
Havanna 1966   262

Mit seinem letzten Zuge d6—d5 suchte Schwarz den Angriffsaufbau seines Gegners zu stören und Verwirrung zu stiften. Jedoch erwies sich dies als Bumerang.

Was folgte? (Aufgabe) Verraten wir, daß es mit *1.g5! de* beginnt − und nun? Nun ist es kaum noch schwer.

Schachspieler sind eben keine vornehmen Leute − im Spiel, wohlgemerkt.

»Füchse prellen«

Einen gefangenen Fuchs auf einem prall gespannten Netz so lange in die Höhe zu schnellen, bis er verendete, war einst eine rohe Jägersitte. In übertragenem Sinne gebraucht man die Redensart heute für überlistete Gegner.

Mit Speck . . .

Gussew−Fedin
RSFSR 1967   263

Zwar steht Schwarz gefährdet, glaubte sich aber noch einigermaßen aus der Affäre gezogen zu haben, da Weiß von 1.♘d4+ (mit Deckung des Turmes f5) nicht viel hätte.

Weiß am Zuge besiegelte jedoch mit einer eleganten Magnetkombination das Schicksal des schwarzen »Fuchses«. (Aufgabe)

Hier kann man sich »fuchsen«, wenn man Schwarz hat.

... fängt man Mäuse

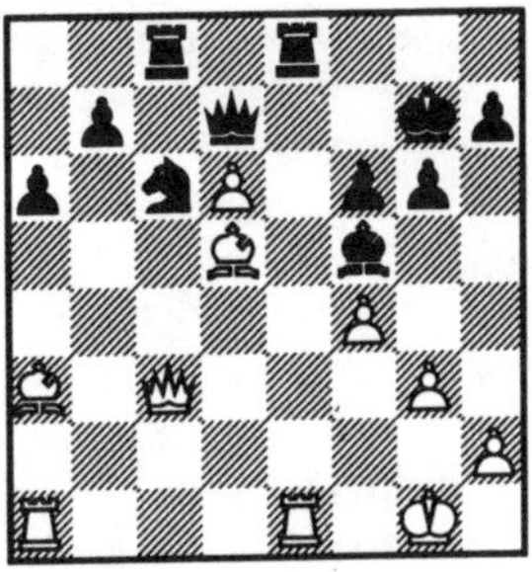

Gadia–Mendes
Sao Paulo 1967 264

Wenn der Barrikadenriegel hält, hat Schwarz Aussichten, heil davonzukommen.

Allein Weiß am Zuge holte sich einen Schönheitspreis. (Aufgabe)

Der Elefant ...

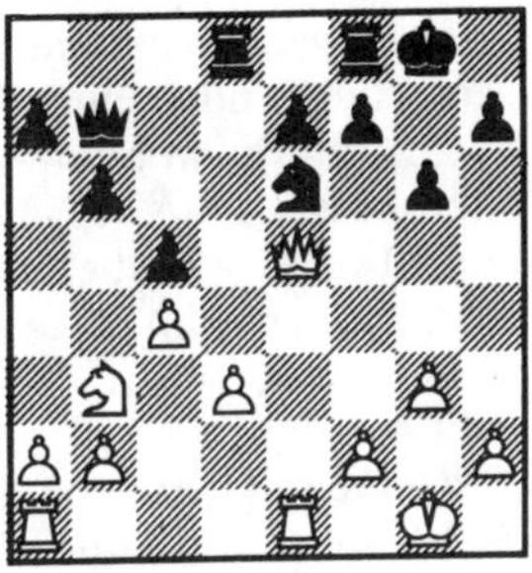

Suttles–Uhlmann
Polanica Zdrój 1967 265

»Der Esel ist ein dummes Tier; was kann der Elefant dafür?« Bitte, das ist nicht etwa anzüglich gemeint. Aber witzig ist es doch, wie hier Weiß um ein mögliches Unentschieden (das in der Luft liegt) geprellt wurde.

Es geschah nämlich *1.♖ad1,* und Großmeister Uhlmann erkannte die Absicht von Weiß, d3–d4 zu spielen, um damit die letzte Schwäche seiner Stellung, den rückständigen Bauern d3, loszuwerden. Darauf gründete er einen teuflischen Plan: *1. ... ♖d6!* Der Wolf im Schafspelz! Der Zug sieht verfänglich nach einfacher Turmverdopplung aus. *2.d4?* Er merkt noch nichts! *2. ... cd 3.♘:d4 ♘:d4,* und hier kam Weiß plötzlich die Tragik seiner Lage zum Bewußtsein: Spielt er 4.♖:d4, so büßt er nach 4. ... ♖e6! die Dame ein, die wegen ♖:e1 matt stillhalten muß. Weiß gab deshalb auf.

... im Porzellanladen

Matulović–Ivkov
Sousse 1967   266

»Der Elefant im Porzellanladen« ist eigentlich ein Sinnbild für Ungeschicklichkeit. Aber wenn er in der Schachpartie ungestüm die Stellung des Gegners zertrampelt, gebührt ihm ganz im Gegenteil hohes Lob!

Hier hatte Weiß unter Bauernopfer einen Königsangriff eingeleitet, war aber damit nicht allzuweit vorgedrungen. Nun versuchte er noch einen letzten Coup: *1.♕a3+*, und hatte damit Erfolg; denn Schwarz erwiderte allzu arglos *1. ... ♕e7?* (statt besser 1. ... ♔g8) und wurde nun durch den »Elefantentritt« *2.♖ :g7!!* überrascht. Dadurch kam er so aus dem Konzept, daß er nach *2. ... ♕:a3* (*2. ... ♔:g7 ♕:e7*) *3.♖ :f7+ ♔e8 4.ba* mit *4. ... ♗c8??* die Partie vollends »einstellte«. (Mit 4. ... ♘:e5 5.♖:b7 ♖d2! bestanden noch große Remisaussichten.) Denn jetzt entschied die Fesselung *5.♗a4!* sofort *5. ... a6 6.♗c6!*, und in dieser tragikomischen Stellung gab Schwarz auf.

Die Schrecksekunde hatte den klaren Blick getrübt!

Die eleganten Elefanten zerschlugen keineswegs sinnlos das Porzellan.

»Immer Rebhühner«

... sagen Sie vielleicht etwas mißmutig, weil Sie es schon überdrüssig sind, von einem Läuferopfer auf h7 zu hören. Der Ausspruch kommt aus der französischen Geschichte: Heinrich IV., der von 1589 bis 1610 regierte, ließ seinem Beichtvater, der ihn wegen seiner Liebschaften tadelte, jeden Tag Rebhühner vorsetzen, um ihm fühlbar zu machen, wie notwendig die Abwechslung wäre.

Aber bitte verzeihen Sie uns noch einmal: doch die nachstehende Kurzpartie ist erstens recht witzig und zweitens beispielgebend für viele ähnliche »Rebhühner«!

Die Schaukelschachs...

Akimow—Zelenka
Ukrainische SSR 1964   267

Schwarz zog nonchalant *14. . . . ☐fe8?* und erlebte nun eine Katastrophe.

Vorangegangen war: 1.d4 d5 2.c4 c6 3.♘f3 ♘f6 4.cd cd 5.♘c3 ♘c6 6.♗f4 e6 7.e3 a6 8.♗d3 ♗e7 9.h3 b5 10.0—0 ♛b6 11.☐c1 ♗b7 12.♘e5 0—0 13.♗g5 ☐ad8 14.♗b1.

14. . . . ☐fe8? In Anbetracht des drohenden weißen Angriffsaufmarsches war diese Schwächung von f7 recht unüberlegt. Es geht nun bereits Schlag auf Schlag.

15.♗ :f6 ♗ :f6 16.♗ :h7+ ! Da ist es also wieder; an sich nichts Besonderes, aber dennoch durch ein witziges Zwischenmanöver sehr bemerkenswert!

16. . . . *♔ :h7 17.♛h5+ ♔g8 18.♛ :f7+* . »Remis hätten wir schon«, sagte ein Schachfreund, dem Kombinationen mit der Rückendeckung eines Dauerschachs besonders zusagen. Aber Weiß hat natürlich ehrgeizigere Pläne! *18. . . . ♔h7 19.♘d7!* Da die Dame hängt und ♘ :f6 + droht, muß Schwarz schlagen. *19. . . . ☐ :d7.* Und nun kommt der köstliche Witz des Ganzen: *20.♛h5+ !!* Schwarz gab auf. Er verliert jetzt beide Türme (20. . . . *♔g8 21.♛ :e8 + ♔h7 22.♛ :d7!*)

Aber erschrecken Sie bitte nicht! Wir sind mit dem an sich doch schmackhaften Essen noch nicht am Ende und servieren Ihnen als lehrreichen Vergleich ein »Rebhuhn à la Drescher«!

Drescher—Haarer
Frankfurt (Main) 1923   268

An sich bietet diese Stellung das übliche Bild nach voraufge-
gangenem Läuferopfer auf h7. Aber sie enthält eine besondere
taktische Feinheit, die sich auf die im Beispiel 267 gesehenen
Schaukelschachs gründet! Weiß am Zuge.

Voran gingen die Züge 1.d4 d5 2.c4 e6 3.♘c3 ♗b4 4.a3
♗:c3+ 5.bc b6 6.♘f3 c5 7.♗f4 ♘e7(?) 8.e3 0—0 9. ♗d3 (droht
auffällig das bekannte Opfer; trotzdem ist Schwarz ahnungslos) 9. ... ♘bc6?? 10.♗:h7+ ♔:h7 11.♘g5+ ♔g8 (hier
hatte Schwarz die Wahl, mit dem König »ins Freie«, nach g6,
zu gehen, um den Zug ♕h5 auszuschalten; jedoch dann tritt
die weiße Dame mit 12.♕g4! f5 13.♕g3! in Aktion) 12.♕h5
♖e8 (sonst wird er sofort auf h7 matt gesetzt) 13.♕:f7+ ♔h8.

14.♗d6!! Die Idee dieses verblüffenden Zuges basiert auf
der Überlegung, daß 14.♕h5+ ♔g8 15.♕h7+ ♔f8 16.♕h8+
nicht zum Matt führt, weil der Springer e7 auf g8 dazwischen-
zieht. Jetzt wäre jedoch bei der gleichen Zugfolge der Springer
e7 gefesselt und das Matt effektiv. *14. ... ♕d7.* Resignation.
Konnte Schwarz aber nicht mit 14. ... ♕:d6 15.♕:e8+ ♘g8
16.♘f7+ unter Hergabe der Dame im Augenblick dem Matt
entgehen? Nein! Denn auf 14. ... ♕:d6 kommt wieder die
Schaukelpolitik der weißen Dame zu ihrem Recht: 15.♕h5+
(erzwingt 15. ... ♔g8, so daß der Springer e7 nicht mehr verteidigen kann) 15. ... ♔g8 16.♕:e8 matt! *15.♕h5+ ♔g8
16.♕h7+ ♔f8 17.♕h8 matt.* Was zu beweisen war . . .

*Fürchte die Danaer, wenn sie Geschenke bringen! Oder die
»Tartüffs«, wenn sie Opferbereitschaft heucheln!*

Schmuggelgeschichten

»Wie sind Sie hereingekommen?« fragte man einen ungebetenen Gast.

»Hab' mich reingeschmuggelt!«

Die trojanischen Pferde

Bogdanović–Planinc
Jugoslawische Meisterschaft
1965   269

Warum soll es nicht auch zwei trojanische Pferde geben, die man in die feindlichen Linien schleust? Hier ist das jedenfalls an dem.

Es geschah überraschend *1. ... ♘d2!!*

Man beachte, daß Schwarz diese Stellung bereits den Turm h8 gekostet hat! *2.♔:d2.* Nicht gern, aber sonst käme nur noch *2.♕d1* in Frage, worauf aber *2. ... ♘g2+!* (Troja Nummer Zwei!) *3.♔e2 ♕e8!* mit der Drohung ♕h5+ folgt. *2. ... ♘:d3+ 3.♗e3.* Wenn nämlich 3.♔:d3, so 3. ... ♗a6+ nebst Matt! *3. ... ♘:e5!* Abermals ein hübscher Zug, der sich auf die Bauerngabel d5–d4 gründet.

4.♕h5 ♘c4+ 5.♔e2 ♗:e3 6.♘f7 ♖f8 7.♘e5 ♘:e5 8.♔:e3 ♘c4+ 9.♔f2. Die Bilanz ergibt nun zwar, daß Weiß immer noch die Qualität mehr hat, aber seine Königsstellung ist zu unsicher, und das gibt den Ausschlag.

9. ... ♕g7 10.♘e2 ♘d2 11.♕h4. Oder 11.c3 e5! *11. ... f4!* Nimmt der weißen Dame das letzte Feld. Der Kampf ist entschieden. *12.gf ♖h8 13.♕:h8+ ♕:h8 14.h4 ♕h5 15.♔e3 ♘c4+ 16.♔f2 ♗a6 17.♖ae1 ♘d2 18.♔e3 ♘f3 19.♖ef1 ♗:e2 20.♔:e2,* und Weiß gab gleichzeitig auf.

Der »trojanische« Bauer

Planinc–Matulović
Jugoslawische Meisterschaft
1965   270

Warum soll man nicht einmal auch einen eingedrungenen Bauern als »trojanisch« ansehen wie hier den Bauern f6? Nach vielerlei Erfahrung hat ein solcher Bauer fast Figurenkraft! Auf ihn gestützt, ließ Weiß sogar die Fesselung des Turmes d4 zu.

Aber sehen wir erst einmal kurz, wie es zu der Stellung kam: 1.e4 c5 2.♘f3 ♘c6 3.d4 cd 4.♘:d4 e6 5.♘c3 ♕c7 6.f4 a6 7.♗e3 ♗b4 8.♕g4 g6 9.♕h4 ♗e7? (Zeitverlust!) 10.♕f2 ♘f6 11.♗e2 ♗b4 12.♗f3 d6 13.0–0 0–0 14.♕h4 ♘e8 15.f5 (im Hinblick auf das folgende Manöver von Schwarz nicht ohne Risiko; doch Weiß behält recht!) 15. ... ♗c5 16.♖ad1 ♘:d4 17.♗:d4 ♗:d4+ 18.♖:d4 ♕c5 19.♖d1 e5 20.♘d5! ♔g7 (nimmt Schwarz den Turm, so wird der weiße Angriff nach 21.♕h6! zu stark) 21.b4 ♕a7 22.f6+ ♔h8 23.♕h6 ♖g8 24.♖d3.

Damit droht das Manöver, mit ♗d1, g2–g4 und ♖h3 den Turm auf der h-Linie einzusetzen. Dem schenkt Schwarz nicht genügend Beachtung. *24. ... ed?* Hartnäckiger war 24. ... ♗e6, um den Bauern f7 zu schützen. Man wird gleich sehen, warum. *25.♗d1 g5.* Die einzige Möglichkeit, der angedeuteten Angriffswendung zu begegnen. Aber nun fällt der Bauer f7, wonach das Schicksal von Schwarz doch besiegelt ist. *26.g4 ♖g6 27.♕f8+ ♖g8 28.♕:f7 b5 29.♘e7 ♗e6.* Verzweiflung; nun gibt es wenigstens noch einen klassischen Mattschluß! *30.♕:h7+! ♔:h7 31.♖h3 matt.*

Eine durch ihr Thema bemerkenswerte Partie: Der Vorpostenbauer f6 war mehr wert als der Turm auf d4. Und der trojanische Krieg dauerte keine zehn Jahre wie in der griechischen Sage!

Gewinnen ist eine Kunst.

196

Opfer und Zwischenzug

J. Matz—M. Schuhmann
Ottawa 1962   271

Schwarz am Zuge steht überlegen, doch der Gewinn muß erst
gefunden werden. Nun, der Schuhmann machte es richtig!
(Aufgabe)

Opfer und Selbstbetrug

Ott—Bozdoghina
Semifinale 1962   272

Damit ein Turm auf die h-Linie kommen kann, zog Schwarz
1. ... ♖:c5?? Warum war dies falsch, und was war richtig?
(Aufgabe)

Fünftes Kapitel
Das Schachfeuilleton

Bronsteins Geniestreich

Bagdasarow—Bronstein
UdSSR 1961   273

Weiß hatte soeben ♕c1–b2 gezogen, statt die Partie aufzugeben. Nun hätte ja Bronstein mit 1. ... ♗g6+ sehr einfach Schluß machen können. Aber der Großmeister wollte seinem Gegner klar vor Augen führen, wie verzweifelt seine Lage wirklich war, und zog deshalb ...

Nun, was wohl? (Aufgabe)

Simagins »Schwabenstreich«

Simagin—Furman
UdSSR 1961   274

Weiß steht auf Gewinn und beseitigt die letzte auf g3 drohende Gefahr mit Hilfe eines künstlichen Damentauschs: *1.♕h8+ ♔:h8 2.e8♕+ ♕g8 3.♕:g8+ ♔:g8 4.♖:g6+ ♔h7 5.♖:c6 ♖e3 6.♖c4* mit Gewinn im Turmendspiel.

Aber damit ließ sich Simagin den »richtigen« Schwabenstreich entgehen, der die Partie viel rascher beendet hätte.

Sehen Sie ihn aus der Diagrammstellung heraus? (Aufgabe)

Warum kommt man zu solchen Stellungen nicht in eigenen Partien!?

Tragikomisches Geschehen

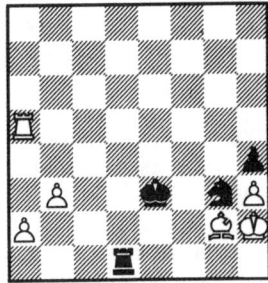

Tomović–Sokolov
Belgrad 1961   275

Mir grauet vor der Götter Neide, dichtete Schiller im »Ring des Polykrates«. Manchmal ist man auch im Schach versucht, neidvoll auf einen Spieler zu schauen, dem eine fast unwahrscheinliche Überlistung des Gegners gelingt. So hier.

Muß Weiß nicht leicht gewinnen? Nun, verlieren kann er doch überhaupt nicht. So!? Nach *1.♖e5+ ??* (richtig etwa 1.♖a8) war Weiß aber tatsächlich verloren! Weshalb? (Aufgabe)

Damit Sie sich auch »neidvoll« erfreuen können!

Das Zeitlupen-Matt

»Zeit genug!...kam zu spät«, sagt ein holländisches Sprichwort. Tatsächlich aber ließ sich in dem nachstehenden amüsanten Schlußspiel Weiß Zeit mit dem Mattzug — und kam doch nicht zu spät, weil sein Gegner immer wieder in die gleiche Mattstellung hineinlief. Bis endlich Weiß erkannte: »Hier vollend' ich's — die Gelegenheit ist günstig.« (und war es doch schon längst!)

Wladimirow—Smyslow
29. Meisterschaft der UdSSR
1961   276

Lassen wir die einleitenden Züge zunächst Revue passieren:
1.♗d7+ ?♔e7 2.♗b5+ ♔e6? 3.♗d7+ ?♔e7 4.♗b5+ ♔e6?
    Warum die Fragezeichen?
    Mit *1.(oder 3. bzw. 5.)♖g7!!* war das Mattnetz geschlossen
und ♗d7 matt nicht mehr abzuwenden, woran ein paar Rache-
schachs nichts mehr ändern könnten. Nach *5.♖g7!* gab deshalb Schwarz die Partie auf.
    Einer jener seltenen Fälle im Schach, die das Sprichwort Lü-
gen strafen: Was du vom Augenblicke ausgeschlagen, bringt
keine Ewigkeit dir je zurück!

Das unfreiwillige Hilfsmatt

Batujew—Simagin
Riga 1954   277

Schwarz wollte natürlich gern gewinnen, obwohl es solche Da-
menendspiele mit einem Bauern mehr in sich haben. Aber
1. ... e2?, was er überstürzt zog, erwies sich als — entscheidender Fehler, denn nun gewann Weiß die Partie: *2.♕g1+ ♔d2
3.♕c1+ ♔d3 4.♕c3* matt!
    Humor im Schach; vermutlich lächelt nach einer gewissen
Zeit sogar der Verlierer darüber.

**Wie geht man mit
»Doppeldamen« um?**

Bilek—Honfi
Gespielt in Ungarn 1957   278

»Polygamie« auf dem Schachbrett ist immerhin selten und wird daher stets als Kuriosum registriert.

Die Frage ist hier: Soll man die Damen reduzieren oder mit ihnen kombinieren?

Schwarz gewann sehr kunstvoll: *1. ... ♕f2 2.a8♕ ♔e2+ 3.♔h2 ♕g1+ 4.♔h3 ♕h1+! 5.♕:h1 ♕g3* matt. Ein fesselnder Kampf aller vier Damen!

Nötig war dies jedoch nicht, da *1. ... ♕f1+! 2.♕:f1+ ♔:f1 3.a8♕ ♔f2+* auf einfache Weise zum Matt führte. Schade!

Zwei Seelen wohnen, ach, in meiner Brust — die Habgier und die Opferlust!

Materielle Gelüste

Wir werden uns hüten zu sagen, der Habgierige fahre zur Hölle; denn zweifellos führt ein gesunder Mehrbesitz oft sicherer zum Siege als eine gewagte Kombination.

Nicht selten jedoch treten beide »Seelen« in Aktion, die eine opfert Material, die andere kassiert es mit Zinsen wieder ein. Drei effektvolle Jagden auf die feindliche Dame lehren, daß auch das materielle Denken seine Vorzüge hat.

Die Unglücksdame

Damjanović—Hort
Kecskemét 1964   279

Mit 1.♘f2(?) gewann Weiß schließlich auch (1. ... ♔g5
2.♖:h7 ♔h4 3.♖:g7 ♗:g7 4.♘e4 ♕d4 5.♕c1 ♕b2+ 6.♕:b2
♗:b2 7.♘:d6, und Schwarz gab auf). Er konnte jedoch auf witzige Art die schwarze Dame gegen Turm und Springer erbeuten: *1.♖:h7+! ♖:h7.* Oder 1. ... ♔:h7 2.♘f6 Doppelschach.
2.♘f6! Still, und doch laut genug, denn es droht Damenmatt
auf g6 und ♕:h7+. *2. ... ♖g7 3.♘:d5* mit leichtem Gewinn
für Weiß, angesichts seiner Freibauern. Ein lehrreicher Fall.

Nun, er gewann auch so, sagen Sie. Es könnte aber leicht
sein, daß eine solche ausgelassene Chance auch den Partiege-
winn verscherzte.

In der Enge des Gemaches

Popkow—Weressow
UdSSR 1963   280

In vielen Partieanfängen kann man recht gut die schwarze
Dame nach a5 bringen; hier indessen hat diese Damenstellung
überhaupt keinen Sinn mehr.

Es geschah *1.♘d5! ♗h4.* Schwarz steht auch bei anderen
Zügen traurig. Nun jedoch wird die schwarze Madam im Eng-
paß zur Strecke gebracht. *2.♗c7! ♕a2 3.♘b4,* und Schwarz
gab auf.

Solche Damenfänge haben immer ihren Reiz.

In der Weite der Prärie

Nagy—Rotaru
Rumänien 1963   281

Es ist eigentlich nicht zu sehen, wie Schwarz (am Zuge) die frei in der Landschaft stehende weiße Dame erobern soll. Aber mit einiger Opfermühe gelingt das Kunststück. (Aufgabe)

Die »Relativitätstheorie«

... im Schach! Einmal heißt es: Ein Bauer ist wertvoll, ein Freibauer ist noch wertvoller und ein gedeckter Freibauer gar ein Unterpfand des Sieges — dann wieder gewinnt man eine Partie gerade dadurch, daß man einen gedeckten Freibauern aufgibt.

Sisigin—Camzirajem
Kizila 1960   282

Die hier von Weiß betriebene Linienöffnung ist sehr instruktiv: *1.♘d5! ♗:d5.* Tut Schwarz dies nicht, sondern versucht sich mit 1. ... ♗f6 sicherzustellen, so spielt Weiß sehr einfach 2.♕h2 ♕h8 3.♘:f6 ♔:f6 4.♕:h6+ ♕:h6 5.♖:h6+ ♔g7 (wegen des ungedeckten Läufers auf b7 erzwungen) 6.♖:d6 und gewinnt das Endspiel. *2.f6+!!* Der schöne Freibauer! Aber die offenen Linien bzw. Diagonalen sind den Einsatz wert. *2. ... ♗:f6 3.ed.* Nun sieht man die Bescherung: Es droht ♕f5! *3. ... ♕d7.* Hier steht die Dame ohne Schutz, und dies macht das folgendeTurmopfer sofort entscheidend. Aber auf 3. ... ♕c8 könnte am einfachsten 4.♕h2 ♕h8 5.♕h3 geschehen. *4.♖:h6 ♕d8.* Resignation. Falls 4. ... ♔:h6, so 5.♕h2+ ♔g7 6.♕h7+ mit Damengewinn! *5.♕f5!* Schwarz gab auf.

Relativ ist der Wert aller schachlichen Thesen!

Gefesselter »Prometheus«

Wie ein an den Felsen geschmiedeter Prometheus mag sich der unglückliche Australier Berger im Schlußteil der Partie mit Portisch vorgekommen sein — und kein Herakles in der Nähe, der ihn wieder befreite! Dabei hatte er keineswegs so »vorbedacht« gehandelt, wie der Name »Prometheus« eigentlich verheißen sollte. Genug — das Spiel nahm folgenden Verlauf:

1.d4 d5 2.c4 e6 3.♘c3 ♗e7 4.♘f3 ♘f6 5.♗f4 0–0 6.e3 c5 7.dc ♗:c5 8.a3 ♘c6 9.♕c2 ♕a5(?) Besser 9. ... dc. *10.♖d1 ♘e4?* Der alte Trugschluß, daß Abtausch in jedem Falle Entlastung bedeutet. Hier bewirkt er gerade das Gegenteil. *11.cd!* Nicht aber 11.b4? wegen 11. ... ♘:b4! *11. ... ♘:c3 12.bc ed 13.♘g5 g6 14.♖:d5 ♕:a3 15.♗c4 ♘d8?* Der letzte Fehler, der zwangsläufig verliert. Relativ am besten war das Damenschach auf a1, um den Turm d5 wieder zurückzuzwingen.

Portisch—Berger
Interzonenturnier,
Amsterdam 1964   283

16.♘:h7. Zur Abwechslung nicht das Läufer-, sondern ein

Springeropfer auf h7, dessen Pointe kuriose Fesselungen sind.
16. ... ♔:h7 17.♖h5+ ♔g7. Drollig ist *17. ... ♔g8 18.♕:g6*
matt! *18.♗e5+ f6 19.♖g5!* Schwarz gab auf. Ihm sträubten
sich die Haare, besonders wenn er auch noch an *19. ... ♗f5*
20.♕:f5! dachte.

Das Schwert des Damokles

Iwanow—Dimitrow
Sofia 1957   284

Mit *1.♖d6 ♖f6 2.♖d8+ ♖f8 3.♖d6* endete die Partie remis
durch Zugwiederholung. Der arme Schwarze konnte nicht anders, stand aber sicher wahre Höllenqualen aus mit dem
Schwert des Damokles über seinem Haupte.
   Wer sieht es sofort? (Aufgabe)

Hexensabbat

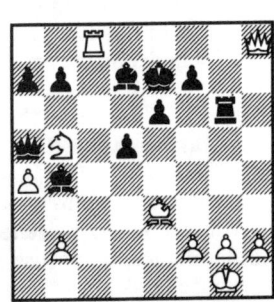

Tal—N. N.
Freie Partie,
gespielt 1964 in der UdSSR   285

Hexenmeister Tal (am Zuge) setzte seinen verblüfften Partner
matt — aber nicht, wie es den Anschein hat, von »unten«, sondern von »oben«, wenn Ihnen das ein Begriff ist. (Aufgabe)
   Wer sonst wie Tal beherrschte wohl das Hexen-Einmaleins?

Indischer Schachzauber

Katki—Ramdas Gupti
Meisterschaft von Bombay
1958   286

Von Indien, dem wahrscheinlichen Ursprungsland des Schachspiels, hat man seit Sultan Khan nur wenig vom Schach gehört. Aber neuerdings hat sich auch das Schachleben belebt und gestärkt.

Hier siegte Schwarz hochelegant: *1. ... ♛:h2+ !! 2.♚:h2 ♞:e1 3.♛f4.* Wegen der Drohung ♞:f3+ kann Weiß nicht gut auf e1 schlagen. *3. ... ♞e:f3+ 4.♚h3 ♜e8!* Droht 4. ... ♜:e4, was auf der Hand liegt; daneben aber auch das tückische 4. ... ♝c8+ ! 5.♜d5. Will sich auf f5 dazwischensetzen. *5. ... ♜:e4!* Allein Schwarz beseitigt den Stützpunkt! *6.♛:e4 ♝c8+ 7.♜f5 ♝:f5+ 8.♛:f5 ♞:f5.* Weiß gab auf. Er ist nicht nur materiell hoffnungslos im Nachteil, sondern kann nicht einmal mehr das auf g3 drohende Matt decken.

Ein sehr schöner Partieschluß.

Vier Gläschen Kuba-Rum

Wer will uns verwehren vier Gläschen in Ehren und ganz unter uns? Doch Scherz beiseite: Die nun folgenden vier spritzigen Kinder der leichten Muse entnahmen wir dem Bulletin von der Kubanischen VI. Landesmeisterschaft.

Zwischenversuch

J. D. Castellanos—F. Planas
Kuba 1965   287

Weiß mußte nach *1. ... ♗:c3* mit dem Verlust eines dritten Bauern rechnen. In seiner Verzweiflung versuchte er *2.♕d3?*, doch war dies ein Selbstbetrug. Weshalb? (Aufgabe)

Zwischenzug

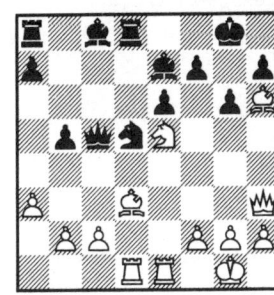

R. Ortega—Z. Valdes   288

Weiß am Zuge. Wieder einmal gilt die Aufmerksamkeit den Eckpfeilern f7 und h7. Aber der Dame h3 ist der Ausblick verwehrt. Trotzdem ... (Aufgabe)

Gabelbetrug

Z. Valdes—H. Sta. Cruz   289

Weiß hat eine korrumpierte Stellung und den Bauern b3 auf dem Halse. Er sollte sich mit 1.♘g3 notdürftig verteidigen. Statt dessen zog er *1.♕:d6??* mit schrecklichen Folgen.

Nach *1.♕:d6??* machte Weiß gewissermaßen eine »Doppelgabel« den Garaus. Zunächst *1. ... ♕:e4!* Da nun 2.fe ♘:e4+ nebst ♘:d6 für Weiß ganz aussichtslos ist, versuchte er mit *2.♘e3* etwas Halt in die Stellung zu bekommen; doch genau das Gegenteil trat ein. *2. ... b2!!* Die »Stimme aus dem Hintergrund«!

Nach dieser zweiten Gabel streckte Weiß die Waffen. Die Schlußstellung ist köstlich! Nimmt Weiß auf e4, begnügt sich Schwarz nicht etwa mit ♘:e4+ nebst ♘:d6, sondern schlägt auf a1 und macht sich eine neue Madam.

Abzugs-»Unfug«

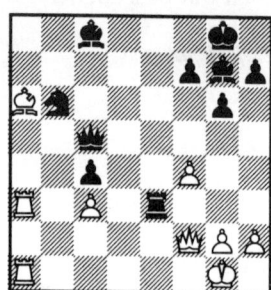

F. Zamora–G. Garcia   290

Weiß hatte soeben mit ♕c2–f2 die Abzugsdrohung pariert, statt den König aus der Gefahrenzone zu ziehen. Nun setzte Schwarz dem »Unfug« die Krone auf.

Wie spielte er? (Aufgabe)

Auch dieses vierte »Gläschen Rum« hat, wie schon das dritte, ein feines Aroma.

Indonesischer Sperriegel

Der überraschte Gegner erschrickt bei dem ersten »Trennzug«, findet nicht die beste Verteidigung und erliegt einem zweiten »Sperrzug«. Ein hübscher Witz der Schachgeschichte!

Bachtiar—O. B. Liang
Djakarta 1961   291

Wer wäre nach *1. . . . ♗d1!!* nicht erschrocken! Es droht Matt auf e1 und Damengewinn auf b7. Aber noch hielt Weiß die Balance: *2.♘:f7+ ♔g8 3.♖:e8+ ♘:e8 4.♕e7?*, doch mußte er nun der zweiten Sperrpointe des Gegners sang- und klanglos erliegen: *4. . ., ♖e2!!* Weiß gab auf, um der bitteren Wahl Matt oder Damenverlust enthoben zu sein.

Nach Analysen in der »Chess Review« hätte Weiß mit *4.♕e4!* (statt *4.♕e7?*) wohl Remis erreicht, da Schwarz am besten ins Dauerschach *4. . . . ♖e2 5.♘h6+ ♔h8(!) 6.♘f7+* einwilligt. Ungünstig wäre jedenfalls *5. . . . gh* (statt *5. . . . ♔h8*) wegen *6.♕c4+* nebst *♖:d1* oder gar *5. . . . ♔f8? 6.♘g6+ hg 7.♕f4+ ♕f5* (originell, aber nicht ausreichend) *8.♕b4+* usw.

Der Goldadler von London

»Goldie« entfloh aus dem Londoner Zoo und amüsierte zwölf Tage lang die Londoner, weil alle Versuche, ihn wieder einzufangen, fehlschlugen. Endlich aber konnte der Adler — allerdings erst nach stundenlangem Zögern — nicht widerstehen und ließ sich auf ein als Köder ausgelegtes totes Kaninchen nieder. Und da hatten ihn die geschickt versteckten Wärter am Schlafittchen.

Der kleinste Köder in der Schachpartie ist ein Bauer, auf den die meisten Schachspieler hereinfallen, ohne — wie »Goldie« — etwa stundenlang zu zögern. Schon Ungarns Alt-Großmeister Maróczy sagte: »Bei Figurenopfern des Gegners stutzen die Schachspieler und überlegen lange; aber Bauern schlagen sie ohne weiteres!«

Furman–Osnos
Leningrad 1964   292

Der Bauer b7 lockte wieder einmal, und Weiß sah keine Gefahr *1.♛:b7??* Aber die Gefahr war schon da!

Was antwortete Schwarz? (Aufgabe) Er schnitt dem Gegner
den Rückzug ab!

Kolumbus und Ben Akiba

Kolumbus: Wie finden Sie meine versteckten Eier?
Ben Akiba: Pah! Seit 100 Jahren die alte Leier!
Kolumbus: Kann Ihnen denn nichts mehr imponieren?
Ben Akiba: Doch! Wenn Sie sehr geschickt kombinieren, zu-
sammenstellen und variieren!

Buchweisheit

I. P. Kajaste–A. Nilsson
Finnland 1957   293

Kolumbus: Wie geht es nach *1.♞:f7+ ♚h7* weiter?
Ben Akiba (schüttelt den Kopf und lächelt heiter).
Mit Damenopfern war er nicht mehr so leicht zu locken.
(Aufgabe)

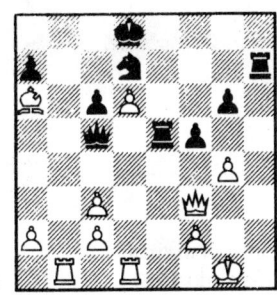

Hänninen—N. N.
Simultanspiel, Helsinki 1957   294

Hier geschah *1.☐b5! fg.*
    Kolumbus: Ist das nicht prima? (Er meinte die weitere Folge.)
    Ben Akiba: Das Mattbild finden Sie schon im Buch! (Aufgabe)

Beschäftigt und gelenkt

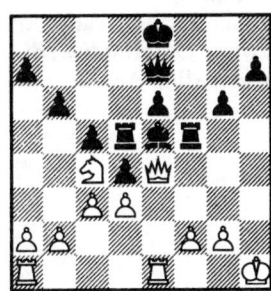

T.—K. Richter
Freie Partie, Berlin 1957   295

Ben Akiba: Diesmal frage ich Sie etwas: *1. . . . ☐f4 2.♛e2 —* und nun? (Aufgabe)
    Kolumbus (nach kurzem Bedenken): Sie glauben wohl, ich gebe mit der Dame Schach? Da kennen Sie aber Kolumbus schlecht!
    Ben Akiba: Na, wäre ja auch noch schöner, wenn Sie das Kolumbusei nicht fänden! Alles elementar!

211

Suni—Alivirta
Helsinki 1957

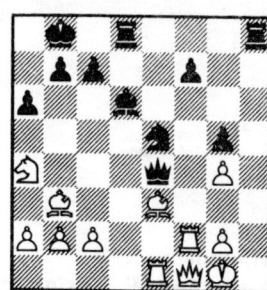

296

Schwarz am Zuge.

  Kolumbus: So, auch diese Kombination hier? Schwarz am Zuge.

  Ben Akiba (überlegt): 1. ... ♛h7 wäre wohl zu simpel?

  Kolumbus: Klar, 2.♖f3 leistet dann noch Widerstand.

  Ben Akiba: Hm — (längeres Nachdenken).

  Schwarz erzwang auf problemartige Weise (Verknüpfung zweier Opfermotive) das Matt. Selbst Ben Akiba mußte etwas widerwillig Anerkennung zollen. (Aufgabe)

Stulik—Kozma
ČSR 1957

297

  Kolumbus: Nun, was sagt Ihre Erfahrung hierzu? Sie kennen doch alles, nicht wahr?

  Ben Akiba: Schwarz wird wahrscheinlich auf h8 matt, das liegt doch auf der Hand.

  Kolumbus: Nein, der weiße d-Bauer verwandelt sich!

  Ben Akiba (stutzt, staunt und wundert sich).

  Aber Kolumbus behält recht.

  Weiß am Zuge. (Aufgabe)

212

Horsdoeuvre

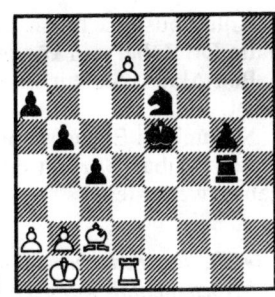

Trojanescu—Soos
Rumänische Meisterschaft
1957   298

Nach *1.□e1+* ♔*f4* entsteht eine problematische Lage, die aber Ben Akiba in studienhafter Weise meisterte.
Wie? (Aufgabe)
Kolumbus war sichtlich beeindruckt.

In einer belgischen Schachspalte
ohne jeden Quellenhinweis
veröffentlicht   299

Kolumbus (sucht Ben Akiba hereinzulegen): Ich soll diese Stellung abschätzen!

Ben Akiba: Ziemlich schwierig. Den Läufer kann ich ja mit 1.♕h3 gewinnen, aber nach 1. . . . ♔b8 2.♕:b3 b5 ist die Partie wohl remis.

Kolumbus: Schon. Sie müssen eben so spielen, daß Schwarz nicht zum Ziehen des b-Bauern kommt.

Ben Akiba (hält dieses Verlangen für eine ziemliche Zumutung).

Kolumbus (wird die Sache zu dumm): Also. Matt in fünf Zügen! (Aufgabe)

Ben Akiba (überrascht): Teufel!

Er war zum ersten Mal am heutigen Abend etwas fassungslos.

213

Kolumbus (nachdem die Lösung bekannt war): Schwarz hätte Dr. Zabel sein können!

Ben Akiba: Sie mit Ihrem Dr. Zabel! Den gibt es doch gar nicht.

Kolumbus: Ebensowenig wie Sie!

Ben Akiba: Nur mit dem wesentlichen Unterschied: Mich gab es wenigstens!

»Oh, ihr Federfuchser!« Dr. Zabel drohte mit der Faust: »Noch niemals war ich ein N. N.!«

»HIER DR. ZABEL«

... dröhnte uns ein wohlbekannter Baß durchs Telefon entgegen. »Ihre Kolumbuseier sind ein bißchen leicht, meinen Sie das nicht auch?

Machen Sie doch nicht so ein verdutztes Gesicht! Oder haben Sie noch nie etwas vom ›Fernsehen‹ gehört?«

Und schon bellte er uns die folgenden Stellungen durch die Leitung.

Man lernt nie aus

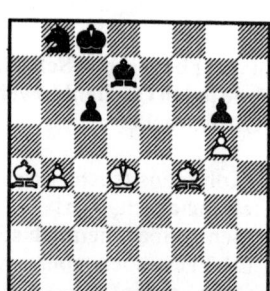

(Dr. Zabel, Weiß)   300

»Und hier«, fuhr Dr. Zabel fort, »hätte ich mit dem Läuferpaar und dem Raumvorteil wohl siegen sollen. (Etwa 1.♗c2 ♘a6 2.♗d6 ♗e8 3.♔e5 ♔d7 4.♗d3 ♘c7 S.♗:c7 ♔:c7 6.♔f6 usw. — Analyse in ›Sahs‹.)

Statt dessen dachte ich: Nimm mal erst den Springer weg, dann hast du gleiche Läufer und leichten Gewinn. Und was hatte ich? Ungleiche Läufer!!«

Nach *1.♗:b8?* nahm Schwarz nicht den ♗b8, sondern den

214

♗a4, indem er zunächst *1. ... c5+ !!* spielte. Die Partie endete remis. Eine witzige Episode!

(Der Partie Taimanow—Bronstein entnommen.)

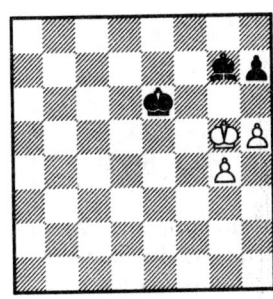

(Dr. Zabel, Weiß)   301

»Natürlich weiß ich, daß Läufer und Randbauer nicht gewinnen können, wenn der Läufer das Umwandlungsfeld nicht beherrscht. Ich brauchte hier nur meine beiden Bauern herzugeben und mit dem König in die Ecke h1 zu laufen. Aber ich war zu sorglos und spielte *1.h6 ♗e5 2.♔h5?? ♗g3!* O Schreck! Jetzt sah ich, daß mein König umzingelt war. Ich kam nicht mehr weg: *3.♔g5* (falls 3.g5, so *♔f5!*) *3. ... ♔e5! 4.♔h5* (zähneknirschend) *4. ... ♔f6 5.g5+ ♔f5 6.g6 hg* matt.

Sie haben gut lachen! Vielleicht geht es Ihnen auch mal so.«
(Der Partie Ansorge—Hübner, Köln 1960, entnommen.)

Mit List und Tücke

»... riß er ihn in Stücke! Ach, Ihre à la Gutmayer-Verse kenne ich schon«, winkte Dr. Zabel ab. »Aber an sich stimmt das bei den folgenden beiden Stellungen.«

Zwei Türme
gehen der Dame voran

(Dr. Zabel, Weiß)   302

»Nun«, sagte Dr. Zabel etwas geheimnisvoll, »zeige ich Ihnen den Clou des heutigen Abends!«

Und damit hatte er so unrecht nicht, wenigstens was seine persönliche Leistung betraf.

Wie setzte Weiß am Zuge fort? (Aufgabe)

. . . und hier
steht die Dame ihren Mann

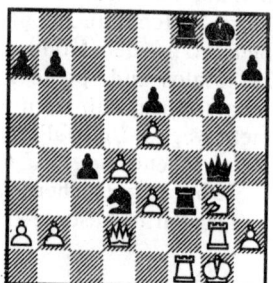

(Dr. Zabel, Weiß)   303

Aber gleich gab es wieder einen Dämpfer auf die Zabel-Freude.

»Kaum fällt mir in einer Partie was ein, falle ich in der nächsten wieder herein!«

Schwarz am Zuge zertrümmert die weiße Stellung. (Aufgabe)

216

**Niemand kann
zween Herren dienen!**

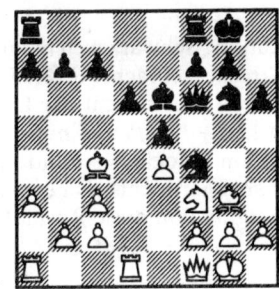

Hülsmann—Engert
Düsseldorf 1965   304

1.☐ d2? ließ den Läufer c4 in der Bindung an die Dame f1 und
ermöglichte Schwarz so eine nette Kombination. (Aufgabe)
  »Sehe ich schon«, meinte Dr. Zabel. In diesem Augenblick
schaltete sich die Vermittlung ein: »Sprechen Sie noch?«
  »Nee!«, rief Dr. Zabel, und zu uns: »Vergessen Sie nicht zu
bezahlen. Es war ein R-Gespräch!«
  »Doktor«, beschworen wir ihn verzweifelt, doch wir hörten
nur noch sein vergnügtes Lachen. Ja, kombinieren kann der
Doktor! Und telefonieren auch!
  Noch etwas erschöpft von dem langen Ferngespräch, emp-
fanden wir das folgende elegante Schlußspiel geradezu als Er-
holung.

Taimanow—N. N.
Simultanspiel, UdSSR 1964   305

Zwei Elemente bestimmten hier die Kombination des Groß-
meisters: Erstens, daß der Springer e5 wegen ☐ :g7+ praktisch an seinen Platz gebunden ist; zweitens, daß, stünde die
schwarze Dame auf c4, sie mit ☐ :g7+ ♔ :g7, ♗ :e5+ erobert
werden könnte. So wird der weiße Glanzzug *1.♗ c4!!* verständlich.

217

Es folgte *1. ... ♛:c4 2.♖:g7+ ♔h8.* Eine kleine Kompli-
kation: Schwarz weicht aus, wird aber nun noch eleganter zur
Strecke gebracht! *3.♗:e5!! ♛:c2,* und jetzt würde ♖:g6 matt
setzen, wenn nicht der Läufer angegriffen wäre. Deshalb erst
4.♖f8+! ♖:f8 und nun *5.♖:g6+* nebst Matt.

Ein glücklicher Fund in einem Simultanspiel! Schadet Dr.
Zabel gar nichts: Da er sich um die Telefongebühren drückte,
entging ihm diese Rosine!

BESUCH IN DER REDAKTION

Wohlgemut betrat Dr. Zabel unsere Redaktion, warf seinen
Hut auf den Tisch (dabei hatte er gar keinen auf!) und grüßte
alle Leser des »Schach« mit einem kräftigen: »Gut Holz!«

»Ich habe auch was Nettes mitgebracht!«, fügte er ohne
Übergang hinzu ...

So ein Angeber!

(Dr. Zabel, Weiß)   306

Weiß am Zuge. »Ich ließ den Läufer b4 einstehen und gewann
einen Schönheitspreis!«

So ein Kohl, dachten wir, doch war damit nicht etwa die
Kombination gemeint, die goldrichtig ist, sondern Dr. Zabels
fremde Federn.

Gleichwohl: Mit mehreren Figurenopfern erzwang Weiß ein
prächtiges Matt: *1.♘e5! ♗:b4 2.♛h5+ ♔e7 3.♖g7+ ♔d6
4.♘:c4+ ♖:c4 5.♖:e6+ ♔:e6 7.♛e5* matt.

»Drei Figurenopfer und ein Matt mitten auf dem Brett!«, so
der stolze Dr. Zabel, als ob er selbst gespielt hätte. Manchmal
glaubt er es wohl gar ...

(Der Partie Pesch—Kohlei, Sinzig 1959, entnommen.)

218

Kaum zu glauben

Dr. Zabel warf die Figuren, die wir gerade mühsam geordnet hatten, kurzerhand zusammen und stellte folgende Lage her:

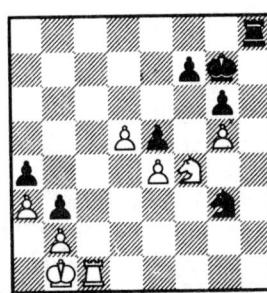

Szabó–Dozsa
Ungarische Meisterschaft
1962   307

»Der Stolz der Familie!«, sagte er und deutete auf den weißen d-Bauern. (Offenbar hatte Dr. Zabel in letzter Zeit zu viele Filme gesehen!) Zu unserer Schande müssen wir gestehen, daß wir im Augenblick gar nicht so stolz auf diesen Bauersmann waren, machten uns doch der angegriffene Springer und die eingeklemmte Lage des weißen Königs Sorgen.

»Mir nicht!«, meinte Dr. Zabel großzügig und demonstrierte einen prächtigen Gewinn für Weiß (am Zuge).

Etwas fassungslos schüttelten wir den Kopf. Unwahrscheinlich, daß Weiß gewinnt! Aber es stimmt. (Aufgabe)

»Schablone«, sagte Dr. Zabel

Nun, unter uns gesagt: Die Strategen neigen meist dazu, ihre strategischen Ideen als die wahre, tiefversteckte Kunst anzusehen und über die meisten Kombinationen geringschätzig die Nase zu rümpfen. Sie nennen es dann »Fortschritt in der Spielauffassung«.

Daß aber Dr. Zabel in das gleiche Horn bläst ... Halt, wir wollen versuchen, ihn einmal hereinzulegen.

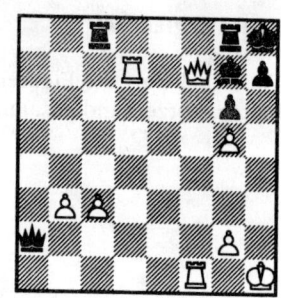

Bejenaru—E. Szabó
Timisoara 1956   308

Wenn Schwarz hier 1. ... ☐:c3 zieht ...

»Schablone«, sagte Dr. Zabel und antwortete a tempo
2.♕:g8+ ♔:g8 3.☐d8+ ♗f8 4.☐d:f8+ ♔g7 S.☐1f7 matt.
»Aber so dumm braucht Schwarz nicht zu spielen. Er hat eine
Figur mehr und sollte sich durch Abtausch entlasten: *1. ...
☐cf8.*«

Wir aber lachten schadenfroh und bewiesen dem verblüfften Doktor an Hand der geschehenen Züge, daß die Partie nun
remis war. (Aufgabe)

Noch einmal fingen wir Dr. Zabel in der »Schablonen-
Schlinge«.

Bhend—Senn
Zürich 1956   309

»Schwarz am Zuge!?«, meinte der Schachdoktor lebhaft, »das
ist doch schon mehr ein Schema: *1. ... ☐:c5!* Demaskierung
durch den Desperado und Mattdrohung auf g2.«

»So?«, sagten wir triumphierend. »Haben Sie schon einmal
etwas von Schablone-Zwischenzügen gehört?« *2.♘f4!* »Wir
decken mit Tempo g2 und nehmen dann Ihren Turm!«

Kleinlaut stellte Dr. Zabel den Turm nach c6 zurück und

versank in tiefes Nachdenken. Später freilich beschimpfte er uns und beschuldigte uns der bewußten Irreführung. (Aufgabe)

Rösselsprünge

Der Dreisprung

Neshmetdinow—Lengyel
UdSSR—Ungarn 1963   310

»Wollen wir wetten«, schlug Dr. Zabel hintergründig vor, »daß der Springer g7 in drei Zügen auf d5 steht?«

Wir gestatteten uns, diese kühne Behauptung etwas anzuzweifeln. Triumphierend aber setzte Dr. Zabel den kecken Gaul nach e8: *1.♘e8!!*

»Nun mal langsam«, bremsten wir, »Sie tun ja so, als ob Sie die Partie gespielt hätten.«

»Warum nicht?«, war die überraschende Antwort. »Könnte ja gut und gern von mir sein.«

Na schön, nehmen wir's hin; aber was machen wir nun mit dem Springer? Schlägt ihn der Turm, verliert Schwarz durch ♕h7+ die Dame, nimmt ihn jedoch der König, dann erobert ♕c8+ den Turm h8. Ach was, wir decken einfach f6: 1. ... ♘d7.

»Haha«, lachte der heute gut aufgelegte Doktor und demonstrierte im Geschwindschritt den Generalabtausch *2.♖:d7+!* ♕:d7 *3.♕:f6+* ♔e8 *4.♕:h8+* ♔e7 *5.♕g7+* nebst Damentausch und a6—a7.

Dies brachte uns auf die Idee *1. ... ♕:a6,* womit f6 geschützt und der gefährliche Freibauer beseitigt ist. Doch kam nun der Springer, wie einleitend gesagt, auf den beherrschenden Posten d5: *2.♘c7!* ♕c6 *3.♕g6!* ♖f8 *4.♘d5+* ♔e6 *5.♕f5+.* Schwarz gab wegen 5. ... ♔f7 *6.♕h7+* auf. Ein kühner Ritt!

Ein Winkelried

Salminsch–Dage
Fernpartie 1963   311

»Hier«, dozierte Dr. Zabel, »war *1. ... ♞f6?* ein lehrreicher Fehler, als solcher gar nicht so leicht zu erkennen!« (1. ... ♞e5 wäre entschieden besser gewesen.)

Doch bitten wir nun den geneigten Leser, sich selbst einmal den Kopf darüber zu zerbrechen. (Aufgabe) Die Widerlegung von *1. ... ♞f6* ist wirklich nicht leicht zu sehen. Wer's nicht findet, rufe Dr. Zabel an: Caissa 0–0 oder 0–0–0.

Dr. Zabel und das Frauenschach

»Was halten Sie vom Frauenschach?« fragten wir unseren geschätzten Besucher.

»Es geht aufwärts!« erwiderte er, und es schien, als sei ihm dies gar nicht so recht. Na ja, die Konkurrenz wird eben immer größer!

Die unechte Fesselung

Chugaschwili–Tichimirowa
Tbilissi 1961   312

Es geschah *1.e5!* ♖*de8.* Wenn nämlich 1. ... de, so 2.♛a8+ ♚d7 3.♖ad1+ usw. *2.f4* ♛*b6+*. Naheliegend, doch kommt

222

Schwarz auch bei anderen Zügen nicht ganz ungeschoren davon. *3.♕:b6 cb.* »Und was machen wir jetzt mit e5?«, fragte Dr. Zabel nachdenklich. *4.ef!!* »Das, Doktor!«, erwiderten wir mit Schwung, obgleich ja die Idee gar nicht von uns stammte! Der Freibauer macht nun das Rennen. *4. ... ☐:e1+ 5.☐:e1 ☐:e1+ 6.♔f2 ☐e8 7.fg f5.* Das ist nötig, sonst baut sich Weiß mit ♗f6 nebst f4—f5 auf und dringt mit dem König auf der h-Linie ein. Allein der Tempoverlust erlaubt Weiß ein anderes wirksames Manöver. *8.♗e7! ☐g8 9.♗f8 ♔d7 10.♔g3 ♔e6 11.♔h4 ♔f6 12.♔h5.* Schwarz gab auf, da er entweder ♔h5—h6:h7 zulassen oder mit ☐:g7 in ein verlorenes Bauernendspiel einlenken muß.

»Alle Achtung!«, sagte Dr. Zabel. »Ich hätte es auch nicht besser machen können!« und er zitierte Euripides: »Viel Kluges kam doch schon von Frauen!« Nun ist es auch im Schach soweit!

Unverhoffter »Vorbeizug«

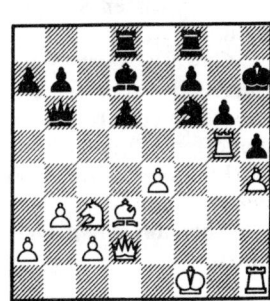

Roistein—Jakir
Freundschaftskampf
von Schulmädchen,
Kiew 1965   313

»Kinderschach!« Dr. Zabel war uninteressiert.

Warte nur, dachten wir und zogen *1.♘d5! ♘:d5* (1. ... ♕d4 2.c3) *2.☐:h5+!* »Sieh mal an«, sagte der Doktor, den die Sache nun doch anregte. *2. ... gh.* »Aber«, fügte er nach kurzem Bedenken hinzu, »das Girl hat sich doch geirrt, weil nach 3.ed+ f5! der weiße Angriff abgeschlagen ist.«

»Doktor, Sie sind heute nicht in Form. Aber Sie befinden sich in guter Gesellschaft, denn die gleiche Bemerkung machte (nach ›Chess‹) ein zusehender Meister während der Partie zu einem anderen Kiebitz.«

Hier ist nun wirklich das Schiller-Wort angebracht: Was kein Verstand der Verständigen sieht, das übet in Einfalt ein kindlich Gemüt! Und das kleine Fräulein beschämte Meister und Doktoren. Nach ihrem Zuge jedenfalls war Schwarz total verloren!

Endlich fand Dr. Zabel die Sprache wieder, schüttelte betrübt das Haupt und seufzte: »Es gibt eben keine Kinder mehr!«

Was sieht der »Verstand der Verständigen« vielleicht doch nach *1.♘d5! ♘:d5 2.♖:h5+ gh?* (Aufgabe) Muß uns ein kleines Mädchen erst den Weg weisen?

Es war ein einfacher Nimrod auf den 64 Feldern.

Wie oft legte uns Dr. Zabel einen groben Fehler vor oder eine tückische Falle, und er sagte dann »Nun?« in Erinnerung an den ersten Weltmeister Steinitz, der einstens seinen Gegner, den Bankier Epstein, auf diese etwas schnoddrige Weise an seine Zugpflicht erinnerte, nachdem dieser allerdings zuvor in gleicher Weise den Gegner gedrängt hatte.

»Herr, wissen Sie, wer ich bin?«, entrüstete sich der reiche Bankier.

»Gewiß«, sagte Steinitz, »Sie sind der Epstein von der Börse. Hier aber bin ich Epstein!«

»Das macht Ihnen wohl Spaß?«, fragten wir mißbilligend den offensichtlich erfreuten Doktor.

»Freilich«, sagte er, »sehe ich doch, daß es viele Zabel auf der Welt gibt!«

»Aber nur einen Dr. Zabel«, fügten wir etwas zweideutig hinzu.

Damit sind wir am Schluß angelangt und haben hoffentlich manches dazugelernt. Freilich, nach einem Vierzeiler von Fr. Rückert:

Am Abend wird man klug
Für den vergangenen Tag
Doch niemals klug genug
Für den, der kommen mag.

Lösungen der Aufgaben

Diagramm 2: 1.♘c7+ ! lenkte einen Verteidiger des Feldes d8 ab: *1. ... ♖:c7*, und *2.♛:c6+ !* beseitigte den anderen radikal, so daß nun dem Turmmatt auf d8 nichts mehr im Wege steht.

Diagramm 3: Der Bauer d7 muß verschwinden. Das geschieht, indem man den Turm b7 erst an- und dann ablenkt: *1.♛:d7+ !! ♖:d7 2.♘c7+ ! ♖:c7 3.♖d8* matt. Was zu beweisen war!

Gewiß eine interessante Abweichung von der sogenannten Schablone.

Diagramm 4: Das Kurzdrama besteht aus drei Aufzügen: *1.b4!* Macht mit Tempo das Feld b2 frei. *1. ... ♛d8 2.♛:f6+ !!* Öffnet die Todesschräge. *2. ... ♔:f6.* Natürlich ist auch *2. ... ♔g8 3.♗b2!* aussichtslos. *3.♗b2* matt.

Haben Sie schon einmal mit der Fianchettierung des Läufers matt gesetzt? Wieder eine originelle Mattbild-Bereicherung!

Diagramm 6: Wird sehr elegant mit *1. ... ♖:d6! 2.♖:d6 ♖f3+ ! 3.gf ♗f1* matt erledigt.

Hier kam es darauf an, das Mattbild rechtzeitig zu erkennen und das Spiel darauf einzustellen.

Diagramm 7: Der elegante Ablenkungszug *1. ... ♖d3!!* erfüllte die Forderung: Matt in zwei Zügen. Da *2. ... ♖c3* matt und *2. ... ♘:a3* matt drohten, muß Weiß *2.♘:d3* ziehen und wird nun mit *2. ... ♗e6!* matt gesetzt.

Eine höchst originelle Angelegenheit!

Diagramm 10: Die Schwäche der Grundreihe bei Weiß nutzte Schwarz sehr elegant im Stile Anderssens aus: *1. ... ♖:e4!! 2.♛d3.* Auch bei *2.♖:f8+ ♛:f8* ist es aus. *2. ... ♛f5!!* Dieser Prachtzug gibt dem Ganzen die richtige Würze! Weiß gab sofort auf, ohne auf die erzwungene Antwort *3.♖g1* folgenden Schlußpfiff (Verzeihung — das ist Fußballjargon), Schlußwitz *3. ... ♖:e1!* abzuwarten.

Diagramm 11: Mit »Hauptplan« und »Vorplänen« arbeitet Weiß wie in einem Problem. Damit der Läufer e6 bei einem eventuellen Damenschach auf f8 nicht auf g8 dazwischensetzen kann, muß er erst abgelenkt werden: *1.♖d7!! ♗:d7.* Erzwungen. Nun entscheidet der Hauptplan: *2.♗h6!!* Wie leicht ersichtlich, vermag Schwarz diesem zweiten Keulenschlag nicht mehr ausreichend zu begegnen. Er gab daher auf.

Ein problemartiger Schluß!

Diagramm 12: *1.♕:c6 ♖e8.* Falls 1. ... ♖b8, so *2.♕b7!! ♖e8 3.♕:e7+!! ♖:e7 4.♖d8+* nebst Matt. Der Unglücksturm auf g7! *2.♖:e7!!* Eine witzige Entscheidung, deren Pointe klar zutage liegt. Schwarz gab auf.

Ein prächtiges Epigramm!

Diagramm 13: Lenkungen großen Stils! Erst Weglenkung des Turms d2 mit einem prachtvollen Damenopfer, dann Wegzug des Springers d4 (des »Störenfriedes«) unter Beschäftigungslenkung: *1. ... ♕c2+!! 2.♖:c2 ♘b3+!!* Weiß gab auf, da ♖:d1 in jedem Falle zum Matt führt.

Wie zu Morphys Zeiten!

Diagramm 14: Köstlich ist auch hier das Matt: *1.♕:e5!! ♕:e5 2.♖d8+ ♔e7 3.♖e8* matt. Ein reines Matt, das (seiner »Nachtwächter« entkleidet) aus einem Dreizüger von Havel hervorgehen könnte. (»Nachtwächter« stammt aus dem Problemjargon und bezeichnet untätige Figuren.)

Diagramm 15: Eins: *1.♕:g8+ ♔:g8,* zwei: *2.♖h8+ ♔:h8,* drei: *3.♗f7* matt, und alles war vorbei! So schnell muß so etwas gehen.

Ein schöneres Beispiel für dieses Mattbild ist wohl schwerlich zu denken!

Diagramm 16: Auch eine typische, in jedem Kombinationsbuch so oder so enthaltene Stellung: *1. ... ♘e2+ 2.♔h1 ♕:h2+.* Der Eckpfeiler fällt wieder einmal! *3.♔:h2 ♖h4* matt.

Diagramm 18: Verblüffend und zwingend ist das Geschehen. Gegen den hübschen Lenkungszug *1. ... ♗g1+!!* gibt es keine Verteidigung mehr.

Es folgte *2.♕:g1 ♘g4+! 3.hg ♕h6+! 4.♗h4 ♕:h4* matt.
Damit die weiße Dame nicht auf h3 dazwischenziehen kann, mußte sie abgelenkt werden.

Diagramm 20: Ein allerliebstes Matt nach Epaulettenart zurechtgebastelt, das zudem noch auf großzügige Weise herbeigeführt wird: *1.♘e6+ ♔e8 2.♕d8+ !!* Ablenkung des Läufers, gleichzeitig Hinlenkung auf das Feld d8. *2. . . .
♗:d83.♖f8+ !!* Auch wieder mit doppeltem Zweck: einmal Freikämpfung von g7 für den Springer, dann Blockade des Feldes f8 für den schwarzen König. *3. . . . ♖:f8 4.♘g7* matt.
Die Epauletten (sonst zwei Türme) sind hier also nicht ganz korrekt aufgesetzt, erfreuen aber doch den Beschauer.

Diagramm 21: Weiß beantwortete den schwarzen Damentauschversuch *1. . . . ♕b5+ ?* mit der prächtigen Riposte *2.♖c4+ !!,* und Schwarz hatte beträchtlich das Nachsehen: *2. . . . ♔:c4 3.♕c3* matt oder *2. . . . ♔d6 3.♕d8* matt.
Das entzückende Epaulettenmatt auf c3 ist allein schon »das ganze Geld« wert!

Diagramm 23: Der Pfahl im Fleische auf e6 wird dem schwarzen König zum Verhängnis: *1.♗:c7+ ! ♖:c7 2.♕e8+ !! ♔:e8
3.♖b8+* nebst Matt.
Solche Kombinationen gehören zum täglichen Brot des Schachspielers.

Diagramm 24: Nun, hat es Ihnen viele Mühe gemacht, die aparte Mattwendung *1.♕f2! ♗g6* (um f7 zu decken; trotzdem . . .) *2.♕f7+ !! ♗:f7 3.ef* matt zu finden!? Wir hoffen nicht! (Schwarz gab übrigens nach *2.♕f7 + !!* auf.)

Diagramm 25: Auf *1. . . . bc* folgte ein problemartiges Matt: *2.♖f4+ ♔h5 3.♖h4+ !! gh 4.g4* matt. Sehr zur Freude der Kiebitze, die so etwas lieber am Brett miterleben als im »Schach« nachlesen!

Diagramm 27: Ein hochelegantes Mattbild nach der Art des erstickten Matts bildet den Hauptinhalt der Gewinnführung. *1.♘d6+* liegt natürlich nahe, aber nach *1. . . . ♔d8* nicht der zweite Zug *2.♕e8+ !!* mit der Glanzidee *2. . . . ♘:e8 3.♘f7* matt. Und wenn 2. ... ♔c7 geschieht, führt 3.♕:c8+ auch zum Matt.

So spielte man zur Anderssenzeit. Oder sollen wir nicht lieber sagen: ... jederzeit!? Denn Kombinationen sind zeitlos!

Diagramm 28: Nach dem Muster des erstickten Matts kam, wenn auch abgewandelt, *1. ... ♕d1+!! 2.♖:d1 ♘e2+! 3.♗:e2 ♘b3 matt.*

Eine eigenartige Konstellation!

Diagramm 29: 1.♕d2! griff die schwarze Dame an, die sich auf der Diagonale a3–f8 nun nicht mehr behaupten kann. Schwarz zog *1. ... ♕:d2* und gönnte damit dem Gegner das »halberstickte« Matt des Springerpaares: *2.♘e7+ ♔h8 3.♘f7 matt.*

Diagramm 30: Wenn man nicht weiß, daß dies ein Matt in drei Zügen ist, dürfte die Position tatsächlich nicht leicht zu enträtseln sein. *1.♕c3! ♕:f3. Oder 1. ... ♔g5 2.f4+. 2.♕c1+ ♔e4 3.♕c4 matt.*

Das verkappte Schachmatt!

Diagramm 31: Weiß gönnte dem Gegner keine Atempause und setzte ihn zwangsläufig matt: *1.♘d3+ g6 2.♖h8+! ♔:h8 3.♕f8+ ♔h7 4.♕:f7+ ♔h8 5.♕f8+! ♔h7 6.♗:g6+! ♔:g6 7.♕g8 matt.*

Sehr witzig!

Diagramm 33: Das doppelte Läuferopfer (meist auf g7 und h7) zur Zertrümmerung der Rochadestellung ist aus klassischen Beispielen wohlvertraut. Seltener ist das hier erfolgende kombinierte Opfer von Springer und Läufer: *19.♘f6+! gf 20.♗:h7+!* und Schwarz gab auf. Bei *20. ... ♔:h7* wird er mit *21.♕h3+* und *♖g3 matt* gesetzt, und bei *20. ... ♔h8* entscheidet ebenfalls *21.♕h3!* usw.

Ein instruktives Beispiel für diese Kombinationsart.

Diagramm 34: Hier wird die schwarze Bauerndeckung durch ein doppeltes Läuferopfer zerstört: *1.♗:h7+ ♔:h7 2.♘f6! gf*

3.♕h4+! ♔g8 4.♕g3+ ♔h7 5.♖e4!, und der Turm besorgt den Rest. Schwarz gab auf.

Ein lehrbuchreifer Partieschluß!

Diagramm 35: Höchst verblüffend ist das Damenopfer, das nach der hübschen Einleitung *1.♗d5! ed* den Kern der weißen Kombination bildete: *2.♕:g7+!! ♔:g7 3.♘f5+ ♔g6.* Merkwürdigerweise gibt es keinen Ausweg für Schwarz. Falls nämlich 3. ... ♔g8, in der Hoffnung auf 4.♖e8+? ♘f8, dann entscheidet 4.♘h6+! *4.♖e6+ ♘f6.* Um Zeit zu gewinnen. Andere Züge führen schneller zum Matt. *5.♖:f6+ ♔:g5 6.♖ee6 ♖g2+.* Sonst folgt 7.h4 matt. Aber natürlich nützt auch der Textzug auf die Dauer nicht. *7.♔:g2 ♕d8 8.♘e7!* Praktisch war es dieser Springer, der den Kampf entschied. Schwarz gab auf.

Diagramm 36: Hier ging es elegant zu. Nach *1. ... ♔h8 2.h6 fg* kam das Damenopfer *3.♕:g6!!* Spielmann meinte allerdings früher, daß man nicht von einem »Opfer« reden könne, wenn es zwangsläufig zum Matt führt. Aber das sind mehr oder weniger nur sprachliche Spitzfindigkeiten! *3. ... gh.* Falls 3. ... hg, so 4.hg+ ♔g8 5.♖h8+ usw. *4.♗:h6!* Immer noch darf Weiß die Dame einstehen lassen. Jetzt würde bei Annahme des Opfers der Läufer die Funktion des Bauern übernehmen: *4. ... hg 5.♗g7+ ♔g8 6.♖h8+. 4. ... ♗:h6 5.♕:h6 ♕f7 6.♔e2!* Bereitet eine weitere Opferwendung vor. *6. ... ♘:b4 7.♖cg1 ♖:c3 8.♖g7 ♖a2+ 9.♔f1 ♖a1+ 10.♔g2 ♕:g7+ 11.♘:g7 ♖:h1 12.♔:h1 ♘:g7.* Soweit ginge es materiell noch, wenn Weiß jetzt nicht den Springer b4 erobern würde. *13.♕:d6!* Droht u. a. Matt auf f8! *13. ... ♔g8 14.♕:b4 ♖c4 15.♕e7.* Schwarz gab auf.

Diagramm 39: 1.♖1f6! gf. Falls 1. ... ♕h5, so »Beseitigung« mittels 3.♖:g7+ ♔:g7 4.♖g6+ ♔h8 5.♕d2! usw. *2.♖h7!* Ganz stille Manöver! *2. ... ♕g5 3.♖h8+!* Aber nun donnert es! *3. ... ♔f7.* Oder 3. ... ♔:h8 4.♕h7 matt. *4.♕h7+.* Schwarz gab auf (4. ... ♕g7 5.♗g6+ usw.).

Diagramm 40: 1.♘:a5! traf den Gegner wie der berühmte Blitz aus heiterem Himmel. Die Pointe ist bei 1. ... ba ein originelles Matt durch 2.♘f6+ ♔e7 3.♖b7+ usw.

Es kam *1. ... ☐c7 2.♘c4 ☐a7.* Oder *2. ...* ☐c6 3.a5 bzw.
2. ... ☐b7 3.☐b5 mit der Drohung a4—a5 usw. *3.♘:b6 ♘:b6
4.☐:b6 ☐da8.* Da immer noch ♘f6+ samt ☐b7+ in der Stellung
liegt, konnte Schwarz nicht einmal auf a4 nehmen.
5.♘f6+ ♔d8 6.☐c6! Wegabschneidend, so daß Schwarz wegen
☐d3+ auch jetzt nicht auf a4 zugreifen darf. *6. ...* ☐c7
7.☐d3+ ♔c8 8.☐:c7+ ♔:c7 9.☐d7+ ♔c6. Es ist nur gut,
daß Durao hier nicht aufgegeben hat. Wir wären sonst um den
amüsanten Schluß gekommen! *10.☐:f7 c4 11.♘d7 ♗c5.* Erzwungen.
Weiß lenkt nun einfach ins Turmendspiel über — mit
einem raffinierten Matt-Hintergedanken! *12.♘:c5 ♔:c5
13.☐c7+ ♔d5.* Damit ist die Diagrammstellung 41 erreicht.

Diagramm 41: 14.b4!! Obwohl natürlich das Endspiel auch mit
anderen Zügen zu gewinnen war, verdient der geistvolle Humor
dieses Zuges volle Anerkennung. Schwarz gab auf. Es
droht ♔e3 nebst ☐c5 matt. Bei 14. ... cb e. p. 15.♔d3 entscheidet
die Mattdrohung c3—c4. Die Möglichkeit 14. ...
♔e4 wird einfach mit 15.☐:c4+ ♔d5 16.♔d3 usw. beantwortet.

So etwas zermürbt den Gegner.

Diagramm 43: Schwarz arbeitet mit stillen Zügen. Auf *1.♔g3?*
setzte er mit *1. ...* ☐f3+*!* *2.♔:h4 ♘e7* fort. Es droht nun
Matt auf f5 bzw. g6. *3.g6.* Einzige Möglichkeit. *3. ...* ♘:g6+
4.♔g5 ☐h6! Die vorausberechnete Pointe. Das Matt auf f5 ist
nun undeckbar und nur durch *5.♘f4* um einen Zug hinauszuzögern.

Diagramm 45: Die weiße Dame möchte gern zu einem vernichtenden
Schach kommen; allein das Feld g2 ist vom schwarzen
Turm gedeckt, und auf 1.♕b7+ verteidigt derselbe Turm auf
c6 ausreichend. Die Überlegungen brachten Weiß auf den
wirklich prächtigen Schnittpunktzug *1.♘c3+!!*
1. ... ☐:c3. Wenn nämlich 1. ... bc, so 2.♕b7+ ♔e5
3.♕e7+! ♔d5 4.☐:d6 matt! *2.♕g2+ ♔e5.* Scheinbar ist
Weiß nun um nichts gebessert. Jetzt folgt aber die eigentliche
Pointe der Kombination! *3.♗d4+!! ♔:d4 4.♕d2+!* Am besten.
Weiß spielt auf Matt. *4. ...* ☐d3. Bei 4. ... ♔c5 oder
♔e5 setzt die Mattjagd mit 5.♕:d6+ ein, und bei 4. ... ♔e4
mit 5.☐f4+. Die weiteren Züge werden unsere Leser hoffent-

lich unschwer selbst finden. 5.♕:b4+ ♔e5 6.♕f4+ ♔d5
7.♕:d6+ ♔e4 8.♕f4+ ♔d5 9.♕c4+ ♔e5 10.♕e6+ ♔d4
11.♖f4+ ♔c3 12.♕e1+ ♔b2 (12. ... ♖d2 13.♖c4+)
13.♖f2+ ♔a3 14.♕e7+! nebst Matt.

Ein Glücksfall in der praktischen Partie! So etwas gelingt
einem Meister nicht oft in seiner Laufbahn.

Diagramm 46: Es spielt sich eine phantastische Mattjagd ab:
*1. ... ♕:a2+!! 2.♔:a2 ♗d3+ 3.♔b3 c4+ 4.♔b4 ♘a6+
5.♔b5. Falls 5.♔a4, so 5. ... ♘c5+ 6.♔b5 ♖fb8+ 7.♔c6
♖a6+ 8.♔c7 ♖b7+ 9.♔c8 ♖a8 matt! 5. ... ♖fb8+ 6.♔c6*
(6.♔a4 ♘c5 matt) *6. ... ♖c8+ 7.♔b7.* Hier gibt es einige Ab-
zweigungen: *7.♔b5 ♘c7+ 8.♔b4 ♖cb8 matt bzw. 8.♔b6
♗d4+ 9.♔b7 ♖ab8+ 10.♔c6 ♘e6+ 11.♔d7 ♖c7 matt oder
8.♔c6 ♘e6+ 9.♔b7 ♖cb8+ 10.♔c6 ♖a6+ 11.♔d7 ♖d8
12.♔:e7 ♖a7 matt. 7. ... ♖c7+! 8.♔:a8 ♗d4!* mit undeckba-
rem Matt. Eine originelle Schlußpointe!

Diagramm 53: Sehr witzig wies *1. ... ♕:g5+!!* den Blockade-
könig in seine Schranken zurück. Nach *2.♕:g5 ♗:g5+* mußte
sich der König zurückziehen (3.♔h3), wonach Schwarz mit
3. ... ♗f6 fortsetzte und leicht gewann. Es durfte nämlich
nicht 3.♔:g5? geschehen, weil nach 3. ... h4!! gegen 4. ...
♖h5 matt kein Kraut gewachsen ist.

Es gibt eben Grenzen, die auch kein König überschreiten
darf.

Diagramm 54: *1. ... ♖e4!* machte sich die Fesselung des Bauern d3 zunutze und brachte den Turm in die entscheidende An-
griffsposition.

Es geschah weiter *2.♔g1 ♕e3+ 3.♔h1 ♖:f4 4.♖g1
♕:g1+!,* und Weiß gab auf, da er nach 5.♔:g1 ♖g6+ matt gesetzt wird.

Ein typischer Fall.

Diagramm 56: Einen optischen Eindruck nahender Gefahr
bietet diese Position, in der die schwarzen Stellungsschwächen
geradezu zum Kombinieren einladen: *1.♖f3!! ♕e6(?).* Das
kleinere Übel war 1. ... ef 2.♖:e8+ ♔h7, worauf Weiß nicht
sofort mit ♕:f7+ ♕:f7 ♖e7 abwickelt, sondern erst noch das
Tempo b4—b5! mitnimmt. Das Schach auf b1 braucht er wegen

♖e1 nicht zu fürchten. Das Endspiel ist dann klar gewonnen. 2.♖:e4! Dieser zweite Turmscherz besiegelt das·Schicksal von Schwarz. 2. ... ♛:e4. Wie leicht zu sehen, erzwungen. 3.♛:f7+ ♔h8 4.♛h5! ♛:c4+ 5.♔g2 ♛e6 6.♗e5+! ♔g8 7.♗f6! ♗g7. In dieser verlorenen Stellung überschritt Schwarz die Zeit. Weiß gewinnt am einfachsten durch ♗:g7 nebst ♛:g5+ usw.

Diagramm 57: Kurz und prägnant verläuft die Lösung: *1. ... ♖:g3+!* 2.♖:g3 ♖g8!! stellte eine sehenswerte Fesselstellung her, aus der es kein Entrinnen mehr gibt, wie bei sorgfältigem Durchdenken unschwer zu erkennen ist.

Diagramm 59: Der Läufer e3 steht der Dame im Wege, die sonst sofort nach h6 ziehen könnte. Also kann er, getreu dem Desperado-Motiv, sich rücksichtslos opfern: *1.♗:c5! bc2.♛h6.* Droht Matt auf g7 und eventuell auf f8. *2. ... ♘d7.* Deckt beides. Was nun? *3.♖f7!!* Der Turm zwingt den König aus seinem Versteck. *3. ... ♔:f7 4.♛:h7+ ♗g7.* Nützt auch nichts mehr. *5.♛:g7+ ♔e8 6.♛:g6* matt: oder *4. ... ♔f6 5.♛g7* matt.
   Man muß das Eisen schmieden, solange es heiß ist!

Diagramm 60: 1.♘e7+ demaskierte den Läufer c2 und erzwang das Matt: *1. ... ♖e:e7* (1. ... ♔h8 2.♛:h7+!) *2.♗:h7+ ♘:h7 3.♛:h7+ ♔f8 4.♛h8* matt.

Diagramm 61: Die Matt-Symphonie mit den Paukenschlägen hat Ihnen hoffentlich in ihrem schlagfertigen Ablauf gut gefallen. Mit dem glänzenden Einleitungszuge *1.♛:f8+!!* werden beide Bewacher von h7 radikal beseitigt (außerdem demaskiert sich der Läufer b3): *1. ... ♖:f8,* so daß nun *2.♖:h7+! ♔:h7 3.♖h1* zu einem typischen Matt führt.

Diagramm 62: Der Keulenschlag *1.♛:c4!* streckte den Gegner zu Boden, freilich nicht gleich, denn es mußten erst noch einige feine Züge gefunden werden: *1. ... dc 2.d5+ e5 3.♘g5 ♖f5 4.♖:e5!* Im Hinblick auf die Springergabel f7! *4. ... c3.* Noch am besten. *5.♗:c3 ♛c1+ 6.♔h2 ♛:c3 7.♖:f5.* Droht ♘f7 matt. *7. ... ♛c7+.* Die Dame sucht dies vorsorglich zu decken ... *8.d6!* ... wird aber abgelenkt. *8. ... ♛:d6+ 9.f4*

♕g6. Oder 9. ... ♗e8 10.♘e6! *10.♘f7+ ♔g7 11.♖:g6+ hg*
12.♖d5 ♗e6 13.♘d6! ♗:d5 14.♘:c8. Schwarz gab auf.

Etwas schwierig, nicht wahr, und wenn man dann noch in Zeitnot ist oder gar nach Kommando ziehen soll.

Diagramm 63: 1. ... dc? ließ den prächtigen Demaskierungs-zug *2.d4!!* außer acht. Nun scheitert 2. ... ♕:d4+ 3.♔h1 ♕:e5 an Damentausch nebst ♗c4+.

Deshalb folgte 2. ... ♗e6 *3.♖:f6!* Eine neue Überraschung! 3. ... ♕:f6 *4.♗g5!*, und plötzlich war die schwarze Dame gefangen (4. ... ♕f5 5.♗d3!). Nach *4. ... ♕f2+ 5.♕:f2 ♖:f2 6.♔:f2 cd 7.♗f3* gab Schwarz auf.

Sehr eindrucksvoll!

Diagramm 64: Die offene h-Linie bildet mit einem Mattüber-fall die Grundlage für die hübsche Kombination: *1. ... ♖d1!!* demaskierte den Läufer a7 und drohte 2. ... ♗:f2+ 3.♔h2 ♖h8 matt. Da 2.♖b:d1 an ♕:b2 scheitert, versuchte Weiß noch *2.♗:b7+ ♔b8 3.c4* in der Hoffnung auf 3. ... ♗:f2+ 4.♕:f2 ♖:f2 5.♖f:d1, doch hat Schwarz die viel stärkere Zug-umstellung *3. ... ♖:f2! 4.♕:b5 ♖f:f1+ 5.♔h2 ♖h1* matt.

Zweifellos ein höchst merkwürdiger Partieschluß.

Diagramm 66: Die »schräge« Demaskierung wird erst »ge-rade« vorbereitet: *1.♘g5!! hg* machte erst die h-Linie und *2.♘g6!!* (droht 3.♘e7+ ♔h8 4.♕h3 matt) *2. ...fg* auch die 7. Reihe frei. Noch immer jedoch war es nicht Zeit zur Demaskie-rung; es opferte sich auch noch der Turm, damit der Läufer gleich mit entscheidendem Schachgebot eingreifen kann: *3.♖:g7+!!♔:g7 4.e6+* (endlich!). Schwarz gab auf. Das Matt ist unvermeidlich.

Gewiß ein erstaunliches Demaskierungsmanöver!

Diagramm 67: Freie Bahn dem Freibauern! Also: *1.♖:h7+!* ♕:h7 *2.f7!* ♖d8. Offensichtlich hat Schwarz nichts Besseres, da Weiß auf g8 mit Matt zu schlagen droht, während auf 2. ... ♖f8 einfach 3.♘:g6+ nebst Damentausch und ♘:f8+ ge-schieht, wobei der wild um sich schlagende Schimmel sogar noch den Läufer d7 einheimste. Aber just dieser Wendung fällt Schwarz auch jetzt zum Opfer! *3.♘:g6+ ♔g7 4.f8♕+!* Der Freibauer wird also gewissermaßen »umgewechselt« – aller-

dings zu einem für Schwarz sehr ungünstigen Kurs. *4. ...*
♖ :f8 *5.*♕ :h7+ ♔ :h7 *6.*♘ :f8+ nebst *7.*♘ :d7 und leichtem Gewinn.

Die Kunst der Abwicklung!

Diagramm 68: Wer das Paradoxe liebt, kann sagen: Der Bauer
h7 ist zwar anfällig, aber riesenstark! Doch nur, wenn man ihn
richtig in Szene setzt. Zunächst muß das Feld g7 seinen wichtigsten Schutz verlieren: *1.*♕ :d4+ !! cd *2.*♗ g7+ . Plötzlich meldet
der Freibauer seine Ansprüche an. Da *2. ...* ♖ :g7 an
3.♖ :e8 + nebst Matt scheitert, ist die Antwort erzwungen.
2. ... ♔ :g7 *3.*♖ :e7+ ♖ :e7. Resignation. Aber auch die Alternative *3. ...* ♔f6 *4.*♖ :e8 ist aussichtslos, da Schwarz kein
Dauerschach hat. *4.*h8♕ + ♔f7 *5.*♖h7+ ♔e6 *6.*♕c8+ ♔f6
7.♕f8+ . Schwarz gab auf.

Recht originell, wie der Freibauer Zug um Zug an Macht gewann!

Diagramm 69: Hier ist von einem Freibauern zunächst nichts
zu sehen, aber er entsteht und siegt zwangsläufig wie folgt:
1. ... ♖ :h2! Dies ist möglich infolge der überlegenen Stellung
der schwarzen Figuren. Demgegenüber spielt besonders der
Turm b2 eine traurige Rolle. *2.*♔ :h2 ♖h8+ *3.*♗h3 g4. Aha!
4.♗e1. Soll ein Fluchtfeld schaffen. *4. ...* ♖ :h3+ *5.*♔g1
♖h1+ *6.*♔f2 g3+ ! Weiß gab auf (*7.*♔e2 g2! usw.).

Diagramm 70: Sehr originell ist das Manöver, das die weiße
Partie nicht nur rettet, sondern die optische Lage in das Gegenteil verkehrt: *1.*♖ h6!! ♕d7. Wenn *1. ...* gh, so *2.*♕d4+ ♔g8
3.♕d5 + nebst *4.*♕ :c6 usw. *2.*♖ e6!! Wer hätte gedacht, daß
der »verlaufene« Turm noch so schön — laufen kann! *2. ...*
♕ :e6. Anderes ist auch nicht besser. *3.*d7 ♖ d6 *4.*d8♕ + ♖ :d8
5.♕ :d8+ ♕g8 *6.*♕ :b6, und Weiß gewann das Endspiel.

Nur selten gibt es solche Situationen im Schach, in denen
der erste Eindruck so gründlich täuscht!

Diagramm 71: Nach *1.*d7 ♘ g6 kam die hübsche zwangsläufige
Folge: *2.*♖ :g6! ♖ :g6 *3.*♕ :g6! ♖ :g6 *4.*♖c8+ ♖g8 *5.*♖ :b8
♖ :b8 *6.*♘d6! ♔g7 (*6. ...* ♖d8 scheitert an *7.*♘f7+) *7.*♘b7!
(nicht aber *7.*♘c8? wegen *7. ...* ♖b1 + nebst ♖d1), und Weiß
gewann.

Diagramm 72: Der unvermutete Vorstoß des d-Bauern *1.d7!!* brachte Schwarz in eine Zwangslage: *1. ... ♗:e4+ 2.♔a1 ♗d5.* Wenn er sich darauf verlassen hatte, so machte ihm der nächste hübsche weiße Zug den Ernst der Lage klar. *3.♘e6!! ♗:e6 4.d8♕ +.* Schwarz gab auf. Ohne Gegenchancen behält er im Endspiel glatt die Qualität weniger.

Wieder einmal eine sehenswerte Verwertung eines Freibauern!

Diagramm 73: Es kam nach *1.f5! ef 2.e6! d4* doch zu dem, was Schwarz gerade verhindern wollte: *3.♕:d4!!* — Und Schwarz gab auf, denn 3. ... ♖:d4 scheitert an *4.♖b8+ ♘f8 5.e7* nebst Matt.

Recht originell!

Diagramm 74: Man überlege sich folgendes: Schwarze Turmschachs sind nicht zu befürchten, da sie den weißen König näher heranlocken würden. Zieht Schwarz aber etwa 1. ... ♖d2, so wird er mit ♗d5! ausgesperrt. Der Läufer kann sich wegen ♖f8+ nur nach h6 bewegen. Und dagegen richtet sich der überraschende weiße Zug *1.h4!!*

Damit ist der Zugzwang komplett, denn wenn nun 1. ... ♗h6, so 2.♖d5!! ♖:d5 3.♗:d5, und der Läufer h6 kann nicht nach g5. Zieht Schwarz aber 1. ... h6, so bleibt das Dilemma mit 2.♔g2 bestehen. Deshalb: aufgegeben.

Das Wunder des Zugzwangs!

Diagramm 75: Simplex sigillum veri (das Einfache ist Siegel der Wahrheit). Das kann man von diesem Lösungsverlauf sagen, dessen Logik unwiderstehlich ist und dennoch mit der Wucht einer Sensation wirkt. Die weiße Idee ist, g6—g7 nebst ♗h7+ und Umwandlung des Bauern zu ziehen; aber Schwarz unterbricht mit f6—f5! die Läuferschräge und droht dann ♗f6. Was liegt also näher, als den vereint marschierenden Feind (die verbundenen Freibauern) zu trennen?

Gedacht, getan: *1.♗g5!!* Ein diabolischer Zug. Wenn jetzt 1. ... fg, so 2.g7!, und das Läuferschach auf h7 ist unabwendbar. Bei 1. ... f5 folgt natürlich 2.♗:d8, was ebenfalls leicht gewinnt. *1. ... ♗e7.* So gut und so schlecht wie alles andere. *2.g7!* Schwarz gab auf (2. ... f5 3.♗:e7).

Ein prächtiger Endspielwitz!

235

Ein Leser fragte übrigens an, ob nicht (nach 1.♗g5!!) noch 1. ... ♗c7 2.♗:f6 e4 3.♗:e4 ♗f4+ kleine Remischancen geboten hätte. Aber Weiß bildet mit 4.♔h5 ♗e6 (erzwungen) 5.♗d5! einen neuen Freibauern und gewinnt auch.

Diagramm 76: Erledigt sich originell mit *1. ... ♖ :g2! 2.♖ :g2 f2!!* Dieses Vorbeiziehen ist ein köstlicher Witz! Weiß gab auf; er kann den Freibauern nicht mehr stoppen.

Hätte Weiß diese Gefahr rechtzeitig erkannt, dann würde er statt h2—h3 besser ♔h1—g1! gezogen haben, wonach der Ausgang der Partie noch offen war. Aber auf die Erkenntnis kommt es im Schach eben an!

Diagramm 79: 1.♖d7! ist wohl geeignet, den Gegner aus dem Gleichgewicht zu bringen. Nimmt Schwarz die Dame, dann folgt ein typisches Matt-Treiben: 2.♖g:g7+! ♔h8 3.♖h7+ ♔g8 4.♖dg7 matt.

Naheliegend, aber falsch wäre die instruktive Reaktion 1. ... ♖:f2+?, denn Weiß schlägt natürlich nicht, sondern zieht 2.♔h1! Falls jetzt 2. ... ♖:e6 (weil der schwarze König das Fluchtfeld f8 hat), so gibt es ein seitliches Echo zu dem vorigen Mattfinale zu sehen: 3.♖d:g7+ ♔h8 4.♖g8+ ♔h7 5.♖1g7 matt. Wenn aber 2. ... ♗f8, so doch 3.♗:f2 ♛:f2 4.♕f7, und Weiß gewinnt leicht.

Aber die glänzende Parade *1. ... ♛ :f2+!!* rettete die Partie. Nach *2.♗ :f2 ♖ :f2+ 3.♔h1 ♖ :e6 4.♖d:g7+ ♔h8 5.♖g8+ ♔h7 6.♖ 8g7+ ♔h8* war Schwarz mit der Punkteteilung sehr zufrieden; 6. ... ♔h6 wäre zu gefährlich: 7.d5! ♖a6 (7. ... ♖ :e5 8.♖1g6 matt) 8.d6! usw.

Diagramm 80: Auf *1.♘f5+* wäre 1. ... ♔f8? wegen einer lehrreichen und hübschen Wendung verfehlt: 2.♕g5!! ♖c8 (2. ... ♛:g5 3.♖a8+ führt zum Matt) 3.♕:d8 ♖:d8 4.♖a8!, und Weiß gewinnt. Auch 1. ... ♔h7? verliert: 2.♕h3+ ♔g8 3.♖a8! ♖c8 4.♖ :c8 ♛:c8 5.♘e7+.

In der Partie spielte Schwarz daher richtig *1. ... ♔f6 2.♖a6+(!) ♖c6(!)* Selbstverständlich nicht 2. ... ba?? *3.♖ :c6+ bc 4.♕f3 gf 5.♕ :c3,* und die Partie endete nach einigen Zügen mit Remis.

Diagramm 81: Der Gegenangriff war es, der Weiß hier die Ret-

tung brachte. Nach *1.f6!* (1.♞:d5? ♝g1+) *1. ...*
♜:g2+ *2.♜:g2 ♝:c3(!)* kam für den Gegner unerwartet
3.♛:h7+ !! ♚:h7 4.♜g7+, und der Turm gibt Dauerschach,
wobei der schwarze König sogar noch auf der Hut sein muß,
um nicht matt zu werden.

Bemerkenswert ist schon der Zug *1.f6!*, der ja die Dame
preisgibt. Aber Schwarz kann sie nicht gut nehmen; nach
1. ... ♝:e4 2.fg+ ♚g8 3.♞:e4 stünde er gewaltigen Drohungen gegenüber.

Diagramm 84: Zweifellos eines der schwierigsten Endspiele
der letzten Zeit, denn der Witz von *1. ... ♝:a2* ist sehr ver-
steckt: *2.fe ♜:g5 3.♜h5 ♜:h5 4.♝:h5 ♚e7!* Droht 5. ... f6.
5.♞g4 ♚e6 6.♚:d3 f5!! 7.ef e. p. ♚f5! Nun ist eine Situation
entstanden, in der Figur und Bauer nicht mehr zum Gewinn
genügen! *8.♚d4 ♚g5.* Weiß muß die Figur zurückgeben, wonach sich eine theoretische Remisstellung ergibt. *9.♝e8 ♚:g4*
10.♚e5 ♚g5 11.♝d7 ♝f7 12.♝f5 ♝h5 13.♚e6 ♝f4 14.♝c2
♝e8 15.♝h7 ♝h5 16.♝g8 ♝g6 17.♝f7 ♝d3 18.♚e7 ♚e5!
19.♝b3 ♝g6 20.♝c2 ♝h5 21.♝a4 ♝g6 22.♝d1 ♝e8! Remis.

Ein prächtiger Endspielgedanke, der in die Anthologien ein-
gehen dürfte.

Diagramm 89: Momo (Mongolische VR) bewies, daß man
auch in Asien die Chancen der Springergabel wohl zu erkennen und zu würdigen weiß: *1.♛f8+ !! ♜:f8 2.♜:f8+ ♚:f8*
3.♞:d7+ nebst *4.♞:e5*, und Weiß hatte eine Figur mehr.

Diagramm 91: Es ist besonders eindrucksvoll. Nach *1.♛a8+*
♚g7 folgte gänzlich unerwartet *2.♝:e5+ !! ♛:e5 3.♛h8+ !!*
♚:h8, wonach der schwarze König samt seiner Dame im
Springerbereich stand: *4.♞:f7+* nebst *5.♞:e5* und Mehrfigur.

Ja, die richtigen Einfälle muß man haben!

Diagramm 92: 1.♜:e7+ ! beseitigte die beste Schutzfigur des
schwarzen Königs mit dem Hintergedanken, die ungeschützte
schwarze Dame zu erobern: *1. ... ♝:e7.* Auf 1. ... ♛:e7 ist
wohl *2.♝d5+ ♚g7 3.♞:h5+* am besten. *2.♝d5+ ♚g7*
3.♝h6+ !! Eine prächtige Pointe! *3. ... ♜:h6.* Ihm bleibt
keine Wahl: 3. ... ♚:f6 4.♛g5 matt! *4.♞e8+ ♚f8 5.♞:c7* mit
leichtem Gewinn.

Diagramm 93: Weiß gelang es, durch eine eigenartige zwingende Zugfolge sein Materialübergewicht zu vergrößern: *1.g6!* Droht Matt und greift den Turm an. Es bleibt Schwarz nichts anderes als *1. ... ♕:g6+ 2.♖g3 ♕d3.* Nun aber war es endgültig um den Turm geschehen: *3.♗g5!*

Sehr originell!

Diagramm 95: Weiß konnte nach *1.♖h4! ♖bf8* (1. ... ♖:h4 2.gh+ kostet den Läufer) durch *2.♖g4+ ♔h5 3.♖:f6!* eine Figur gewinnen, da auf *3. ... ♖:f6 4.♖h4+ ♔g5 5.♖:h8* geschieht.

Feine Technik mit Zwischenzügen!

Diagramm 96: Nach *1.♘f4!* gewinnt die Drohung *2.♘e6* eine Figur (bei 2. ... ♘:e6 3.de ♗c6 4.e7 usw.). Versucht der Springer aber zu flüchten, so wird er (nach 1. ... ♘b7) durch *2.b4!* festgehalten, und jetzt droht Weiß *3.♘e6* nebst *4.♘:c7.* Eine Konstellation, wie man sie nicht alle Tage sieht.

Diagramm 112: Mit *1.♖:h6+ !* hätte Weiß elegant gewinnen können: *1. ... gh.* Falls 1. ... ♔g8, so *2.♖h8+! ♔:h8 3.♕h6+* nebst matt. *2.♕f5+ ♔g8 3.♕g4+ ♔f8 4.♕g7+ ♔e7 5.♕e5+ ♔f8.* Oder 5. ... ♔d8 6.♕b8+ ♔e7 7.♗c5+ mit Damengewinn. *6.♗c5+ ♘e7 7.♕h8* matt.

Diagramm 113: Fischer wälzte nach *1. ... ♕e8? 2.♗:d4 ed* mit *3.♖f6!!* dem schwarzen f-Bauern einen Stein vor die Tür, so daß jetzt (nach 3. ... ♗:f6 4.e5!) der Punkt h7 nicht mehr gedeckt werden könnte.

Deshalb versuchte Schwarz *3. ... ♔g8 4.e5 h6,* gab aber nach dem einfachen Zug *5.♘e2!* das Spiel auf; denn rettet er den Springer d6, entscheidet 6.♖:h6! (6. ... f5 7.♗c4+ ♖f7 8.♘f4! usw.).

Ein bekannter Kombinationstyp, der allerdings doch nicht allzu oft vorkommt.

Diagramm 114: 1.♖:f7!? ♖:e3 2.h4 ♖e2+ 3.♔h1 ♕:g3? Man sieht, daß selbst große Meister gegen Patt-Reinfälle nicht gefeit sind. Denn sicherlich zum Gaudium der Zuschauer folgte sehr effektvoll *4.♕g8+ !! ♔:g8 5.♖:g7!+,* wonach Schwarz nur die Wahl hat, den Gegner patt zu setzen oder aber ein Dauerschach des Turmes auf der siebenten Reihe in Kauf zu nehmen. Also Remis.

Diagramm 115: Der 15jährige Rowe wies auf den Zug *1.♘:g5+!*hin, der mit Schachgebot erfolgt und somit die Verteidigung ♛d4 ausschaltet. Daß der schwarze König das Feld h6 bekommt, ist wegen einer Finesse ohne Bedeutung: *1. ... hg.* Wenn *1. ... ♔g6,* so *2.♗e4+ ♔:g5 3.♖:g7+* und Matt bzw. *2. ... ♔h5 3.♖:g7* mit klarem Gewinn. *2.♗e4+ ♔h6 3.♖h8+!♗:h8 4.♖h7*matt.

Und die Moral: Man soll den Gegner beschäftigen und ihm nicht Zeit zu Verteidigungszügen geben.

*Diagramm 116:*Eine interessante zwangsläufige Zugserie hätte den schwarzen König zur Strecke gebracht: *1.♖:f7!* Beseitigung eines Eckpfeilers! *1. ... ♔:f7.* Er hat keine Wahl! *2.♗c4+ ♔f8 3.♖f1+ ♗f6 4.♖:f6+ gf 5.♛g8+ ♔e7 6.♛e6+ ♔f8 7.♛:f6+* nebst Matt.

Aber auch hier ging Weiß an seinem Glück vorbei!

*Diagramm 117:*Weiß machte den Desperado-Zug *1.♗c4!!,* der der Dame mit Tempo den Weg zur h-Linie freilegt. Es folgte*1. ... ♘:c4(?).* Ganz chancenlos. Mehr Probleme stellte *1. ... ♖:c4* dem Gegner, denn danach wäre *2.♖h8+ ♔:h8 3.♗:f6* (um mit der Dame den Schlußstrich zu ziehen) wegen *3. ... ♘g4!* ein Schlag ins Wasser. Weiß hätte also besser mit *2.♗:f6 ♘:g6 3.♗:e7 ♘:e7 4.♛:d6* fortgesetzt. *2.♖h8+!♔:h8 3.♛h2+ ♔g8 4.♗:f6?* Zu hastig! Erst mußte noch das dritte Figurenopfer *4.♘d5!!* eingeschaltet werden, um der schwarzen Dame Halt zu gebieten. *4. ... ♛g5+!!* Eine instruktive Verteidigungsidee! *5.♗:g5 ♗:g5+ 6.♔b1 ♗h6 7.♘e2 ♘e3 8.♖h1.* Bei diesem und dem nächsten Zuge verrechnet sich Weiß; nur merkt es der Gegner nicht! *8. ... ♖:c2 9.♛:d6 ♖:e2 10.♛:e6+ ♔h8 11.♛e7,* und die Stellung des Diagramms 118 ist erreicht.

Diagramm 118: Schwarz gab vor Schreck auf, weil sowohl ♛:f8 matt als auch ♖:h6+ droht. Aber 11. ... ♔g8! deckte beides, weil nun ♖:h6 wegen ♖e1 matt nicht angängig ist. Es ist sehr die Frage, ob Weiß mehr als Zugwiederholung ♛e6+ und wieder ♛e7 hat.

Man denke immer an die Laskerschen Ressourcen, über die auch eine schwache Stellung sehr häufig verfügt.

Diagramm 120: Auf *1.♗:c7??* ♖*:c7* 2.♖*:b4* folgte der feine Entfesselungs- und Drohzug 2. ... ♖*ac8!* Nun hängt der Turm b4 wirklich; außerdem droht 3. ... ♖c1 + nebst matt. Das läßt sich nicht ausreichend parieren. Weiß gab deshalb auf.

Diagramm 122: Auf *1.♖c7?* geschah der verblüffende Zug *1.* ... ♖*c5!!,* und Weiß mußte aufgeben, da 2.dc ♕d1 matt, 2.♖*:d7* ♖c1 matt und 2.♖*:c5* ♕*:b7* zur Folge hätte.

Ein eigenartiges Fesselungsbild, das wir in unser schachliches Unterbewußtsein aufnehmen wollen.

Diagramm 123: Auf *1.* ... ♗*g8??* (nach Fuchs hätte 1. ... ♖*:f2!* für Schwarz gewonnen!) entschied Weiß auf höchst originelle Weise mit *2.♕:h6+ !!* den Kampf. Schwarz gab sofort auf. Zum Beispiel 2. ... gh6: (2. ... ♗h7 3.e6! usw.) 3.e6 + ♔h7 4.♗e4 + nebst Matt. Ein Problemmatt.

Diagramm 126: 1.♖:c7? sah für Weiß und die umstehenden Kiebitze ganz sicher aus, stand doch notfalls das Entfesselungsschach auf c8 zur Verfügung.

Nicht doch, dachte Schwarz und zog studienhaft *1.* ... ♗*e8!!* Danach muß Weiß verharren. *2.♔f1.* Besser war noch 2.h4! g6 3.♔h2, wobei Weiß mit Bauernverlust davongekommen wäre. Jetzt büßt er zwangsläufig die Qualität ein. *2. •. ... g6! 3.♔e1 ♔g7!* Mit seinem letzten Manöver hat Schwarz das Turmschach auf c8 ausgeschaltet und droht verblüffend einfach ♗e8–b5–a6. *4.♖c8.* Auf diesen Stellungswechsel hatte Weiß seine Hoffnung gesetzt. Aber nun verlagert Schwarz die Fesselung von der Waagerechten auf die Senkrechte — gewiß eine originelle Idee! *4.* ... ♗*d7 5.♖b8* ♖*a1 +.* Wäre, wie oben angedeutet, 2.h4! und 3.♔h2 geschehen, dann hätte Schwarz das Schach nicht und müßte sich mit 5. ... ♖a2 begnügen, wonach Weiß wegen der Drohung ♖b2 den Bauern f2 aufgeben müßte. *6.♔d2* ♖*b1!* Jetzt kann sich Weiß auf keine Weise mehr befreien. *7.♔e3 ♗c6! 8.♗:c6* ♖*:b8.* Weiß gab sich geschlagen, da er seinem Gegner die nur mehr technische Durchführung des Gewinns zutraute.

Dieses hochinteressante Endspiel mit seinem Fesselungs-
wechsel wird man nicht so leicht vergessen! (Nach Analysen
von Kirby.)

Diagramm 128: Nach *1. ... ♕h8?* geschah der teuflische Zug
2.♗:f6!!, der auf witzige Weise das Remis erzwang. *2. ... ef.*
Nicht aber *2. ... ♔:f6? 3.♕g6* matt bzw. *2. ... ♕:f6? 3.♕g8*
matt — Das Zwischenschach auf h1 würde an der Lage nichts
ändern. *3.♕d7+* mit Dauerschach.

Diagramm 129: Auf *1. ... ♖e8* hätte Weiß sehr überraschend
2.♘a4 ♕c7 3.♘b6!! mit Qualitätsgewinn gespielt, da sich
3. ... ♕:b6 wegen *4.♗a5!* verbietet. Allerdings muß die technische Verwertung des Vorteils durch Weiß noch sehr sorgfältig erfolgen. Schwarz kann mit *3. ... ab 4.♕:a8 ♘a6* die
Dame einsperren. Doch spätere Analysen ergaben, daß Weiß
nach *5.♕a7!* genügend Befreiungsmöglichkeiten besitzt.
   Auf alle Fälle: Das Schwert hing an verborg'ner Stelle!

Diagramm 130: Auf *1.♘d5?* kam *1. ... ♘:d5! 2.♕:d3 ♘f4!*
3.♕e3 ♖:d2! Soll Weiß auch noch die andere Qualität haben!
4.♕:d2. Nun ist die weiße Dame in die gewünschte schutzlose
Position gedrängt. *4. ... ♕g5!* Und dieser »Hebelgriff« entscheidet! Geradeaus droht auf g2 Matt und seitwärts *5. ...*
♘h3+ nebst *♕:d2. 5.♕:f4.* Verzweiflung. *5. ... ef,* und
Schwarz gewann leicht.

Diagramm 131: Nach *1.♕:c7? ♗d4! 2.♖e2* überraschte
Schwarz den erschrockenen Gegner mit dem drolligen Rückzug *2. ... ♘a8!!,* der die weiße Dame von der lebenswichtigen
Diagonale b8–h2 vertrieb. Weiß gab sofort auf; bei *3.♕:b7*
z. B. käme *3. ... ♕:g3+ 4.♔h1 ♕f3+ 5.♔h2 ♖f5!,* wobei
also Schwarz sogar den Springer a8 mit Schach einstehen lassen kann. Eine feine Pointe!

Diagramm 132: Wohl gewann Schwarz nach *1.c5! ♘:c5?* (übrigens ist das Fragezeichen eigentlich fehl am Platze, da Schwarz
kaum eine andere Wahl hat; der Fehler lag eben schon früher,
als er sich im Hinblick auf die folgende Wendung den Zug
c4—c5 gefallen ließ) *2.dc ♗g3+* die weiße Dame: *3.♘:g3!*
♕:d1, doch war die Freude nur von kurzer Dauer, denn mit

4.♘b5+ glückte Weiß eine vorteilhafte Revanche. Schwarz verliert die Dame zurück und verbleibt mit einer Figur weniger. »Betrogener, betrüge!«, hat schon Goethe angeraten.

Diagramm 133: »Er glaubt zu schieben, doch er wird geschoben!«, ist das Motto zu dieser Aufgabe. Nach *1. ... ♔d4* glaubte Weiß mit *2.♕:d3+? ♔:d3 3.♖d1+* zu gewinnen, doch nach *3. ... ♔e2!* zerrann der schöne Traum. Weiß gab auf, denn falls er 4.♖:d6 spielt, macht sich Schwarz mit 4. ... gf+ usw. eine neue Dame.

Man soll eben einen Freibauern vernichten, ehe man anfängt zu »dichten«!

Diagramm 134: Auf den fehlerhaften Zug *1.♖d5?* kam elegant (wenn auch sehr naheliegend) *1. ... ♖d:e8!* mit Mattdrohung auf e1, da Weiß kein Luftloch hat. Weiß gab sofort auf.

Statt dessen hätte 1.♖e7 geschehen sollen, worauf Schwarz wohl am besten mit 1. ... ♕g4! fortsetzt. Aber so ist es ja eben im Schach: Wer das Wenn erstiegen, sieht das Aber liegen.

Diagramm 135: 1.♖:e5! ♕:e5? scheitert an *2.♕h8+!*, denn Schwarz muß ♖g8 antworten und büßt also seine Dame ein. Freilich ist eine voll befriedigende Fortsetzung für Schwarz nach 1.♖:e5! nicht zu sehen; Weiß hat in jedem Falle starken Angriff. Dennoch gefällt der Witz des Turmzuges.

Diagramm 136: Glänzend war der schwarze Sperrzug nach *1. ... ♗b3 2.♔d3,* nämlich *2. ... ♖e2!!* Da nun 3.♕:e2 an 3. ... ♗c4+ und 3.♔:e2 an 3. ... ♕:c2+ scheitert, versuchte Weiß mit *3.♘:e2 ♕:c2+ 4.♔e3* zu flüchten. Aber nach *4. ... ♖e8+ 5.♔f4 ♖:e2 6.♕f1 ♔h6!* drohte Matt durch ♖e4+ usw. Es folgte *7.♖e1(?)* Auch andere Züge retten nicht. *7. ... ♕d2* matt. Was es nicht alles so gibt!

Diagramm 137: Der glänzende »Zwischenzug« *1. ... ♖e3!!* setzt den Turm zwischen Dame und Springer von Weiß und ermöglicht das Eindringen der schwarzen Dame, was schnelle Entscheidung bringt: *2.♖a8+ ♔g7 3.♕a7 ♕:f3 4.♕:b7+ ♔g6 5.♖g8+ ♔h5 6.fe ♗:e3+.* Weiß gab auf.

Ein häufiges Geschehen: Strategie am Damenflügel übertrumpft durch Taktik am Königsflügel!

Diagramm 138: Der glänzende Sperrzug *1. ... ♗g4!!* stellte Weiß ein unlösbares Problem. Da ♗:g5+ droht, aber auch 2. ... d2+ 3.♔d1 ♗:f3+, blieb Weiß nur 2.♖:g4, doch nun hatte der Turm h1 eine Deckung verloren, und nach *2. ... d2+* war es aus. Weiß gab auf. Man prüfe: 3.♔d1 ♕:f3+ 4.♔:d2 (4.♕e2 ♕:h1+) 4. ... ♖d8+ 5.♔c1 ♕a3+ 6.♔b1 ♖b8+.

Sagen Sie bitte nicht: Warum denn einfach, wenn's auch kompliziert geht? Denn immerhin hat der Genieblitz ♗g4!! den Sieg erzwungen, der bei *1. ... ♗g7* nur winken würde.

Diagramm 142: Der Prachtzug *1.♘f6!!* stellt Schwarz vor unlösbare Probleme. Es droht jetzt ♕:g7 matt; 1. ... ♖:e7 geht nicht wegen 2.♕:c8+. Nimmt Schwarz aber die weiße Dame, so entscheidet der raffinierte Zwischenzug 2.♘:e8!!, und die Mattdrohung ♖f8 verhindert, daß sich die schwarze Dame in Sicherheit bringt.

Nach *1. ... ♕:b2+ 2.♔h1* gab Schwarz auf, da bei *2. ... ♖g8* ein weiterer feiner Zug entscheidet: *3.♕e4!!*
Wunderschön!

Diagramm 146: Originell ist die Schwenkung der Dame wie in dem berühmten Problem von Kohtz und Kockelkorn: *1.♕h4!!* Und nicht sogleich 1.♕a4, weil nach etwa ♖b6 2.♕e8+ Schwarz über die Verteidigung ♖f8 verfügt. *1. ... ♔h8.* Es drohte 2.♕:f6. Bei einem Rückzug des bedrohten Turmes käme entscheidend f5—f6!, und im Falle von ♔f8 wäre ♕:h7 zu stark! Mit der Dame kann Schwarz den Turm f6 nicht schützen, da diese den Bauern c2 gefesselt halten muß. Der Textzug freilich läßt die grandiose weiße Schwenkungsidee voll zur Geltung kommen. *2.♕a4!!* Schwarz gab auf. Gegen die Doppeldrohung ♕:b3 bzw. ♕e8+ gibt es keine Verteidigung mehr. Sehr witzig, wie Weiß hier dem Gegner die gute Verteidigung ♖f8 nahm!

Diagramm 150: 1.♖g8+, um nach ♔:g8 auf g6 mit Schach nehmen zu können, scheitert an 1. ... ♕:g8! Deshalb gilt es, die Dame erst abzulenken: *1.♗c5+! ♕:c5* und nun *2.♖g8+!* *♔f7.* Oder 2. ... ♔:g8 3.♕:g6+. *3.♕:g6+ ♔e6 4.f7+.* Schwarz gab auf. Ein lehrreiches Manöver!

Diagramm 151: 1.♘g6?? erwies sich, so wohlmotiviert es aussah, nach 1. ... ♖:d1! als ein kapitaler Mißgriff. Sofort erkannte Weiß seinen Irrtum und gab die Partie auf. Bei 2.♘:d1 käme »einfach« der Zwischenzug 2. ... ♗b4!, der den angegriffenen Läufer rettet und den Turm e1 bedroht, während der Springer g6 »en prise« bleibt. Auch der Versuch 3.♘:h8 ♗:e1 mißglückt, da der Springer h8 nicht herauskommt, der Läufer e1 wohl.

Diagramm 152: Man soll doch seinen König nicht so in den Brennpunkt des Kampfes stellen, wie es hier Schwarz mit seinem König auf f7 tat. Er wurde jedenfalls mit *1.♖:d5!* peinlich überrascht. Es folgte *1. ... ♘g3+.* Die Zwischenpointen beginnen. Falls 1. ... cd 2.♗:d5+ ♔e7, so nicht sofort 3.♗:a8? ♘g3+!, sondern am einfachsten erst *3.♕e4+! 2.hg* ♕:c2 *3.♖f5+!* Nun ist Weiß mit einem Zwischenschach an der Reihe. *3. ... ♔g6.* Bei 3. ... ♔e7 4.♖e1+ ♔d7 5.♗e6+ gerät Schwarz in ein interessantes Zwischenschach-Kreuzfeuer! *4.♗:c2 ♖:f5 5.g4!* Der letzte Streich. Schwarz gab auf.

Diagramm 153: Der Gegenangriff *1.♕:b5?* erwies sich als Bumerang, denn nach der feinen Antwort 1. ... c6! kamen die weißen Schwerfiguren ins Gedränge. Es folgte 2.♖:c6. Nach 2.♕:c6 antwortet Schwarz 2. ... ♗f7!, und da Weiß den Turm a6 gedeckt halten muß, kann er nichts zur Rettung des Springers d2 tun. Deshalb gibt er ihn lieber gleich her. *2. ... ♘:d2 3.♖d6 ♖f8,* und Weiß gab auf. Den Bauern (b5) bekam er, den Springer (d2) verlor er ... Ein schlechtes Geschäft!

Diagramm 155: 1. ... ♗:h3 hielt Weiß für inkorrekt, weil er nach *2.gh* ♕:h3 die Parade 3.♕e6+ hat. Aber Schwarz spielte nicht 2. ... ♕:h3, sondern erst *2. ... ♗c5!!* (ein hübsches Ablenkungsmanöver!) und nach *3.♕:c5 3. ... ♕:h3,* denn jetzt hat Weiß keine Verteidigung mehr. Es folgte noch *4.♖:f8+ ♖:f8 5.♗h7+ ♔:h7 6.♕:f8 ♕h2+ 7.♔f1 g2+ 8.♔e2 g1♕+ 9.♔d1 ♕g4+ 10.♔c1 ♕hf4+,* und Weiß gab auf.

Diagramm 158: Sehr instruktiv stellt sich hier die schwarze Dame mit zwei Schachgeboten hinter ihren Springer: *1. ... ♕c1+! 2.♔h2 ♕f4+!,* der nun bei 3.♔g1 mit Schach auf f3 »abziehen« und so die weiße Dame erobern würde. Also spielte Weiß *3.♔h1,* doch nun ging mit *3. ... ♕f1+ 4.♔h2 ♕:e2 5.♕:e5* die Qualität verloren und später die Partie.

Diagramm 159: *1.♘d4+* gewann Raum für den weißen König, so daß nach *1. ... ed* unbedenklich *2.♖:c4* geschehen konnte. Nach *2. ... ♖b1 3.c6 ♖d1+ 4.♔e2 ♔:c4 5.♔:d1* gab Schwarz auf.

Diagramm 161: Die Kreuzfesselung *1. ... ♗d4+ 2.♗e3 ♕g5??* war eitel Blendwerk, denn mit *3.♕:d4!!* beseitigte Weiß den fesselnden Läufer, wobei der eigene Läufer gedeckt blieb und die schwarze Dame nun wirklich »en prise« stand. Schwarz gab auf, denn ohne Figurenverlust kommt er nicht mehr davon. Es ist nicht alles echt, was fesselt!

Diagramm 162: Hier erwies sich nach *1. ... ♖e8?* die Fesselung als unecht; Weiß kann ruhig die Dame hergeben, um sie dann wie »Phönix aus der Asche« neu erstehen zu lassen und dabei gleichzeitig die schwarze Dame mit einzukassieren — ein lukratives Geschäft! Also *2.ef♕:e2 3.f7+ ♔h8 4.♗:g7+!* Die Pointe! Schwarz gerät in ein tödliches Abzugsschach! *4. ... ♔:g7 5.ef♕+.* Schwarz gab auf.

Diagramm 163: Überraschend spielte Schwarz einfach *1. ... ♕:f4! 2.gf♗g8!,* gewann die weiße Dame zurück und sicherte einen siegverheißenden Mehrbesitz.

Ein immerhin eigenartiger »künstlicher« Damentausch!

Diagramm 164: Mit dem originellen Manöver *1.♘:f3! gf 2.♕g7+!!* kann Weiß die Entfesselung des Bauern g3 erzwingen, zum Beispiel *2. ... ♔:g7 3.gh* bzw. *2. ... ♖:g7 3.♖e8+ ♖g8 4.♖:g8+ ♔:g8 5.gh* usw. Ein zündender Einfall!

Diagramm 165: Bei *1.♕:c5?* beachtete Weiß nicht die mögliche Abdrängung des fesselnden Läufers: *1. ... g5!,* denn der Läufer f4 muß, will er die Sicherheit der weißen Dame verbürgen, auf seinem Platze ausharren. Das bedeutet also Figurenverlust für Weiß. Und der verzweifelte Versuch *2.♖:e8* gab nach *2. ... ♕b1+!* der Partie ein sofortiges Ende. Weiß streckte die Waffen.

Diagramm 166: Nach den Andeutungen liegt der Prachtzug
1. ... ♛h4!!, um die fesselnde weiße Dame abzulenken und
zu ♖:d1 matt zu kommen, nahe. Es folgte *2.♛c5?* Verliert sofort. Mit *2.♛a3!* indessen war noch Widerstand möglich;
Schwarz hätte sich dann mit 2. ... ♖f2 begnügen müssen.
2. ... ♛c4!! Mit dem alten Motiv und mit neuen Drohungen.
Dem hatte Weiß nur noch *3.♛:d6+ cd 4.♖:f5* entgegenzuset-
zen, doch ließ sich damit die Partie nicht mehr halten: *4. ...
♛e2 5.♖c1 ♖g1 6.♘d3 ♖:c1+ 7.♘:c1 ♛:h2,* und Schwarz
gewann leicht.

Diagramm 169: Nach *1. ... ♗c5* war der Läufer d4 »angebunden«, und Weiß darf keine Zeit verlieren. Das notwendige
Tempo brachte der prächtige Zug *2.♛h7+!!,* der zu einem se-
henswerten Matttreiben führte: *2. ... ♔:h7 3.♖:g7+ ♔h8
4.♖g8+ ♔h7 5.♖1g7+ ♔h6 6.♖g6+ ♔h7 7.♖8g7+ ♔h8
8.♖h6* matt. Noch immer wirkt der Läufer d4 am Mattnetz
mit ...

Diagramm 170: Es beginnt mit einem Damenopfer: *1.♛g5+!!
♗:g5 2.hg+ ♔h5,* und nun würde g3–g4 matt setzen, wenn
der Bauer g3 nicht gefesselt wäre. Sehr einfach: Wir lenken mit
3.♖h8!! ♛:h8 die fesselnde Dame ab und können nun das
Matt ausführen. *4.g4* matt.
   Nur schade, daß solche Traumstellungen in eigenen Partien
so selten auftauchen!

Diagramm 172: Auf *1.♘g5+ ♔f6* kam der bekannte Blitz aus
heiterem Himmel: *2.♔f1!,* der Schwarz zwang, die Qualität zu
geben. Wenn sich nämlich der Turm e2 rettet, so ist jetzt der
Bauer f2 entfesselt, und *3.f4!* vollendet die Einschließung des
schwarzen Königs: Es droht unabwendbar ♖f7 matt. Auf den
Fluchtversuch 3. ... ♔f5 würde freilich erst noch 4.h3! erfolgen.
   Benkö entschied sich für *2. ... ♖:f2+ 3.♔:f2 ♔:g5* und
verlor schnell: *4.♔e3 ♔g4 5.b5 ♔h3 6.♖c4 ♘b2 7.♖c2.*
Schwarz gab auf.
   Eine unterhaltsame Episode!

Diagramm 173: Auf *1. ... ♛b3?* kam die wirklich teuflische
Antwort *2.♗g5!!,* deren Pointe man nicht so leicht durch-

schaut: *2. . . . ♛:a3*. Der erschrockene Führer der schwarzen Steine resigniert, weil er erkennt, daß auf *2. . . . ♝:g5* einfach *3.♘:b3* geschieht (*3.♖f8+* statt dessen reicht nicht) und auf *2. . . . ♝:c5 3.♛:c5 ♝f7* (gegen *4.♖f8 matt* gerichtet) *4.♖:f7! ♔f7 5.♛:d5+* der Turm a8 verlorengeht. *3.♝:e7!!* Die eigentliche Pointe der Kombination. Infolge der Mattdrohung auf f8 behauptet Weiß eine Mehrfigur. *3. . . . ♝g6 4.ba h6 5.♖f3 ♝c2 6.♖e3 ♝b3 7.e6 ♔h7 8.♝d6 ♔g6 9.e7*. Schwarz gab auf.

Fast war es zu schön, um wahr zu sein: Und doch stimmte alles!

Diagramm 175: Die Stellung der beiden Springer ist sozusagen »entwurzelungsreif«. Demgemäß geschah *1.♖:d7! ♖:d7 2.♖:e8+! ♘:e8 3.♖:e8+ f6 4.♛:f6+*, und Schwarz gab auf. Die lange Diagonale hat wieder einmal gesiegt!

Diagramm 176: Auf *1.g4?* folgte sehr kräftig *1. . . . ♖d3!!* Dies droht *♖:e3* nebst *♛:g5*, also Entwurzelung des ♘g5, und der Gegenangriff *2.gh ♖:e3 3.hg* scheitert daran, daß Schwarz mit Schach auf g5 schlägt.

Es geschah weiter: *2.b4*. Falls *2.♝f4*, so *♖f3!*, und wenn *2.c5*, so *♖:e3 3.fe ♝:f1* nebst *♛d2* — immer zum Vorteil von Schwarz. *2. . . . ♛e5 3.♘f3 ♛:e3!!* Die abschließende schöne »technische« Pointe, die Schwarz ein vorteilhaftes Endspiel sichert. *4.fe ♝:h4 5.♘:h4 hg 6.♘g2 g5!*, und Schwarz gewann.

Diagramm 177: 1. . . . b5? unterbrach die Linie der Dame nach e8, so daß der prächtige Zug *2.♖e8!!* Schwarz vor unlösbare Probleme stellte. Schlagen kann er den kecken Turm nicht wegen *♛:f6 matt*, was außerdem auch droht. Zieht er *2. . . . ♔g7*, so führt *3.♖:f8 ♔:f8 4.♛:f6+ ♔e8 5.♝f7+!* zum Matt, wie leicht zu sehen. Was blieb da übrig? Aufzugeben, und das tat Schwarz denn auch.

Diagramm 178: Der Donnerschlag *1. . . . ♖c1+!!* leitete eine Blitzaktion ein, die zu einem schnellen Matt führte: *2.♛:c1*. Bei *2.♖:c1 ♛:d2* ist das Matt auf die Dauer ebenfalls unvermeidlich. *2. . . . ♖:a3+! 3.♔b1*. Falls *3.ba*, so sofort *3. . . . ♛a2 matt, 3. . . . ♖a1+!* Daß die schwarze Dame via a8 doch zum Mattsetzen auf a2 kommt, macht den besonderen Reiz dieses Schlußspiels aus. *4.♔:a1 ♛a8+ 5.♔b1 ♛a2 matt*.

Der Bauer b3 war der Schlüsselstein, der Stützpunkt für seine Dame. Und die anderen Kavaliere!? Das sich opfernde Türmepaar.

Diagramm 182: 1.♖d8+! ♖:d8 2.♗h3+ ♖d7 3.♖:d7! hätte für Weiß gewonnen; infolge der Mattdrohung kann Schwarz den durch Abzugsschach gefährdeten Turm nicht retten, z. B. 3. ... ♖a3+ 4.♔d3+ usw. (nach Staudte).
Eine sehr lehrreiche Wendung!

Diagramm 183: Statt 1.♔b1? mußte Weiß sehr elegant *1.♗c4!!* ♛:c4+ (wegen der Mattdrohung ♛h6+ usw. hat Schwarz keine Zeit) *2.b3!* ziehen, was die Dame erobert hätte, wie hinterher leicht zu sehen ist.

Doch auch der Großmeister hatte in der Partie nicht an eine solche Möglichkeit gedacht, sonst hätte er natürlich das Zwischenschach auf e6 nicht gegeben.

Diagramm 187: Die weiße Dame mußte sich nicht »still« (1.♛e6) an den Gegner heranpirschen, sondern mit Schachgetöse, was den schwarzen König unweigerlich zur Strecke gebracht hätte: *1.♛g3+ ♔h8 2.♛e5+ ♔g8 3.♛g5+! ♔h8 4.♖:f7.* Zwischendurch ein stiller Zug! 4. ... ♛:f7 5.♛d8+ ♛g8 6.♛f6+ nebst matt.
So wäre der Bauer h6 glänzend zu seinem Recht gekommen. Das von uns etwas geheimnisvoll angedeutete richtige »Bieten« war also ein richtiges — »Schachbieten«.

Diagramm 188: Sehr originell ist das von Euwe entdeckte Mattbild: *1.♘e6! ♖ae8.* Oder 1. ... fe 2.fe+ f5 3.♛f4 ♛b1+ 4.♘c1 ♖f8 5.♖:g8! usw. *2.♖:g8! ♖:g8 3.♛:h6+!! ♔:h6 4.♖h3* matt.
Ein komfortabler Gewinn — leider nur in der Analyse!

Diagramm 191: Auf 1. ... ♛b6? setzte Weiß hochelegant mit *2.♛:f6+!! ♔:f6 3.♖f1+* matt (3. ... ♔e7 4.♗g5 matt).

Diagramm 192: Auf 1.♔f1? folgte drastisch *1. ... ♛h4!!,* und Weiß mußte sofort aufgeben, da er f2 nicht mehr decken kann und auf 2.♘:h4 2. ... ♖:f2 matt möglich wird.
Nur wer die Mattbilder kennt, wird so etwas finden.

Diagramm 193: Zeit gewann Weiß nach *1. ... cd?* durch *2.♕:f7+!,* denn nun kann nach *2. ... ♗:f7* der Turm c8 mit Schach geschlagen werden, und Schwarz wird matt. Bei sofort *2.♖:c8?* hätte Schwarz mit *2. ... ♕:a1+* selbst auf der ersten Reihe matt gesetzt.

So nahe beieinander liegen im Schach die Gegensätze!

Diagramm 194: Es folgte ein Donnerschlag: *1. ... ♖e1+ 2.♔h2 ♖h1+!!* Weiß gab auf (3.♘:h1 ♕:g2 matt bzw. 3.♔:h1 ♕h3+).

Ein altes Thema mit neuer Pointe.

Diagramm 195: Nun triumphierte Schwarz mit einer listigen Wendung: *2. ... ♕g1+! 3.♔b2 a3+!!* Der Bauer, der es scheinbar auf den Läufer abgesehen hatte, zieht stolz vorbei. So etwas wird häufig übersehen. Weiß gab auf (4.♔:a3 ♕c1 matt).

Wahrscheinlich hat diese Partie den »Tagespreis« bekommen!

Diagramm 196: Der prächtige Zug *1.♕f8+!!* zauberte ein bekanntes Mattbild auf das Brett: *1. ... ♔:f8 2.♗h6+ ♔g8 3.♖e8* matt. Den Keller (die achte Reihe bei Schwarz, erste Reihe bei Weiß) soll man sorgsam bewachen. Wenn Schwarz den Turm auf der achten Reihe gelassen hätte, stände Weiß zwar auch besser, aber ein Remis wäre doch wahrscheinlich.

Diagramm 197: Nach *1. ... ♕:b3?* konnte Weiß die verfahrene Partie noch durch ein überraschendes ewiges Schach auf den schwarzen Feldern retten: *2.♕b8+ ♔g7 3.♘h5+!* Öffnet den letzten Zugang. *3. ... gh.* Nicht etwa *3. ... ♔h6?* *4.♕f4+,* und Schwarz wird matt. *4.♕g3+ ♔f8 5.♕b8+ ♔e7 6.♕c7+ ♔f6 7.♕f4+ ♔g6 8.♕g3+ ♔h6 9.♕f4+ ♔g6 10.♕g3+.* Remis.

»Sehr ärgerlich«, dachte vermutlich Schwarz; »recht freundlich«, hingegen Weiß.

Diagramm 198: Sehr kompliziert, aber auch sehr fein ist hier der Gewinnachweis. Nach *1. ... ♕g3+! 2.♔h1* mußte *2. ... e3!!* geschehen. Da 3.fg noch immer am Matt scheitert und 3.♕:f4 ♕:f4 ebenfalls ganz chancenlos ist, hat Weiß nicht viel

Auswahl. Man prüfe: I. 3.♗e2 ♕h3+ 4.♔g1 ef+ 5.♖:f2 ♖:f2 usw., II. 3.f3 ♕h3+ 4.♔g1 ♖:g4+! usw., III. 3.♖a7 ♕h3+ 4.♔g1 ef+ 5.♖:f2 ♕g3+! (ein raffiniertes Tempospiel!) 6.♖g2 (oder 6.♔h1 ♕h4+, und der Turm f2 fällt mit Schach!) 6. ... ♖f1 matt. (Nach »British Chess Magazine«.) An so viel Glück hatte Schwarz in der Stellung nicht geglaubt! Manchmal ist das Schach doch eine Art Lotteriespiel — mit dem Unterschied, daß einem dort der mögliche Gewinn in den Schoß fällt, während man ihn im Schach selbst finden muß!

Diagramm 199: Der Wegzug des Läufers g2 war unerläßlich. Nach dem sorglosen *1. ... h5?* jedenfalls folgte instruktiv *2.♘d3!!,* und infolge der Mattdrohung auf f2 konnte Schwarz den Läufer nicht mehr retten und bekam so eine Null in der Tabelle (auf die Schnelle, wie der Berliner sagt).

Diagramm 203: Weiß ließ ruhig seine Dame einstehen und zog *1.♗:f7!!,* ein ganz raffiniertes Züglein, das 2.♘g6 matt droht. Schwarz gab auf, denn deckt er das Matt, verliert er durch das gleiche Springerschach seine Dame.

Diagramm 204: Weiß nimmt eine bekannte Mattwendung als Grundlage der Gewinnführung: *1.♕e5+! ♔f8.* Er hat nicht viel Wahl. 1. ... ♔g8 hätte 2.♖e8+ und 1. ... ♔h6 2.♕f4+! zur Folge. *2.♕f6!!,* und wegen ♕h8 matt darf Schwarz nicht auf e7 schlagen. Da aber auf f7 auch matt droht, ist nichts mehr zu machen. Es geschah noch *2. ... ♕e8 3.♖:e8+ ♔:e8 4.♕h8+,* und Schwarz gab sich geschlagen.

Diagramm 208: Weiß könnte sich wirklich schwarz ärgern, daß er auf *1. ... g2??* nicht das hübsche zweizügige Matt sah: 2.♕:h7+! ♖:h7 3.♖:h7 matt.

Diagramm 209: War sozusagen ein Kinderspiel. Trotzdem gingen erstaunlicherweise beide Partner an der relativ simplen Mattführung vorüber. Nach *1.♕f3 ♘g6??* konnte Weiß mit *2.♕:h5+ ♔:h5 3.♖h7 matt* setzen, wozu auch noch im nächsten Zuge Gelegenheit war.

Aber wenn der gute Homer schon einmal schläft, dann tut er es gründlich! (Doch unter uns gesagt: Sind wir Schachspieler nicht alle mehr oder weniger — »Schlafmützen«?)

Diagramm 211: Nach *1. ... ♘:g4!? 2.♕:g4??* setzte Schwarz nach altbekanntem Muster mit *2. ... ♕:c3+!* »nach Art der Hausfrau« (siehe Kochbuch, nein, Mattbuch) matt. Soweit klar. Immerhin aber konnte Weiß auf *1. ... ♘:g4!?* mit *2.♖:d6!* noch Probleme stellen. Wir überlassen es dem geneigten Leser, sich mit dieser Möglichkeit auseinanderzusetzen.

Diagramm 213: Weiß konnte mit *1.♕g8+* den schwarzen Läufer und die Partie gewinnen, da *1. ... ♗f7* an *2.♕c8+ ♔e7 3.♕d8+ ♔e6 4.♕d6* matt scheitert.

Statt jedoch nach *1.♔d8(?)* aufzugeben, hätte Schwarz mit *1. ... ♖:g4!* die Mattdrohung beseitigen und Vorteil erlangen können. Da Weiß nun nicht mehr *♕c8+* spielen kann, wäre seine Lage äußerst schwierig geworden.

O Caissa!

Diagramm 214: Eigenartig ist auch, daß beide Spieler nicht erkannten, daß Weiß nach *1. ... ♖e4??* die Fesselung seines Turmes f4 mit dem Zwischenschach *2.♖g3+!* aufheben und dann den Turm e4 »gratis« kassieren konnte! Aber was nützt die spätere Erkenntnis?

Diagramm 215: Auf *1.♕g5?* brauchte Schwarz nur den fesselnden Läufer c3 radikal zu beseitigen *(1. ... ♕:c3!!)*, um entscheidenden Materialvorteil zu erzielen und den Gegner zur Aufgabe zu zwingen. Sicherlich waren beide Partner in heftiger Zeitnot, daß sie eine so handgreifliche Wendung übersahen. Zeit ist die beste Medizin — wenn man sie zur Verfügung hat!

Diagramm 216: Nach *1. ... ♖g8?? 2.♖:g8 h2* ist die Partie keineswegs remis, wie beide Partner glaubten, sondern Weiß gewinnt mit *3.♔g3! ♔g1 4.♔h3+ ♔h1 5.♖a8 usw.*

An diesem interessanten Fall von Schachblindheit sieht man die Unsicherheit selbst der Meister in scheinbar einfachen Stellungen.

Diagramm 217: Wohl ist es richtig, daß nach *1.♘:h4 ♘e4+ 2.♔e3 f2 3.♘f3 ♔g3* der Springer verlorengeht: *4.♔e2 ♘c3+ 5.♔f1,* aber wenn Schwarz ihn nun schlägt: *5. ... ♔:f3,* ist Weiß patt!

Diese Chance brauchte Schwarz dem Gegner nicht zu lassen, wenn er auf 1.♘:h4 das andere Springerschach gegeben hätte: 1. ... ♘d3+! 2.♔e3 f2 3.♘f3! ♔g3 4.♔e2 (auch 4.♘d2 nutzt nichts mehr: 4. ... ♘c5! 5.♘f1+ ♔g2 6.♔e2 ♘e4 7.♘e3+ ♔g1 8.♔d3 ♘g3 9.♔c3 ♘f5! usw.) 4. ... ♘c1+! 5.♔f1 ♘b3! 6.♔e2 ♘d4+! 7.♘:d4 ♔g2! nebst Umwandlung des Bauern.

»Das lehrreiche Endspiel zeigt die Unbeholfenheit des Springers in einer defensiven Rolle!«, meint »Chess in Ireland« dazu. Nun, gleichzeitig aber auch umgekehrt seine geschickte angriffsmäßige Verwendung!

Diagramm 218: Auf *1. ... ♖a8 2.♔h4 ♔g6* hatte Weiß die raffinierte Wendung 3.♖:a3! ♖:a3 patt vorbereitet. Kein Turnier ohne ein Patt! könnte man fast sagen, und es wäre nicht einmal so unberechtigt.

Diagramm 219: 1.♕f2! erzwang das Patt, da Schwarz die weiße Dame schlagen muß.

Diagramm 222: Weiß fand den Problemzug *1.♕f6!!* Merkwürdigerweise kann Schwarz dem Patt auf keine Weise entfliehen, z. B. 1. ... ♔h7 2.♕:g7+, und es bleibt beim Patt, wie Schwarz auch nimmt. Aber in der Schrecksekunde zog Schwarz sogar *1. ... ♔g8??* und war nun nach *2.♕:g6* verloren. »So wurde ich Meister von Groß-Bitterfeld«, schrieb Krahnstöver. Nun, nach dem Zug 1.♕f6! hatte er es auch verdient!

Diagramm 223: Weiß zog nach *1.♔b7 ♗d3 2.♔c8 ♗e2* nicht 3.♔d8??, weil dann 3. ... ♗:c4!! 4.♘:c4 mit Patt gefolgt wäre. Spasski saß sicher wie auf Kohlen, als er den Zug ♔d8 erwartete. Aber Darga stutzte schließlich doch, disponierte im letzten Augenblick um und gewann schließlich nach weiteren 30 Zügen.

Diagramm 224: Auf *1.d6?* wurde Schwarz seine beiden Figuren zwangsläufig wie folgt los: *1. ... ♗c6+! 2.♕:c6 ♖g1+! 3.♔:g1* patt.

Diagramm 225: Einfach ist die Sache nach *1. ... ♘e5* für

Weiß nicht. Denn auf etwa 2.♕d4? würde entscheidend 2. ...
♖h2+! folgen. Nun fand Weiß aber eine originelle Pattkom-
bination: 2.g6+!♔:g6 3.♕g1+ ♔f6. Nicht jedoch 3. ... ♔f5
oder 3. ... ♔h7 wegen 4.♕b1! 4.♕g5+!♔:g5, und Weiß war
patt.

Diagramm 226: Diese Partie hatte einen originellen Schluß.
Auf *1. ... ♖e7?* setzte Weiß zum Gaudium der Kiebitze mit
2.♖a8+!♔h7 3.♖h8+!♔:h8 4.♕h6+!! fort, was den Gegner zwang, mit *4. ... ♕:h6* den letzten beweglichen weißen
Stein, den Bauern h5, zu blockieren und damit patt zu setzen!
Man kann dieser Pattwendung eine bestimmte Eigenart nicht
absprechen!

Diagramm 227: Weiß zog nach *1. ... ♕:c4 2.♕e7+ ♔g6*
nicht *3.♕:d6?,* sondern überraschend *3. ♗e4+! ♕:e4
4.♕g7+!♔:g7* und war patt — Schwarz aber war platt! Bei
2. ... ♔g8 (statt *2. ... ♔g6*) wäre es übrigens Schwarz nicht
besser ergangen. Es folgt dann 3.♕e8+ ♘f8 (sonst bietet die
Dame weiter Schach) 4.♗d5+ ♕:d5 5.♕:f8+! mit dem gleichen Patt-Ergebnis.

Diagramm 228: Ein besonders origineller Partieschluß. Wer
würde auch bei *1. ... ♖c8?* an die folgende Teufelei denken:
2.♖a8!! ♖:a8 3.♕a2+!! ♖:a2 patt!
　　Immerhin könnte Schwarz vielleicht auf (1. ... ♖c8) 2.♖a8
noch ♕g3+ 3.♕:g3 ♖:a8 spielen, um auf seinen Freibauern
zu pochen. Allein der weiße Haupttrumpf, der Bauer g6, hält
wohl auch dann das Gleichgewicht, z. B. 4.♕h4! (nicht 4.♕f2?
♖a6!) 4. ... d3 5.♕e1! usw.

Diagramm 229: Auf *1.♗:h6(?)* hatte Schwarz den hübschen
Einfall *1. ... ♘f4!,* der nach *2.♗:f4??* für Weiß zu einem
Reinfall wurde: *2. ... ♕e1+ 3.♔g2 ♕h1+! 4.♔g3 ♕h3+!
5.♔:h3* patt! Statt 2.♗:f4?? soll 2.♕b1! immer noch schließlich gewinnen, doch die Sache ist nicht ganz klar: 2. ...
♘e2+ 3.♔f1 ♘c3 4.♕e1 ♘e4!, und der starke Springer
schafft manche Gegenchance. Aber einerlei: Wieder einmal
war gegen einen starken Meister ein Pattüberfall geglückt!

Diagramm 231: Weiß wollte den Bauern g4 nicht missen und

zog *1.♔f3?*, womit er aber wertvolle Zeit verschenkte. Schwarz machte sich dieses sofort mit *1. ... f5!* zunutze. Es folgte *2.gf+ ♔:f5 3.♖h2*. Es drohte 3. ... g4+ 4.♔f2 h2 usw. Wenn 3.e4+, so 3. ... ♔g6!, und Weiß kommt mit 4.a5 zu spät: 4. ... g4+ 5.♔f4 g3 usw. *3. ... g4+ 4.♔f2 ♖a1 5.♔g3 ♔g5!* *6.♖e2.* Oder 6.♖b2 ♖g1+ 7.♔h2 ♖e1 usw. *6. ...♖g1+* *7.♔h2 ♖f1!* mit der Hauptdrohung 8. ... ♔h4. Weiß gab auf.

Aktives Gegenspiel indessen hätte nach Barcza die Partie gerettet: 1.a5! ♖:g4+ 2.♔f3 ♖g1 3.a6, und Schwarz müßte, um die Gefährlichkeit des weißen a-Bauern zu bannen, 3. ... h2 4.♖:h2 ♖a1 ziehen. Er hätte dann zwar (nach ♖:a6) immer noch einen Bauern mehr, könnte die Partie aber nicht mehr gewinnen.

Lehrreiche Endspielfeinheiten!

Diagramm 233: Recht witzig durch die Gegenüberstellung des »Anzugsvorteils«. Schwarz könnte am Zuge einfach mit 1. ... ♖h1+ 2.♔g3 ♕e1 (oder auch 2. ... ♖d3+) im dritten Zuge das Matt erzwingen, was nichts Besonderes wäre.

Nun ist aber Weiß am Ruder und setzt seinerseits matt, nicht ohne einige taktische Anstrengung: *1.♗e7+! ♔h6.* Nach 1. ... ♖:e7 2.♕:e7+ folgt im nächsten Zug ♖:h7 matt. *2.♖:h7+!!* Hübsch gespielt. Dame und Läufer genügen zum Mattsetzen. *2. ... ♔:h7 3.♗f8+* nebst ♕g7 matt.

Ein instruktiver Partieschluß gewissermaßen nach dem Motto: Das Recht der »Erstgeburt«!

Diagramm 234: Schwarz kann außerdem mittels 1. ... ♗f4! auf andere, einfachere Art gewinnen, wie Siegfried Müller aus Eisenberg entdeckt hat – W. G.

Diagramm 235: 1.♔:c7 würde patt setzen, weswegen dieses Endspiel außergewöhnliche Mittel erfordert. Und diese mußten immerhin innerhalb weniger Sekunden gefunden werden: *1.♖a8+!! ♘:a8.* Wenn 1. ... ♔:a8, so 2.♔:c7, und nach 2. ... ♔a7 3.♔c6 verliert Schwarz den Bauern b6 und die Partie. Ähnlich geht es im Text zu. *2.♔c8!!* Die Pointe. Schwarz hat nur einen Zug: *2. ... ♘c7* und büßt nach *3.♔:c7* (abermals durch Zugzwang) den Bauern b6 sofort ein.

Wie in einer Studie!

Diagramm 237: Der glänzende Zug *1.♖d8!!,* der noch eine weitere Figur »en prise« stellte, durchhieb den gordischen Knoten. Schwarz gab auf, da er weder 1. ... ♖:d8 wegen 2.♗:c7! noch 1. ... ♛:d8 wegen 2.♛:f7 matt ziehen kann und deshalb entscheidendes Material einbüßt.

Diagramm 238: Ein originelles Mattnetz entschied den Kampf. *1. ... ♘:c3!* Droht 2. ... ♘d5 matt, während 2.♔e3 ♘d5+ ersatzlos die Qualität kostet. *2.bc ♖:c3.* Droht 3. ... ♖f3 matt. *3.♘h4.* Damit entkommt er zwar dem Matt, aber nun tritt sozusagen als »Nebenprodukt« die Umwandlung des b-Bauern auf den Plan. *3. ... ♖c4+! 4.♖:c4 bc.* Weiß gab auf, da b3—b2—b1♛ nicht abzuwehren ist.

Gewiß eine originelle Art, die Umwandlung eines Bauern zu erzwingen.

Diagramm 239: 1. ... ♖b6? entzog dem Turm d8 eine Deckung, weshalb der prächtige Abzugsangriff *2.♗g8!!* entscheidende Bedeutung erlangte. Da auf h7 Matt droht, kann Schwarz nichts zur Rettung seines Turmes tun. Er gab deshalb auf.

Diagramm 240: Hier ist das Motiv ganz ähnlich: *1. ... ♗g1!!* mit der Mattdrohung auf h2 und Angriff auf die weiße Dame. Beides würde zwar 2.♛g3 decken, aber dann steht der Turm d1 ein.

Diese klassische Stellung ist ein Prunkstück aller Kombinationsbücher.

Diagramm 241: Diese klassische Miniatur verlief wie folgt: *1.e4 c6 2.d4 d5 3.♘c3 de 4.♘:e4 ♘f6 5.♛d3 e5?* Das ist nicht die richtige Reaktion auf den ungewöhnlichen Damenzug von Weiß. Besser geschah 5. ... ♘:e4 6.♛:e4 ♘d7 nebst ♘f6. *6.de ♛a5+ 7.♗d2 ♛:e5 8.0-0-0 ♘:e4??*

9.♛d8+!! Der schwarze König gerät in ein tödliches Doppelschach! *9. ... ♔:d8 10.♗g5+! ♔c7 11.♗d8* matt oder *10. ... ♔e8 11.♖d8* matt.

Eine unvergängliche Kombination!

Das war »olim« (einst); und jetzt folgt heute!

Diagramm 242: 1.e4 c5 2.d4 cd 3.c3 d5 4.ed ♛:d5 5.♘f3 ♗g4

6.♕a4+ ♘c6 7.♘:d4 ♗d7 8.♘b5 0–0–0! 9.♘:a7+ ?? ♘:a7
10.♕:a7.
    10. ... ♕d1+ !! 11.♔:d1 ♗g4+. Weiß gab auf (12.♔c2
♗d1 matt, 12.♔e1 ♖d1 matt).
    Es hat lange gedauert, bis dies »Farbwechselgegenstück«
geboren wurde!

Diagramm 244: *3.♖ :e6!* Schwarz gab auf, denn es folgt 3. ...
♔:e6 4.♘h3 + nebst 5.♗:c8.
    Wer anderen eine Grube gräbt ...

Diagramm 245: Mit einem glänzenden Zuge krönte Weiß das
Angriffswerk: *1.♕b4!!,* was sowohl 2.♕d4+ nebst 3.♖ :d8 als
auch einfach 2.♕:g4 droht. Schwarz gab sofort auf, da infolge
Überlastung seiner Dame 1. ... ♕:b4 nicht geht: 2.♖ :d8 +
♔g7 3.♖g8 + ♔h6 4.♖f6 matt.
    Eine eigenartige Konstellation!

Diagramm 246: Der prächtige Zug, der *1. ... ♖c8?* widerlegt
hätte, war 2.♖a7!!, was Schwarz entscheidendes Material ko-
sten würde, wovon man sich leicht überzeugen kann.
    An solchen »Kleinigkeiten« aber hängt eine Meisterschaft!
(Nicht immer, versteht sich!)

Diagramm 248: Ein Figurenopfer leitet das »Spiel mit Freibauern« ein: *1.♘b8+ ♔c7 2.♔e6!!* Diese Idee ist allerdings, wie
schon gesagt, nicht neu. 2. ∴ .. ♔:b8 3.♔:d6 ♔b7. Falls 3. ...
♗g3, so 4.♔c6; wenn 3. ... ♗f6, so 4.♔e6! usw. *4.♔ :e5 ♔c7
5.♔e6 ♗g3 6.e5 ♔d8 7.d6 ♔e8 8.♔d5 ♔d7 9.♔e4.* Schwarz
gab auf.

Diagramm 250: *1. ... ♘h3+ 2.♔f1* war tatsächlich die richtige Spielweise, doch mußte man dabei die glänzende Folge
gesehen haben: *2. ... ♗ :g2+ ! 3.♘ :g2* (3.♔e2 ♕h5 ist ebenfalls chancenlos) *3. ... ♖ :g2!* Es entsteht ein unwahrschein-
liches Mattnetz! *4.f4.* Resignation. Bei 4.♔:g2 ♕g6+ gibt es
folgende Mattbilder: 5.♔f3 oder ♔:h3 ♕g4 matt, 5.♔h1 ♘ :f2
matt und 5.♔f1 ♕g1 + 6.♔e2 ♕:f2 matt. *4. ... ♕h5.* Noch
ein sarkastischer Abschluß, statt 4. ... ♕g6, was wohl der
»Normalverbraucher« gezogen hätte. Weiß gab auf, da 5. ...

$\Box$g1 matt droht und auf 5.$\dot{\boxplus}$:g2 wieder 5. . . . $\text{\faQueenStandard}$g4+ nach bewährtem Rezept matt setzt.

Eine schöne Kombination!

Diagramm 253: Die letzte Zuflucht (das Patt) bietet Rettung
vor dem drohenden Matt. Auf *1. . . . $\Box$g1* geschah sehr
hübsch *2.$\hat{\Delta}$:e4!! fe 3.$\Box$d6+ $\dot{\boxplus}$e7 4.$\Box$e6+!,* und die Partner
einigten sich auf Remis. Schlägt Schwarz den Turm, ist Weiß
patt; zieht er aber 4. . . . $\dot{\boxplus}$f8 5.$\Box$e8+ $\dot{\boxplus}$g7, so bleibt nach
6.$\Box$:g8+ $\dot{\boxplus}$:g8 7.$\dot{\boxplus}$:g1 das Bauernendspiel ebenfalls unentschieden.

Diagramm 254: 1. . . . h6? wurde witzig und nach berühmten
Vorbildern mit *2.$\text{\faQueenStandard}$:h6+!! $\dot{\boxplus}$:h6 3.g5+ $\dot{\boxplus}$g7* patt widerlegt.

Diagramm 257: Wird mit dem giftigen Zuge *1. . . . $\text{\faQueenStandard}$h6!!* gelöst. Weiß gab auf, denn 1. . . . $\hat{\Delta}$:h6 verbietet sich (auch nach
vorherigem Tausch auf e8) wegen $\Box$e1+ nebst Matt, und anderenfalls geht Material verloren.

Eine originelle Riposte, die Weiß bei seinem Zuge $\hat{\Delta}$d1
nicht genügend gewürdigt hatte.

Diagramm 261: Schwarz ließ den Läufer d5 einstehen und hinterher auch noch die Dame, weil er sah, daß sein b-Bauer den
Schaden vollauf wieder gutmachte: *1. . . . b4! 2.$\Box$:d5* (2.$\hat{\Delta}$e2
verdiente den Vorzug) *2. . . . bc!!* Das hatte Weiß wohl übersehen. *3.$\Box$:c5 cb.* Nun hat Weiß eine Dame mehr und kann doch
nicht verhindern, daß das schwarze Bäuerlein eine neue Dame
wird und damit dem Gegner wieder zum materiellen Gleich-
stand verhilft. Dieser »Austausch« der Damen hat Schwarz
also in dieser Hinsicht nicht weitergebracht, wohl aber in positioneller Bedeutung: Der weiße König gerät jetzt in Bedräng-
nis. *4.$\text{\faQueenStandard}$h5.* Ein befriedigender Zug ist kaum zu finden. *4. . . .
b1$\text{\faQueenStandard}$+ 5.$\dot{\boxplus}$f2 $\text{\faQueenStandard}$:a2+ 6.$\dot{\boxplus}$f1 $\Box$b8 7.$\text{\faQueenStandard}$d1.* Etwas besser war
7.$\Box$c1 sogleich. *7. . . . $\Box$b1 8.$\Box$c1 $\text{\faQueenStandard}$c4+!* Am einfachsten.
8.$\Box$:c4 $\Box$:d1+ 9.$\dot{\boxplus}$e2 $\Box$d5. Weiß gab auf. Das Turmendspiel
ist aussichtslos.

Eine gelungene Studie des belgischen »Komponisten«!

Diagramm 262: Es ereignete sich zwar keine Metamorphose
von Damen, wohl aber ein witziger Austausch der Damen,

257

dem Schwarz allerdings nur gezwungenermaßen zustimmt:
1.g5! de 2.gf!! Nicht etwa, um ein paar Leichtfiguren für die
Dame zu erbeuten, sondern ... Doch das werden Sie gleich
sehen! *2. ... ef 3.♘d5!* Die Pointe. Da das originelle Matt
3.♘:e7+ ♔h8 4.fg droht, hat Schwarz keine Zeit, seine Dame
zu retten. *3. ... ♗:f6 4.♘:c7 ♖b8 5.♗a7.* Erst dieser Qualitätsgewinn beschließt die Kombination. *5. ... ♗f5 6.♗:b8
♖:b8 7.♘d5 ♗h4 8.fe f2 9.♖g2.* Schwarz gab auf.

Eigentlich war dies eine finanzielle Transaktion: Weiß inve-
stierte Kapital und bekam es mit Zinsen zurück!

Diagramm 263: Es beginnt mit einer eleganten Magnetkombination: *1.♘c5+!* Sehr apart. Wenn 1. ... dc, so einfach
2.♖:e5+ nebst ♖:e7 und eventuell ♗:h8 usw. *1. ... ♔:f5.*
Der Mann muß hinaus ins feindliche Leben ... *2.♖f1+ ♔g4.*
Geht der König jetzt oder im nächsten Zug nach g5, folgt
♗c1+. *3.h3+ ♔h4 4.♘e4.* »Schließt die Bude zu« und droht
5.♖f4+. *4. ... ♘:d3.* Halbwegs Verzweiflung! *5.♗d4(?)* und
halbwegs Verlockung, nämlich daß Weiß auf Matt spielt. Einfach 5.♗:h8 war gut genug. *5. ... ♖hg8 6.♖f4+.* Die Pointe,
die zu einem wunderschönen Matt führt — allerdings mit Hilfe
von Schwarz. *6. ... ♖g4?? 7.♗f2+! ♘:f2 8.g3+ ♔:h3
9.♘:f2* matt.

Zu schade, daß man eine solche Kombination kritisieren
muß. Aber es hilft nichts. Statt *6. ... ♖g4??* mußte *6. ...
♘:f4! 7.♗f2+ ♖g3* geschehen, worauf z. B. *8.♘2:g3* an *8. ...
♘:h3+!* scheitert, während *8.♘:f4* mit *8. ... d5 9.♘:g3 ♔g5*
beantwortet wird. Wir haben jedenfalls keinen Gewinn für
Weiß entdecken können.

Das ist also wieder einmal ein Fall, wo der prosaische Weg
(5.♗:h8) dem Streben nach »Schönheit« vorzuziehen war.

Diagramm 264: *1.♕:f6+!!* schlug im schwarzen Königshaus
wie eine Bombe ein, brachte es aber doch nicht vollends zum
Einsturz. Es folgte *1. ... ♔:f6* (1. ... ♔h6 2.♗b2!) *2.♗b2+
♘e5.* Zwang. *3.♖:e5 ♗e6.* Was tun? 3. ... ♖:e5 würde ein
Mattidyll hervorzaubern: 4.♗:e5 matt. *4.♖:e6+ ♔f5 5.♖f6+
♔g4 6.♖f1 ♖e3 7.♗d4 ♖ce8 8.♗:e3 ♖:e3 9.♔f2 ♕g7
10.h3+!* (10. ... ♔:h3? 11.♖h1+ ♔g4 12.♖h4 matt)
♔h5 *11.♔:e3 ♕:f6.* Nun ist das Bild klar: Der Freibauer d6
muß das Rennen machen. *12.♗f3+ ♔h6 13.♖d1 ♕c3+*

258

14.♘f2 ♛c5+ 15.♔g2 ♛c2+ 16.♔h1 ♛f5 17.d7. Schwarz gab auf.

Der 75jährige brasilianische Altmeister Mendes hat sich noch zäh verteidigt.

Diagramm 271: Ziemlich einfach, wenn man es gezeigt bekommt: *1. ... ♗:h2+! 2.♔:h2 ♛h5+ 3.♔g1 ♖:e4!* Die schlichte Pointe. Wenn Weiß wiedernimmt, ist das Feld e2 für den schwarzen Springer »betretbar«, so daß Weiß nach ♘e2+ die Dame geben müßte. *4.g3 ♖e6,* und Schwarz gewann mühelos. Gehört in das Genre der Capablancaschen »Kleinen Kombinationen!«

Diagramm 272: 1. ... ♖:c5?? wurde höchst elegant mit *2.♖:e4!! ♖:e4 3.♖:e4* widerlegt; denn der Turm c5 hat plötzlich keinen Fluchtweg. Schwarz behält also die Qualität weniger. Er gab deshalb auf. Sehr originell!

Hingegen hätte das Qualitätsopfer auf einem anderen Felde klar für Schwarz entschieden: *1. ... ♖8e6!* 2.♘:e6 ♖:e6, und um nicht matt zu werden, müßte Weiß mit 3.♖:f3 einen Turm hergeben, womit er um eine Figur im Nachteil bliebe. So nah beieinander liegen in zugespitzten Stellungen Sieg und Niederlage.

Diagramm 273: Schwarz zog ironisch *1. ... ♛e4+!!,* auf welchen Donnerschlag Weiß sich nun doch entschloß, die Partie aufzugeben (2.♔d2 ♖d1 matt bzw. 2.♔:e4 ♗g6+ 3.♔d4 ♖d1+ nebst Matt).

Und die Moral von der Geschicht': Gib dem Gegner solche Chancen nicht!

Diagramm 274: Der einfache Zug *1.♖:g6!!* hätte erstens die Gefahr auf g3 gebannt und zweitens Schwarz vor unlösbare Probleme gestellt, wie hinterher leicht zu sehen.

Diagramm 275: Nach *1.♖e5+??♔f2!* stand Weiß das Schach auf f5 nicht zur Verfügung. Er suchte nun das nachzuholen, was er sofort hätte tun sollen (nämlich von unten zu kommen): *2.♖e8,* doch es war zu spät: *2. ... ♖h1+!! 3.♗:h1 ♘f1* matt. Ein witziges Capriccio!

Diagramm 281: Hoffentlich sind Sie nicht auf 1. ... ♖:h3? hereingefallen, denn dann kommt Weiß mit 2.♕d8+! ♔g7 3.♘e6+!! ans Ruder. Erst muß der andere Turm sich opfern, so daß das Feld d8 von der Dame h4 gedeckt wird: *1. ... ♖:g2+! 2.♖:g2 (2.♘:g2 ♕:d4) 2. ... ♖:h3!* Droht 3. ... ♖h1 matt. *3.♘:h3 ♕:d4+* mit leichtem Gewinn für Schwarz *(4.♖gf2 ♕e3! 5.♔h2 ♕e5+* oder *5.♘f4 ♕g3+ 6.♘g2 h5* usw.).*

Ein origineller Gedanke, der Verteidigung und Angriff geschickt verknüpft.

Diagramm 284: 1.♕h8+!! hätte sofortiges Matt erzwungen.

Diagramm 285: Nicht von f8, nicht von d8 kann das Matt erzwungen werden. Eins, zwei, drei, sagt der alte Hexenmeister, und plötzlich steht die weiße Dame auf b4!! *1.♗b6!* Ein origineller Lenkungszug! *1. ... ♕:b6.* Erzwungen, da nun wirklich ♕d8 matt drohte. Aber dadurch hat der Läufer b4 seine Deckung eingebüßt. *2.♕h4+ ♖f6.* Oder *2. ... f6 3.♕h7+. 3.♕:b4+* nebst Matt.

Blendwerk der Hölle!

Diagramm 287: Nach *1. ... ♗:c3 2.♕d3?* erzwang das hübsche Zwischenopfer *2. ... ♖:f2+!* sofortige Kapitulation. Falls nämlich 3.♔:f2, so nimmt der Läufer auf e1 mit Schach; falls aber der König wegzieht, folgt einfach 3. ... ♖:c2 usw.

Eine Kleinigkeit — aber man muß sie sehen!

Diagramm 288: Der erste Eckpfeiler fällt sofort: *1.♘:f7! ♔:f7* — und der zweite nach dem hübschen Demaskierungszug *2.♗e3!!,* da Schwarz ja, um seine Dame zu retten, h7 nicht verteidigen kann. Damit ist sein Schicksal besiegelt, und nach *2. ... ♘:e3 3.♕:h7+* gab Schwarz auf (*3. ... ♔f8 4.♗:g6* usw.).

Hinterher scheint so etwas fast selbstverständlich zu sein.

Diagramm 290: Ein glänzender »Kuba-Cocktail«: *1. ... ♗d4!!* nutzt auf wirklich prächtige Weise die gegebene Situation. Es folgte *2.cd.* Anderenfalls hätte Weiß ♖:c3 zu gegenwärtigen. *2. ... ♖:a3.* Man beachte, daß, hätte Weiß ein Luftloch, dieser Zug nicht den gewünschten Erfolg haben würde.

So aber müßte Weiß nach 3.dc ♖:a1+ seine Dame auf f1 dazwischensetzen! *3.♖e1.*Resignation. *3. ... ♛d5 4.h3 ♖:a6.* Weiß gab auf.

Ein feiner Gedanke von Schwarz brach den Widerstand.

Diagramm 292: Weiß war ziemlich verdutzt, als nach *1. ♛:b7??* Schwarz mit *1. ... a6!!* die weiße Dame einkreiste. Er versuchte mit *2.♖ac1* eine Gegenaktion, fand damit aber keine Gegenliebe: *2. ... ♘d5!* Die hinterhältige Idee dieses Zuges entging jetzt Weiß, als er *3.♘c3(?)* spielte. Erzwungen war *3.♖:c7* — Wenn 3.e4, so *3. ... ♖fb8!* *3. ... ♘f3+!* Das doppelte Demaskierungsmotiv ist eine nette Beigabe. Falls nämlich *4.gf*, so *4. ... ♗:h2+* nebst ♛:b7. *4.♔h1.* Rettet die Dame, aber nicht den König! *4. ... ♛h4! 5.h3 ♛:f2.* Weiß gab auf.

Es ist eine alte Weisheit im Schach: Wenn sich die Dame in Gefahr begibt, kommt — der König darin um!

Diagramm 293: 1.♘:f7+ ♔h7 2.♛h6+! Schwarz gab auf (*2. ... ♗:h6 3.♘g5+ ♔h8 4.♖h7* matt bzw. *2. ... ♔g8 3.♛h8+! ♗:h8 4.♘h6* matt).

»Immerhin zwei nette Varianten«, meinte Kolumbus.

Diagramm 294: Nach *1.♖b5 fg* kam *2.♛f8+!? ♘:f8?* (besser *2. ... ♖e8*, weswegen *2.♛f6+* stärker war) *3.♖b8+ ♔d7 4.♗c8+ ♔e8 5.♗e6* matt.

Die Schlußwendung ist allerdings tatsächlich typisch.

Diagramm 295: Nach *1. ... ♖f4 2.♛e2* setzte Schwarz mit *2. ... ♖h4+ 3.♔g1 ♖h1+ 4.♔:h1 ♛h4+ 5.♔g1 ♛h2+ 6.♔f1 ♛h1* matt. »Beschäftigungslenkung« sagen die Problemkomponisten dazu. »Aber auch Demaskierung«, bemerkte Ben Akiba sehr richtig.

Diagramm 296: Schwarz überraschte den Gegner mit einem glänzenden Doppelopfer, wie es in dieser Zusammenstellung trotz Ben Akiba wohl noch nicht da war: *1. ... ♖h1+! 2.♔:h1 ♛h7+ 3.♔g1 ♛h2+!! 4.♔:h2 ♘f3+.* Doppelschach! Deshalb der ganze Aufwand! *5.♔h3 (♔h1) ♖h8* matt.

Eines der schönsten Kolumbuseier!

Diagramm 297: 1.♔g4! Droht 2.♖gh3 nebst Matt auf h8, weshalb Schwarz nicht 1. ... ♘:b1 spielen darf. *1. ...* ♕*b2.* Greift f6 an. *2.♖gh3!* Trotzdem! Allerdings kann Weiß auch nicht länger warten, da auf etwa 2.e5 2. ... ♘:b1 folgt, denn nun wäre 3.♖gh3 wegen 3. ... ♕g2+ ein Schlag ins Wasser. *2. ...* ♕*:f6 3.e5! de 4.♖h8+* ♕*:h8 5.♖:h8+* ♔*:h8 6.d6!* Kolumbus: Was sagte ich? Der Freibauer macht's! *6. ... f5+ 7.♔h3! ef 8.d7* ♘*:b1 9.d8*♕*+* ♔*g7 10.*♕*c7+.* Schwarz gab auf.

Wieder ein Beispiel, wo der erste Eindruck täuscht.

Diagramm 298: 1.♖e1+ ♔f4(!) 2.♗d1! Nicht etwa sofort 2.♖:e6?? wegen 2. ... ♖g1+. *2. ...* ♖*g3 3.♖:e6* ♖*d3.* Remischancen!? *4.♖e4+!!* Nein! Schwarz gab auf (4. ... ♔:e4 5.♗c2; 4. ... ♔g3 5.♖e3+!; 4. ... ♔f5 5.♗c2 ♖:d7 6.♖e7+).

Wie in einer Studie!

Diagramm 299: 1.♔g5! Droht 2.♕h8+ nebst Matt. *1. ...* ♗*g8! 2.*♕*f3!* 2.♕h8 mit Eroberung des Läufers würde, wie bereits ausgeführt, nichts nützen, da Schwarz genug Material für die Dame hätte. *2. ...* ♗*f7! 3.*♕*h3!!* Entscheidend! Der Doppeldrohung 4.♕h8+ und 4.♕c8 matt vermag Schwarz nicht mehr zu begegnen.

Die so schwierig aussehende Studie entpuppt sich also als ein veritables Problem!

Diagramm 302: (Bulat—Smederevać, Kranj 1958) Es ging sehr opferreich zu: *1.♖:g7+!* Öffnet die Königsflanke ... *1. ...* ♔*:g7 2.*♕*g2+* ♔*f8 3.♖:h7!* ... und macht sie ganz schutzlos! *3. ...* ♘*:h7 4.♘d7+!* Demaskierung des Läufers b2. Schwarz gab auf, da 5.♕g7 matt folgt.

Wirklich eine Opferorgie!

Diagramm 303: (Balogh—Pogats, Budapest 1957) Das hübsche Damenopfer *1. ...* ♕*:g3!!* schuf freien Zugang für die schwarzen Türme, die den weißen König nun überrannten: *2.hg* ♖*:f1+ 3.♔h2* ♘*e1! 4.*♕*b4* ♘*f3+ 5.♔h3* ♖*h1+.* Weiß gab auf.

Warum ließ Dr. Zabel auch die schwarzen Figuren sich auf den weißen Feldern einnisten!

Diagramm 304: Auf *1.♖ d2?* erwiderte Schwarz schlagfertig *1. ... ♘ :g2! 2.♔ :g2.* Das kleinere Übel war natürlich *2.♕ :g2* *♗ :c4,* was nur einen Bauern gekostet hätte. Das Schlagen mit dem König führt dagegen schnurstracks ins Verderben! *2. ...* *♗ h3+ !!* Die eigentliche Pointe. Der weiße König wird in ein Mattnetz gezerrt, wenn er nicht seine Dame preisgeben will — und welcher Kavalier täte das wohl?! *3.♔ :h3 ♕ :f3.* Weiß gab auf. Gegen ♘f4+ ist nichts zu erfinden.

Diagramm 307: Tatsächlich kommt der Stolz der Familie (der Bauer d5) entscheidend zur Geltung, indem Weiß den Springer opfert und die Türme abtauscht: *1.♘e6+ !! fe 2.♖c7+* *♔f8 3.♖c8+ ♔g7 4.♖ :h8 ed.* Resignation. Bei *4. ... ♔:h8* gewinnt *5.*d6 usw. *5.♖ e8!* Schwarz gab auf.

Ein verblüffendes Endspiel.

Diagramm 308: Auf *1. ... ♖cf8?* (*1. ... ♕c2!* hätte nach »Revista de Sah« wohl gewonnen) folgte sehr überraschend *2.♕ :g7+ !! ♖ :g7 3.♖ :f8+ ♖g8 4.♖ff7! ♖c8* (ein Zwischenschach der Dame nützt auch nicht, da sie nicht zur Deckung von h7 kommt) *5.♖ :h7+* mit Dauerschach.

Ein schöngeistiger Schluß!

Diagramm 309: 1. ... ♖ :c5! war doch richtig, denn nach *2.♘f4* setzte Schwarz elegant mit *2. ... ♖ :c2!* fort, um auf *3.♘ :g6* nach »Schablone« matt zu setzen: *3. ... ♖ :g2+* *4.♔h1 ♖g3+* (vornehmer als *4. ... ♖ :g6+*) usw.

Deshalb *3.♖f2,* was gleichzeitig dem weißen König das Feld f1 frei macht. Dennoch kann Schwarz seine Dame weiterhin einstehen lassen. Der Schluß ist noch recht witzig: *3. ... ♖ :f2* *4.♘ :g6 ♖ :g2+ 5.♔f1 hg 6.♕d8+ ♖f8 7.♕b6 ♗d5 8.e4 ♗ :e4* *9.♕ :e6+ ♔h7 10.♖ :a6 ♖d8 11.♖a3 ♖ :h2 12.♕b6 ♗c7!* *13.♕ :c7 ♖ :d4 14.♖a1 ♖dd2.* Weiß gab auf.

»Das hätte ich sicher gefunden«, sagte Dr. Zabel vorwurfsvoll, »wenn Sie mich nicht aufs Glatteis geführt hätten.«

Am weitesten kommt im Schach, wer niemand traut und besonders scharf auf Analysen schaut.

Diagramm 311: Weiß vereinte zwei Motive: die Umgehung und die Beseitigung des Eckpfeilers, hier h7. Auf *1. ... ♘f6?* zog er nämlich effektvoll *2.♗ :f6 ♗ :f6 3.♘ :h7!!,* um auf *3. ...*

♔:h7 mit 4.♛h3+ ♔g7 5.♖e8! undeckbar Matt durch ♛h8 zu drohen.

So wie Schwarz spielte, kam er nur vom Regen in die Traufe, aber es gab keine Rettung mehr: *3. . . . ♗g7 4.♘f6+! ♗:f6 5.♖e8+*, und Schwarz gab auf (*5. . . . ♖:e8 6.♖:e8+ ♔g7 7.♛h3!* usw.).

Eine Kombination von großer Eigenart!

Diagramm 313: Überraschend erledigte das »Girl« ihre kleine Gegnerin nach *1.♘d5! ♘:d5 2.♖:h5+! gh*, denn sie machte nicht den »Meisterzug« *3.ed+*, sondern in Erwartung von f7—f5 geschah sehr witzig *3.e5+!! f5 4.ef+ e. p. ♔g8 5.♛g5+ ♔f7 6.♗g6+ ♔e6 7.♛f5 matt.*

Eine für ein Schulmädchen erstaunliche Kombination, auf die selbst ein Meister stolz sein könnte!

Inhalt

Meister sein!« 172; Nach 60 Jahren ... 173; Eine klassische Mattkombination 174; Glück und Pech 175; »Das Glück ist blind!« 177; Relative Schönheitstheorie 178; »Scharfe Sachen für Monsieur« 179; Dem Matt entronnen 183; Der Bauernzaun hatte eine Lücke 184; Der überlistete Wachtposten 186; Kleine Merkwürdigkeiten 187; »Geliehene Damen« 189; »Füchse prellen« 190; »Immer Rebhühner« 192; Schmuggelgeschichten 195

Schachstrategie

Ein Intensivkurs mit Übungen und ausführlichen Lösungen
(0584) Von Alexander Koblenz, 212 Seiten, 240 Diagramme, kartoniert,
DM 16,80, S 139,–

In diesem Buch haben die Leser die Möglichkeit, praktisch und aktiv an dargestellten Trainingsschritten teilzunehmen. Sich Schritt-für-Schritt fortbewegend, gelingt es, nicht nur die wichtigsten strategischen Probleme zu erfassen, sondern auch gleichzeitig das selbständige Denken zu entwickeln und zu festigen.

Neue Schacheröffnungen

(0478) Von Theodor Schuster, 108 Seiten, 100 Diagramme, kartoniert,
DM 8,80, S 74,–

In dieser Zusammenstellung neuer Schacheröffnungen wird dem Leser eine Auswahl geboten, die auf dem neuesten theoretischen Stand ist.

Schach für Fortgeschrittene

Taktik und Probleme des Schachspiels
(0219) Von Rudolf Teschner, 96 Seiten, 85 Diagramme, kartoniert,
DM 7,80, S 69,–

Der Autor zeigt in diesem Buch die wichtigsten Angriffspläne und anhand zahlreicher Schachdiagramme die Stellungsmerkmale und Elemente der Taktik, auf die es ankommt.

Kinder- und Jugendschach

Offizielles Lehrbuch des Deutschen Schachbundes zur Erringung der Bauern-, Turm- und Königsdiplome
(0561) Von B. J. Withuis, Helmut Pfleger, 144 Seiten,
220 Zeichnungen und Diagramme, kartoniert, **DM 12,80**, S 99,–

Schach ist für Kinder die beste Möglichkeit, die Konzentrationsfähigkeit zu verbessern, strategisches Denken zu schulen und dabei noch Spaß zu haben. In leicht nachvollziehbaren Schritten führt dieses Buch in das königliche Spiel ein und ermöglicht es, das Bauern-, Turm- und schließlich das Königsdiplom, die vom Deutschen Schachbund verliehen werden, zu erringen. Durch die systematische Darstellung der Reihenfolge „lernen – prüfen – anerkennen" wird die Spielstärke planmäßig geschult.

Falken-Handbuch
Schach
(4051) Von Theo Schuster, 360 Seiten, über 340 Diagramme, Pappband,
DM 36,–, S 298,–

Dieses umfassende Handbuch verhilft dem Neuling zu einem praktischen Verständnis der komplizierten Schachstrategie und gibt dem Fortgeschrittenen Hinweise für die Verbesserung seines Spiels. Einleuchtend werden Grundzüge, Taktik, Eröffnung, Mittel- und Endspiel anhand
von Übungspartien und Diagrammen erläutert.

Spielend Schach lernen
(2002) Von Theo Schuster, 128 Seiten, kartoniert, **DM 6,80**, S 59,–

Durch ausführliche Darstellung der Grundbegriffe des Schachspiels
wird es dem Anfänger leicht gemacht, spielend Schach zu lernen. Der
Lernende wird nicht überfordert, weil die aus der Praxis stammende
Lehrmethode es ermöglicht, die eigenen Fortschritte im ständigen
Frage- und Antwortspiel zu messen und zu überprüfen.

Schach als Kampf
Meine Spiele und mein Weg
(0729) Von Gary Kasparow, 144 Seiten, 9 s/w-Fotos, 95 Diagramme,
kartoniert, **DM 14,80**, S 19,–

Dieses Buch informiert über Kasparows Entwicklung als Schachspieler,
seine Vorbilder und seine Denkweise. Es enthält 64 seiner interessantesten Partien, von denen 32 von ihm selbst ausführlich kommentiert werden. Der Leser bekommt einen unmittelbaren Einblick in das Denken
eines der besten Schachspieler der Welt und erhält dadurch wertvolle
Anregungen für die eigene Spielpraxis.

Helmut Pflegers
Schachkabinett
Amüsante Aufgaben – überraschende Lösungen
(0877) Von Helmut Pfleger, 160 Seiten, 118 Diagramme, kartoniert,
DM 19,80, S 159,–

Dem leidenschaftlichen Schachspieler wird mit diesem Buch ein wahrer
Leckerbissen geboten: 118 Kabinettstückchen, eine Auswahl der besten
Schachgeschichten, die Woche für Woche die Leser des ZEITmagazins
begeistern. Die einzelnen Geschichten ranken sich um Spielsituationen,
wobei der Schachfreund den großmeisterlichen Gewinnzug ausknobeln
soll. Selbstverständlich enthält dieses Buch auch einen gesonderten
Lösungsteil.

Einführung in das Schachspiel
(0104) Von W. Wollenschläger, Karl Colditz, 92 Seiten, 116 Diagramme, kartoniert, **DM 6,80**, S 59,–

Die Zugmöglichkeiten der Figuren, Vorstoß und Deckung, typische Spielkombinationen, gefährliche Mattpositionen und Verteidigungszüge werden mit Diagrammen und leicht nachvollziehbaren Erläuterungen dargestellt. Zehn Richtlinien und viele kommentierte Musterpartien für bestimmte Spielsituationen runden das Buch ab.

Schach-WM '85
Karpow – Kasparow
Mit ausführlichen Kommentaren zu allen Partien
(0785) Von Helmut Pfleger, Otto Borik, Michael Kipp-Thomas, 128 Seiten, 10 s/w-Fotos, 107 Diagramme, kartoniert, **DM 14,80**, S 119,–

Dieses Buch schildert das spannende Duell zwischen den beiden stärksten Schachspielern der Gegenwart Anatoli Karpow und Garry Kasparow. Nach der Vorstellung der beiden Kontrahenten lassen die Autoren den ersten Wettkampf 1984/1985 mit seinem spektakulären Abbruch noch einmal Revue passieren. Im Mittelpunkt steht natürlich die Weltmeisterschaft 1985. Sämtliche Partien dieses Wettkampfes sind ausführlich kommentiert und auch Hintergrund-Berichterstattung kommt hier nicht zu kurz.

Die Schach-Revanche
Kasparow/Karpow 1986
(0831) Von Helmut Pfleger, Otto Borik, Michael Kipp-Thomas, 144 Seiten, 19 s/w-Fotos, 72 Diagramme, kartoniert, **DM 14,80**, S 119,–

Dieses Buch informiert nicht nur in ausführlichen Analysen über alle Partien des Revanche-Kampfes, sondern es enthält noch zwei ausführliche psychologische Portraits der beiden Kontrahenten, berichtet über Schach im Fernsehen, über Schach und Gesundheit und das Tauziehen hinter den Kulissen der FIDE und der Politik.

Schach mit dem Computer
(0747) Von Dirk Frickenschmidt, 140 Seiten, 112 Diagramme, 29 s/w-Fotos, 5 Zeichnungen, kartoniert, **DM 16,80**, S 139,–

Alles, was der Schach- und Computerfreund über schachliche Möglichkeiten wissen will, die ihm diese künstliche Intelligenz bietet, erfährt er in diesem von einem Fachmann spannend geschriebenen Buch. Neben ausführlichen Diskussionen zu Kombinationen, Eröffnungen und Endspielen enthält es auch ein Kapitel über Schachcomputer unter sich und zieht eine vorläufige Bilanz der Kämpfe der Schachgrößen gegen die Computer.

Lehr-, Übungs- und Testbuch der Schachkombinationen
Von Karl Colditz, 184 Seiten, 27 Diagramme, kartoniert,
DM 14,80, S. 119,–

In einem systematisch ansteigenden Übungsprogramm kann man die typischen Manöver erlernen und dadurch seine Kombinationsfähigkeit erhöhen. Der Testteil enthält verschiedene Aufgaben, die wie eine Prüfungsarbeit mit Zeitkontrolle zu lösen sind. Die Aufgaben entsprechen unterschiedlichen Spielstärken, so daß der Spieler durch Vergleich seines Ergebnisses mit der optimalen Lösung seine eigene Spielstärke einschätzen kann.

Offizielles Lehrbuch des Deutschen Schachbundes
Das systematische Schachtraining
Trainingsmethoden, Strategien und Kombinationen
(0857) Von Sergiu Samarian, 152 Seiten, 159 Diagramme,
1 Zeichnung, kartoniert, **DM 19,80**, S 159,–

Dieses erste, offizielle Trainingsbuch des Deutschen Schachbundes ermöglicht es jedem Schachspieler, aber auch Übungsleitern und Trainern, ein systematisches Schachtraining durchzuführen. Neben theoretischen Erörterungen und vielen praktischen Beispielen erfährt der Leser, wie man einen Wettkampf gestaltet. Hierzu gehören vor allem die Technik des Variantenrechnens, technische und psychologische Turniervorbereitung, das Abschätzenlernen der Stellung und die Entwicklung von Plänen.

So denkt ein Schachmeister
Strategische und taktische Analysen
(0915) Von Dr. Helmut Pfleger, Gerd Treppner, 120 Seiten,
75 Diagramme, kartoniert, **DM 12,80**, S 99,–

Dieses Buch führt den Amateur, aber auch den im Schachdenken schon weiter fortgeschrittenen Spieler in die Denkweise des Schachmeisters ein. Es werden Situationen herausgegriffen, in denen der Amateur im Schachdenken dem Meister, der die zusammenhängenden Muster und deren Möglichkeiten bis zum Endspiel überblickt, unterlegen ist.

Schachtraining mit den Großmeistern
(0670) Von Hans Bouwmeester, 128 Seiten, 90 Diagramme, kartoniert,
DM 14,80, S 119,–

In diesem Buch werden Partien bekannter Welt- und Großmeister kommentiert. Dadurch erhält der Leser einen Eindruck von den Taktiken der großen Schachspieler und kann selbst mit ihren Partien trainieren.

Taktische Schachendspiele
(0752) Von John Nunn, übersetzt von Claus Dieter Meyer, 200 Seiten,
151 Diagramme, kartoniert, **DM 16,80**, S 139,–

In diesem Buch findet der Leser einige der fesselndsten Endspiele mit
ausführlichen Analysen und vielen eigenen taktischen Ideen des Autors.
Die ausgewählten Partiestellungen und Studien sind in unterhaltender,
lehrreicher Weise zusammengefaßt und kommentiert worden.

Zug um Zug
Schach für jedermann 1
Offizielles Lehrbuch des Deutschen Schachbundes zur Erringung des
Bauerndiploms
(0648) Von Helmut Pfleger, Eugen Kurz, 80 Seiten, 60 Diagramme,
24 s/w-Fotos, 8 Zeichnungen, kartoniert, **DM 6,80**, S 59,–

Dieses Buch weiht den Neuling in das Spiel ein und gibt dem Anfänger
manche Anregung. Den Abschluß dieses Lehrgangs bildet das Bauern-
diplom. Die Aufgaben, die dazu gelöst werden müssen, finden sich nur in
diesem Buch.

Zug um Zug
Schach für jedermann 2
Offizielles Lehrbuch des Deutschen Schachbundes zur Erringung des
Turmdiploms
(0659) Von Helmut Pfleger, Eugen Kurz, 132 Seiten, 78 Diagramme,
8 s/w-Fotos, 14 Zeichnungen, kartoniert, **DM 9,80**, S 79,–

Dieser zweite Band führt den Schachspieler bereits wesentlich in die
Geheimnisse des unerschöpflichen Spiels ein. Neben unmittelbarer
Anleitung werden Anregungen gegeben, sich auf eigene Faust weiter zu
beschäftigen. Nur hier enthalten: die Fragen zur Erringung des Turmdiploms.

Zug um Zug
Schach für jedermann 3
Offizielles Lehrbuch des Deutschen Schachbundes zur Erringung des
Königsdiploms
(0728) Von Helmut Pfleger, Gerd Treppner, 128 Seiten, 4 s/w-Fotos,
10 Zeichnungen, 84 Diagramme, kartoniert, **DM 9,80**, S 79,–

Dieser dritte und letzte Band führt den Schachspieler in die letzten
Geheimnisse ein. In den drei großen Gruppen Eröffnungen – Mittelspiel
– Endspiel erfährt der Leser alles Wichtige über offene, halboffene und
geschlossene Spiele, über Strategie und Taktik, Anhäufung positioneller
Vorteile und Taktikfallen sowie über Bauern-, Turm- und andere
Endspiele. Mit den Fragen zur Erringung des Königsdiploms.

Im Falken-Verlag erschienen zahlreiche Titel
hervorragender Autoren zu allen Schach-
themen. Siehe die Seiten 267-271.

CIP-Kurztitelaufnahme der Deutschen
Bibliothek

Golz, Werner:
Die hohe Schule der Schachkombination/
Werner Golz; Paul Keres. – Niedernhausen/Ts.:
Falken-Verlag, 1988
    (Spiele-Bibliothek)
    Ausgabe im Sportverlag, Berlin, u.d.T.:
    Golz, Werner: Schönheit der Kombination
    ISBN 3-8068-0920-8

NE: Keres, Paul:

ISBN 3 8068 0920 8

© 1987 by Falken-Verlag GmbH,
6272 Niedernhausen/Ts.
© der Originalausgabe 1983 by Sportverlag
Berlin (DDR) unter dem Titel „Schönheit der
Kombination" (5. Auflage)
Titelbild: Kreativ-Design-Studio Gerd Aumann,
Wiesbaden
Die Ratschläge in diesem Buch sind von Autor
und Verlag sorgfältig erwogen und geprüft,
dennoch kann eine Garantie nicht über-
nommen werden. Eine Haftung des Autors
bzw. des Verlages und seiner Beauftragten für
Personen-, Sach- und Vermögensschäden ist
ausgeschlossen.
Gesamtherstellung:
LVZ-Druckerei „Hermann Duncker" – III/18/138

817 2635 4453 6271